Matthias Horx

DAS ZUKUNFTS-MANIFEST

Folgende Titel von Matthias Horx sind in unserem Hause außerdem lieferbar:

Matthias Horx (Trendbüro): *Trendwörter-Lexikon*
Matthias Horx/Peter Wippermann (Trendbüro):
Markenkult

Das Buch
Matthias Horx beschreibt in seinem Buch die Zukunft der europäischen Demokratie im Zeitalter von Globalisierung, Individualisierung und Information. Er setzt dem grassierenden Pessimismus einen realistischen Optimismus entgegen und skizziert den *New Deal* des 21. Jahrhunderts. Notwendig und machbar ist ein Konsens, in dem die Möglichkeiten der neuen Technologien und die größeren Freiheitsgrade des Menschen nicht mehr nur Risiken und Fallen bedeuten, sondern Optionen auf eine reifere, vielfältigere Gesellschaft.

Der Autor
Der Journalist und Soziologe Matthias Horx, geboren 1955, gilt als der erfolgreichste Trendforscher Deutschlands. Seine 1993 und 1995 erschienenen »Trendbücher« über die Megatrends der Neunziger wurden Bestseller. Sein 1994 veröffentlichtes »Trendwörter-Lexikon« ist mittlerweile das allgemein anerkannte Standardwerk der deutschen Trendforschung.

Matthias Horx

DAS ZUKUNFTS-MANIFEST

Aufbruch aus der Jammerkultur

Econ Taschenbuch

Econ Taschenbücher erscheinen im Ullstein Taschenbuchverlag,
einem Unternehmen der
Econ Ullstein List Verlag GmbH & Co. KG, München
3. Auflage 2002

Umschlagkonzept: Büro Meyer & Schmidt, München – Jorge Schmidt
Umschlaggestaltung: Init GmbH, Bielefeld
Titelabbildung: Image Bank, Düsseldorf
Satz: Josefine Urban – KompetenzCenter, Düsseldorf
Druck und Bindearbeiten: Ebner Ulm
Printed in Germany
ISBN 3-548-75024-9

INHALT

Zwei Anstöße haben zu diesem Buch geführt. Den ersten verdanke ich dem Journalisten Josef Joffe, der in der SÜDDEUTSCHEN ZEITUNG im Frühjahr des Jahres 1996 den Begriff »Kultur des Wandels« prägte. Alles, so Joffe, haben wir in den letzten Jahrzehnten in unserem Lande »kulturisiert«. Wir haben eine »Streitkultur« und eine »Singlekultur«, sogar eine »Beziehungskultur«. Nur wie wir in Zeiten des Umbruchs die contenance bewahren, wie wir innovativ sein können, ohne aus dem Gleichgewicht zu geraten – damit tun wir uns schwer.

Das Geheimnis des deutschen »Wunders« seit 1945, schreibt Joffe, *war ein fein austariertes Gleichgewicht zwischen dem unvermeidbaren Wandel und dem notwendigen Schutz gegen dessen Kosten. Aber was wir schützen wollen, können wir nicht mehr finanzieren, und schlimmer noch: Die unzähligen Wälle, die wir gegen den Wandel aufgetürmt haben, werden uns längerfristig ärmer machen. Damit sich nun etwas ändert, muß* VIELES *geändert werden.*

Von dem »Vielen« handelt dieses Buch. Das »Viele« ist zugleich das, was am schwierigsten zu beschreiben ist. Man kann spektakuläre Technologien, futuristische Szenarien, einleuchtende neue Paradigmen mit leichter Feder ausmalen. Aber hier geht es um etwas anderes, um das *Innere* des Wandelungsprozesses, seine Anatomie und Psychologie. Es geht um Mentalitäten, die wir der Zukunft gegenüber entwickelt haben, um tief verwurzelte Haltungen, Werte und Weltbilder.

Kultur des Wandels – ein eher schüchterner Begriff – handelt von der Sehnsucht nach Mäßigung und nach der

Wahrung von Spielregeln in stürmischen Zeiten. Er verlangt nach einer Haltung, die gerade in Sachen Zukunft so wichtig ist: Gelassenheit. »Kultur des Wandels« – das bedeutet, daß wir im Gesellschaftlichen wie im Privaten einen Modus entwickeln, mit Veränderung umzugehen, den man als »zivilisiert« bezeichnen kann. Bei aller Skepsis, die dieses Buch gegenüber »dem Utopischen« durchzieht, trägt es doch eine zutiefst utopische Hoffnung vor: daß Modernisierung, Anpassungszwang, Veränderung unsere Gesellschaft nicht nur »überfällt«, sondern daß wir sie bewußt zu gestalten vermögen.

Der zweite Teil der Motivation, dieses Buch zu schreiben, stammt aus der entgegengesetzten Ecke: aus der Abneigung gegen das Überhandnehmen des Alarmismus, jener panischen Haltung der Zukunft gegenüber, mit der in unserem Kulturkreis Aufmerksamkeit erzwungen wird. Ein Teil davon ist sicher jenem Phänomen geschuldet, das die Angelsachen *premillennial tension* nennen: Eine wachsende Erregung angesichts des symbolischen Datums 2000.

Den Part der Meinungsführer in Sachen Panik und Abwehr übernahmen 1997 Hans-Peter Martin und Harald Schumann mit ihrem Bestseller »Die Globalisierungsfalle«. Der Erfolg sei den Autoren gegönnt, was ich ihnen nicht zugestehen möchte ist, daß ihre Thesen und Verkürzungen unwidersprochen bleiben. Die Entwicklungen der Gegenwart, die aufregenden Dinge, die sich um das magische Datum der Jahrtausendwende abspielen, lediglich als »Fallen« zu werten und die Chancen zu unterschlagen – das darf nicht unwidersprochen bleiben.

Wir leben in einer spannenden Zeit. Nur wenige Generationen in der Geschichte haben die Möglichkeit, eine waschechte Jahrtausendwende zu erleben. Auch wenn dieses Datum ein schlichtes Zahlenspiel, ein zufälliger numerischer Aberglaube sein mag – der Übergang ins nächste Jahrtausend ist mehr als nur ein Nullziffernspiel. Die globale Kultur muß sich ausprägen und ihre zweite große Bewährungsprüfung bestehen. Die erste Probe endete 1914 mit der Entscheidung der europäischen Großmächte für den Weltkrieg fatal. Die großen Aufgaben unserer Zeit – die Bewältigung einer neuen Modernisierung, die sich durch Individualismus, Informationsgesellschaft, Globalisierung auszeichnet – müssen in Form von neuen Kontrakten Gestalt und Wirklichkeit werden. Zukunft ist möglich, wenn wir unser Bewußtsein öffnen: Dieser Idee ist dieses Buch verpflichtet.

Ich danke also dem Stichwortgeber Josef Joffe. Ich danke meinem Mitherausgeber Albert Sellner, ohne dessen historisches und philosophisches Wissen dieses Werk nicht möglich geworden wäre. Ich danke meiner Frau Oona, daß sie eben *nicht* eine von jenen Autorengattinnen ist, bei denen man sich in den Danksagungen höflich für »Anregung, unendliche Geduld und manche Tasse Tee« bedankt. Ich danke meiner Großmutter, Gott hab sie selig, die mir in frühen Jahren schon viele der hier wiedergeborenen Gedanken vermittelte. Ich danke den »Sparringspartnern« Martin und Schumann und meinen geistigen Lehrern Hans Magnus Enzensberger, Stanislaw Lem, Lars Gustaffson und John Updike. Dank für vielfältige Anregung gebührt auch den Pionieren unseres Zukunfts-Netzwerkes: Manon Baukhage, Joseph Scheppach, Norbert Bolz, Peter Wippermann, Ernst Beinstein, Gisela Erler, Warnfried David Bossart, ganz besonders auch Mihaly Csikszentmihalyi, genannt Czik, dessen »Verschwörung für mehr Komplexität« ich mich ausdrücklich anschließen möchte. Ich widme dieses Buch meinen beiden Söhnen Tristan und Julian, die das neue Jahrtausend noch eine Weile länger bewohnen werden als wir.

Primersdorf, im Sommer 1997

WARNUNG!

In diesem Buch kommen keine fliegenden Untertassen vom Himmel. Keine Supertechnologie wird erfunden, die alle Probleme löst, kein »Neuer Mensch« führt uns in ein noch neueres Zeitalter, kein Cyber-Kyborg und keine Mega-Computertechnik wird all unsere Fragen beantworten. Auch die Frage, wie man mit Trends schnell Geld verdienen kann, bleibt auf den folgenden Seiten unbeantwortet.

ERSTER TEIL

DIE GRAMMATIK DES WANDELS

Wie Bilder, Mentalitäten, Moralvorstellungen und steigende Komplexität unsere Zukunft formen

1. KAPITEL

DIE VERÄNDERTEN BILDER DER ZUKUNFT

Von der technischen Utopie der 60er Jahre
zum Retro-Futurismus der Jahrtausendwende

Die Zukunft ist langweilig.
Der Videospiel-Entwickler Zack Norman

Die Fähigkeit,
vorauszusehen, daß gewisse Dinge
nicht voraussehbar sind,
ist von entscheidender Bedeutung.
Jean Jacques Rousseau

DIE VERGANGENHEIT DER ZUKUNFT

Aus meiner Kindheit ist mir ein ganz bestimmter süßer Geruch in Erinnerung geblieben. Er entströmte Alben, in die man bunte Bilder einkleben durfte, auf denen es um die Zukunft ging. Weltraumbilder. Köllnflockenbilder. Zukunftsbilder. »Die Welt im Jahr 2000« – »Schwebende Welten im Kosmos« – »Unterwasserstädte für jedermann«. Raketen starteten von Bahnhöfen in ein von riesigen roten und blauen Monden beherrschtes Weltall. Fröhliche Familien (Papi mit steifem Hut) fuhren in atomkraftgetriebenen Automobilen durch die makellose Landschaft. Mutti kommandierte, mit kess-kurzer Schürze, in der Küche die Roboter (die noch wie *echte* Roboter aussahen), blonde Kinder winkten durch die Luken von raumschiffartigen Tauchschiffen zu fröhlichen Walen hinüber, und ein frohgemutes Team weißbekittelter Männer und Frauen sorgte mit Atomblitz und Hubschraubern dafür, daß es je nach Bedarf regnete oder die Sonne schien. Über den Städten wölbten sich Kuppeln aus Glas – gegen die Umweltprobleme.

Ach, welch wunderbare Zukunft wir hatten! In der Zukunft war alles besiegt, was ein Kind beunruhigen konnte: Kriege und Regenwetter, Arbeit und Armut, Schmutz und Krankheit. Und natürlich der Tod. Mit 12 Jahren war ich überzeugt davon, niemals sterben zu müssen; den Doktoren würde schon etwas einfallen, bis ich erwachsen wäre, schließlich gab es jetzt die Pille und die Herzverpflanzung, Penicillin und »das Atom«.

Die Zukunft war voller knisternder Geheimnisse, die auf Eroberung warteten. Die erste Nacht, in der ich nicht ins Bett ging, war nicht einem Mädchen gewidmet, sondern dem Schwarzweißfernseher meiner Nachbarn. Auf dem Bildschirm vollführten geisterhafte weiße Gestalten langsame Sprünge in einem Universum aus Bild- und Tonstörungen. Die erste Mondlandung.

All dieses erwartungsvolle Glück hatte seine Entsprechung auch in *real* world. Die Wirklichkeit unserer Jugend roch nach dem heißem Metall neuer Stereoanlagen, den jedes Weihnachten ausgefuchster werdenden Carrera-Autobahnen. Plastik und Pop, das neue Auto von Papa – all das ging bruchlos über in ein omnipotentes Gefühl von *alles ist machbar.* Revolution, Psychedelik, Sex, der Rausch beim Popkonzert, ein astronautischer Existentialismus hatte uns erfaßt, der seinen Höhepunkt fand in einem Film, der unser Zeitgefühl auf den Punkt brachte.

Stanley Kubricks Kultfilm »2001 – Odyssee im Weltraum« brachte alle unsere Euphorien in einen gemeinsamen Kontext: die walzertanzende Technik, die Psychedelik, Unsterblichkeit und Wiedergeburt, die Einsamkeit des coolen Langstrecken-Astronauten. Aber auch etwas Dunkles, Drohendes, Monolithisches kündigte sich an; etwas, das weder kontrollierbar noch verstehbar war.

DIE DÜSTEREN HERREN DER ANTI-ZUKUNFT

Es muß eine Art Krankheit gewesen sein, die uns irgendwann Anfang der 70er Jahre infizierte, eine Art Zukunfts-Aids. Sie begann äußerst harmlos. Ich erinnere mich noch an die diebische Lust, mit der wir mit unseren alten Hollandrädern an den autofreien Sonntagen der Ölkrise über die Autobahn fuhren. Der »Club of Rome« gab einen Bestseller heraus (»Die Grenzen des Wachstums«), den wir nie lasen, aber trotzdem auswendig kannten. In den kommenden Jahren waren wir damit beschäftigt, in Massen vor die Zäune der Atomkraftwerke zu ziehen und zu versuchen, die Zukunft zu verhindern, wo immer das möglich war.

Natürlich hatten wir recht, aber darum geht es heute gar nicht. Die Frage ist, warum die Zukunft über Nacht ihre Gestalt dermaßen verändern konnte. Sie wurde eine endlose Aneinanderreihung von Düsternissen. Artensterben, Giftskandale, Überbevölkerung, Atomtod, Siechtum. Schafe blicken auf, der stumme Frühling. »Ende« hieß der Roman eines

Redakteurs der FRANKFURTER RUNDSCHAU – auch ein Bestseller.

Vielleicht lag es daran, daß unsere Väter zum Vatersein plötzlich nicht mehr taugten. Vielleicht daran, daß uns allen schwindelig geworden war bei den Verheißungen des Fortschritts. Jedenfalls ließen die Ersatzväter nicht lange auf sich warten. Jene imponierenden älteren Herren mit düsterem Blick und mahnenden Worten, deren Botschaft so einleuchtend wie biblisch war. Wir sind schuldig und verdorben. Denn wir versündigen uns: an der Schöpfung, dem Menschen, der Umwelt.

Die düsteren Herren nahmen das Heft der Zukunft in die Hand. Ohne Umschweife nannten sie sich »Zukunftsforscher«, obwohl sie doch das Gegenteil waren: Diagnostiker der Unmöglichkeit einer Zukunft, Propheten des Unheils. Jedenfalls machten sie ihren Job in Deutschland sehr gut. Ihre Haltungen und Ängste sind heute Massengut geworden. Die Zukunft ist nach wie vor verbrannte Erde. Kaum jemand, der eine Vorstellung von ihr hat. Kaum jemand, der etwas Positives, Besseres, gar Utopisches mit ihr verbinden kann.

UTOPIA REVISITED

Werfen wir noch einmal einen Blick zurück: Welche Utopien und »Zukünfte« haben der Realität standgehalten? Auf den ersten Blick fällt auf: So gut wie alle Prophezeiungen der Futurologie der 50er und 60er Jahre hielten der Realität nicht stand. Buckminster Fuller war zwar ein genialer Architekt und ein origineller Tausendsassa, aber Bergbau auf dem Mond, Flugzeuge für 10 000 Passagiere und Wohnungen für Wissenschaftler in Weltraumkapseln lagen für eine vorhergesagte Realisierung bis zum Jahr 1980 doch ein wenig daneben. Die Prognosen eines Herman Kahn, der etwa die »Weltbombe« oder den Privathubschrauber für jedermann voraussah, waren schon früh der Lächerlichkeit preisgegeben. Doch die meisten anderen trafen auch nicht besser: Haushaltsroboter, elektrische

Hirnstimulation, Künstliche Intelligenz, Gedächtnispillen, Baby-Bezugsscheine, die Weltraumfahrt für jedermann, »Wir werden die Sahara begrünen« – »Radioaktive Strahlen machen Kirschen groß wie Äpfel« – »Riesige Glaskuppeln werden die Städte überdecken« – »Affen als Erntehelfer« – »das Kunstherz ist erst der Anfang, bald kann man ganze Körperteile austauschen«. Bei allen Delphi-Studien, die bereits in der Ära der technischen Zukunfts-Euphorie regelmäßig mit großem Aufwand von Regierungen wie von Forschungseinrichtungen der Wirtschaft durchgeführt wurden, kamen die Experten zu völlig verfrühten technologischen Durchbruchsprognosen.

Besonders die Visionen vom Computer gingen großteils in die falsche Richtung. Man träumte bis weit in die 80er von gigantischen Giga-Rechnern, von »Denkgehirnen« und Expertensystemen, die ganze Regierungen ersetzen konnten. Die Vernetzung vieler kleiner Homecomputer zu einer weltweiten Gemeinde der Freaks und Hacker, die Hochzeit zwischen Subkultur und Hochtechnologie, hat selbst nach der Erfindung des berühmten Apple-Computers so gut wie niemand vorausgesehen.

Daraus läßt sich eine simple Lehre ziehen: *Zukunft wird nicht von Technologie alleine erzeugt.*

Doch die Fehlprognosen blieben nicht auf das Lager der Technikgläubigen beschränkt. Die düsteren Herren, die Mahner und Warner, irrten nicht weniger als ihre Widersacher, die Zukunftseuphoriker. Das große Doomsday-Buch des Club of Rome, »Die Grenzen des Wachstums«, liest sich heute ebenfalls wie ein Märchenbuch: Kaum eine Verbrauchsannahme, vom Energieverbrauch über die Rohstoffpreise bis zu den Bruttosozialprodukten, stimmt mit der heutigen Wirklichkeit überein: Die Wissenschaftler des Club of Rome rechneten einfach den Treibstoff- und Rohstoffverbrauch ihrer Zeit linear in die Zukunft hinein. Daß sich Technologien und Wirtschaft ändern, effektiver, ökologischer werden könnten, daß man neue Rohstoffvorkommen entdecken (und anders erschließen) könnte, kam ihnen nicht in den Sinn.

Wer Zukunftseuphoriker war, malte die Zukunft rosig aus, die Paranoiker träumten vom Untergang.

Zu vergessenem Archivmaterial wurden auch andere Bilder und Projektionen der Zukunft. Erinnert sich noch jemand an die große »Alles wird gleich«-Phobie der 70er Jahre? Sie war geradezu klischeehaft deutsch, und sie trug alle Züge der Realitätsverkennung, die fast alle Prognosen hierzulande von 1970 bis 1990 auszeichnete. Damals gipfelte eine der breitesten Bürgerinitiativbewegungen in der Behauptung, alles Individuelle werde zunehmend durch staatliche Normierung und industrielle Uniformität ausradiert. Der Mensch als Nummern- und Strichcode, als genormter Clon, als stupider Massenkonsument war eine der beliebten Karikaturen. Diese grandiose Paranoia, vermischt mit allerlei Rumoren über »Neuen Faschismus« und »totale Überwachung« kulminierte im berühmten Datum 1984 mit der Volkszählung und dem »Großen Bruder«: totale Kontrolle, Formierung der Gesellschaft durch den Staat. An den Schulen wurde wieder einmal Huxleys »Schöne Neue Welt« gelesen, und in den Proseminaren wurde Marcuses »Eindimensionaler Mensch« studiert.

Unsere heutige Realität entspricht ziemlich exakt dem Gegenteil dieser einfältigen Phantasie. Statt in einer genormten und von zentralen Instanzen kontrollierten Gesellschaft leben wir in einer sozialen Welt, deren individuelle Vielfalt und Chaotik uns zunehmend unheimlich wird. Statt unter dem »Großen Bruder« stöhnen wir unter Verhältnissen, in denen die Politik, die »Herrschenden«, immer weniger in der Lage sind, auch nur *irgend etwas* zu kontrollieren. Die Gesellschaft scheint, statt sich zu formieren, eher auseinanderzubröseln. Ein unendliches Patchwork an Lebensentwürfen, Moralvorstellungen, Kleider-, Moral-, und Denk- und Lifestyle-Unordnungen erodiert unsere soziale Welt.

Diese neue polymorphe Vielfalt, die unsere westlichen

Gesellschaften befallen hat wie ein Schimmelpilz, hält natürlich keinen Paranoiker davon ab, stur auf seinem Befund zu beharren und neue Weltverschwörungen (»Turbo-Kapitalismus«, »Kasino-Kapitalismus«, »Kartell der Multis« etc.) zu erfinden. Aber zahllose Beispiele zeigen: zuallererst irrten meist die Zukunftsprognostiker, weil sie ein verzerrtes und eindimensionales Bild der gesellschaftlichen Wirklichkeit hatten. Diejenigen, die »Technik« für den Produzenten der Zukunft hielten, konnten weder mit der Jugendrevolte noch mit der weltweiten Popkultur etwas anfangen – und doch haben Jugend- und Popkultur massiv Technik- und Kulturentwicklungen beeinflußt. Diejenigen, die nur überall knappe Ressourcen erkennen konnten, mußten die vitalen Kräfte ignorieren, die darauf mit technischer und ökonomischer Erfindungskraft hätten reagieren können. Mutlosigkeit und Pessimismus wurden Teil der herrschenden Meinung. Es fehlte an Innovationswillen und Visionen. Diese »Zukunftslücke« führte in den frühen 80er Jahren zu einer neuen, einer anderen Futurologie, die sich dem Utopischen entzog und neue Wege zu gehen versuchte: die Trendforschung.

ZUKUNFTSFORSCHUNG DER »ZWEITEN GENERATION«

Trendforschung verlagert den Sichtwinkel der Zukunftsprognostik. Ihr Fokus ist nicht »die Welt in 20 Jahren«, sondern die *vollendete Gegenwart.* Sie fragt nicht so sehr nach dem Utopischen, sondern analysiert das *Prozeßhafte* im Heute. Sie versucht, komplexer und interdisziplinär, vielschichtiger und durchaus auch kritisch an die Zukunft heranzugehen. Ihr Interesse gilt den unbewußten Kräften, die Gesellschaften, Kulturen, Märkte formen und verändern. Ihre Grammatik bezieht sich auf *Wandlung,* nicht auf *Erfindung.*

Während in Deutschland die düsteren alten Herren den Zukunfts-Diskurs immer mehr in die Hand nahmen, während das Wort »Angst« seinen Siegeszug bis in den angelsächsischen

Sprachschatz antrat (»The German angst«), begann mit John Naisbitts »Megatrends 2000« ein neues Kapitel der Zukunftsbetrachtung. Zusammen mit Alvin Toffler, der schon 1970 mit seinem Buch »Zukunftsschock« neue Pfade gebahnt hatte, begründete er eine neue Technik der Gegenwartsanalyse. Er versuchte, auf dem sicheren Fundament lebensweltlicher Klugheit, ökonomische mit technischen, alltagskulturelle mit politischen, technikskeptische mit gesellschaftsphilosophischen Perspektiven zu verschränken. Dies führte zu weitaus realistischeren Prognoseergebnissen als sie die offizielle Futurologie hervorbrachte, wie dieses kleine Beispiel aus »Megatrends« zeigt – es stammt aus dem Jahre 1983:

Telekonferenzen, zu denen man nicht mehr das eigene Heim verlassen muß, ist ein weiterer Trend, auf den man vergeblich warten wird. Egal, wie vorteilhaft es bei rationaler Überlegung – der verstopften Straßen und des ersparten Benzins wegen – auch erscheinen mag. Gewiß, in diesem und jenem Ausnahmefall wird es die Videokonferenz wahrscheinlich geben. Aber Telekonferenzen sind einfach zu rational. Auch die Nützlichkeit eines daheim eingerichteten elektronischen Arbeitsplatzes wird sehr beschränkt sein: Menschen wollen ins Büro gehen und mit anderen zusammensein[1].

Wie viele Telekonferenzen hat man uns seitdem prophezeit! Und wie recht Naisbitt behalten hat mit seiner lapidaren humanpsychologischen Skepsis (was nicht heißt, daß es *keine* Anwendung für die Telekonferenz gibt – aber das steht auf einem anderen Blatt). Es begann eine neue Ära der Zukunftsbetrachtung, die sich dem Dilemma »Wilder Utopismus« versus »Schwarzmalerei« zu entziehen versuchte, die zunehmend *dialektisch* und komplex zu arbeiten begann. Zukunft mußte jetzt nicht mehr eindimensional, linear verlaufen, sie konnte sich – wie die Realität – »entfalten« – zu mehr Differenzierung, Vielfalt und Widersprüchlichkeit.

---

1 John Naisbitt, Megatrends, Seite 69

DIE NEUEN PARAMETER DER ZUKUNFT

Kultur-Recycling. Schon bei der Frage, was »neu« ist, geraten wir neuerdings ins Stocken. Haben wir nicht alles schon einmal gesehen? Die neueste Mode auf den Laufstegen der Couturiers – war das nicht schon einmal in den 60ern en vogue? Oder in den 20ern? Das Möbel dort im Schaufenster – es erinnert mich an die fünfziger Jahre. Aber ist es nicht gleichzeitig futuristisch? Aha: »Retro-Futurismus«? Kann es Entwicklungen geben, die »utopisch« und »nostalgisch« gleichzeitig sind? Ist »Techno« nicht gleichzeitig ein Rückgriff in die naive Zukunftserwartung der 60er, aber mit dem typischen zynisch-ironischen Touch der 90er Jahre?

Recycling ist das Prinzip unserer Epoche. Aber es scheint sich längst um mehr zu handeln als die bei Zeitenwenden und Millennien übliche Nostalgie. Das Recycling der kulturellen Muster nimmt so radikale Ausmaße an, daß »das Neue« als Kategorie auszusterben droht. In der zeitgenössischen Kunstszene geht die Rede vom »Ende der Avantgarden« um. Man verliert die Übersicht: Was ist das Original? Was das Comeback? Ist dieses Comeback nicht schon wieder das Comeback des Comebacks? Die Kopie der Kopie der Kopie? Die 70er Jahre sind »schon wieder durch«, jetzt werden gerade die Achtziger recycelt; wahrscheinlich kehren die Neunziger noch vor der Jahrtausendwende zurück, und wir singen alle Heino-Schlager im Rap-Rhythmus. Alles kehrt unaufhörlich wieder und dreht sich um sich selbst: die Ich-Exzentrik und die Sehnsucht nach dem Normalen, die Verherrlichung der Natur und der Futurismus, die nackte Gewalt auf den Straßen und die Sehnsucht nach subtiler Muße, die Sexwelle und die Neue Keuschheit – Scratching, sampling, recombining als zivilisatorisches Grundprinzip.

Wie weit kann man dieses kulturelle Spiel treiben? Können die Ressourcen des »Echten«, des Originären, zu Ende gehen wie die Erdölreserven oder die Vorräte an Weißwein im Keller? Ist irgendwann einmal alles – jede kulturelle Ausformung, jede mögliche Kombination und damit *jede Zukunft* – ausgereizt?

Und vor allem: Was, um Himmels willen, *kommt danach*?

Das zweite Universum. Im 19. Jahrhundert gründeten Naturwissenschaftler um den Erfinder Alexander Graham Bell die »Virtual geographic league«, eine Gesellschaft, die sich der Erforschung von »Parallelwelten« verschrieben hatte – damals ging man von der Existenz riesiger Höhlen im Innenraum der Erde aus oder vermutete gar sogenannte geheime »Nebenuniversen« aus Antimaterie, in die man mit Hilfe starker elektrischer Entladungen zu gelangen hoffte. Es war, wenn man so will, die Geburtsstunde dessen, was wir »Cyberspace« nennen.

Aber womöglich ist dessen Stiftungsdatum noch viel weiter zurück zu legen. Ein Zitat aus »The Pearly Gates of Cyberspace« von Margaret Wertheim zeigt den mystisch-religiösen Kern der Cyberspace-Debatte:

Die Pforten des Heils stehen heute jedem offen, der Computer und Modem sein eigen nennt. Ein Mausklick genügt, und schon betritt man jenes ätherische Reich des Cyberspace, das keine irdischen Gebrechen mehr kennt, in dem Distanzen pfeilschnell überwunden werden, Unterschiede in Rasse, Alter und Geschlecht ausgewischt und Tod besiegt sind.

Die Kirche des Mittelalters wollte auf Erden ein Abbild des Himmels liefern, die Gläubigen sollten sich direkt in das Reich Gottes versetzt fühlen. Die heutigen »Engel« sind Millionen von Cybernauten, die, ihrer Körper entledigt, in einem idealisierten immateriellen Reich surfen. Sie sind als ätherische Wesen aller physischen Begrenzung enthoben. Alle Gebrechlichkeit des Körpers bleibt beim Eintritt in den NET-*Space zurück, Fettsucht, Akne, Kleinwuchs, Kurzsichtigkeit oder morsche Gelenke – was wäre das anderes als die moderne Vision des mittelalterlichen Paradieses?*

Im Unterschied zu den Visionen in den Pop-up-Menüs der mittelalterlichen Altäre hat die heutige Simulationstechnik allerdings noch eine andere Dimension: Sie wird immer mehr ökonomische und ökologische Notwendigkeit. Simulation schont die Realität. Die nachgebaute Höhle von Lascaux, die Simulationskuppel, die den hunderttausend jährlichen Besuchern des Zion-Natur-Parks in den USA die Besichtigung der empfindlichen Flora und Fauna ermöglicht, ohne sie jeweils betreten zu müssen – wer könnte gegen eine solche Realitätskopier-Maschine ernsthaft argumentieren? Angesichts von heute eineinhalb, morgen vielleicht vier Milliarden Menschen, die, erlebnishungrig und zunehmend kaufkraftstark, ihren Jahresurlaub an feinsandigen Stränden verbringen möchten, angesichts eines Wertesystems, das auf »Erlebnis« und Thrill nicht verzichten möchte, ist die Simulation einer künstlichen Südseeinselwelt unter Kuppeln in der Lüneburger Heide nicht nur ein beliebiges Element der Freizeitindustrie, sondern auf mittlere Sicht eine Überlebensnotwendigkeit für die Menschheit.

Was aber bedeutet es, wenn immer mehr Menschen immer mehr Lebenszeit in Simulationen verbringen, in avatarischen Existenzen in den Netzen, in Mittelaltersimulationen (»Ich bin Richard der Fürchterliche und bereits drei Monate on line in diesem Spiel«), in *artificial environments*? Was geschieht, wenn Mimikri, Rollenspiel, zweite Realität, ein technisch erzeugter Sekundärkosmos immer weitere Bereiche unserer Erfahrungen ausmachen? Wie verändert sich unsere Kultur, wenn wir *tamagotchis* statt realer Kinder pflegen, wenn wir, wie *Kyoto date* in Japan, nur noch virtuelle Filmstars bewundern? Wenn Pubertierende sich in sie verlieben?

Erste These: Wenn der Druck des Künstlichen auf die Wirklichkeit zunimmt, splittert sich Zukunft auf in unendlich viele »mögliche Zukünfte«, die allesamt an Bedeutung verlieren. Denn im Kontinuum des virtuellen Raumes gibt es weder GEGENWART NOCH ZUKUNFT. Wenn »alles möglich ist«,

ist nichts mehr wirklich wichtig. »Zurück in die Zukunft« liest sich dann auch wie »Vorwärts in die Vergangenheit«. Der kulturelle Effekt: Wir verlieren auf Dauer die Vorstellung eines Zeitstroms von heute nach morgen. Wir entwickeln eine »Kultur der Zeitlosigkeit«.

Zweite These: Die Auslagerung von weiten Teilen der Wirklichkeit in den virtuellen Raum führt über kurz oder lang zum Niedergang des technischen Fortschrittes. Virtualität verändert nämlich die Ökonomie des Wirklichen. Wozu sollen wir Milliarden und Abermilliarden dafür ausgeben, Astronauten bis zur Bewußtlosigkeit in Zentrifugen zu quälen, um sie dann auf gefährliche und langweilige Reisen zu schicken, die ganze Staatshaushalte ruinieren? Wozu auf den Mond, zu den Planeten fliegen, wenn durch Telepräsenz viel erregendere Effekte zu erreichen sind? Warum den gigantischen Aufwand für neue Waffensysteme treiben – der Krieg war immer schon der Motor der Technologie –, wenn im Cyberspace alle Bedürfnisse nach dem Eliminieren der Feinde befriedigt werden können (man denke an die weltumspannenden Abschlachtspiele, die das Internet bietet)? Warum sich mühselig den Komplikationen des fleischlichen Lebens hingeben, wenn ich alle Freuden der erotischen Welt auch als Simulationen haben kann?

Den Endzustand einer Simulationsgesellschaft hat Stanislaw Lem in seinem letzten großen Roman »Fiasko« beschrieben. Dort wird eine außerirdische Zivilisation geschildert, die genüßlich degeneriert auf ihrem Planeten dahinvegetiert. Alle Kontaktversuche, um die sich die Menschheit mit ihrem Raumschiff bemüht, scheitern. Die außeridischen Wesen, die mit einer undeutlichen Hypertechnologie in Erdhütten leben, haben nicht das geringste Interesse an irgend etwas. Den Antrag der Erdlinge, doch endlich einmal Kontakt aufzunehmen, beantworten sie mit weniger als einem undeutlichen Achselzucken. Und begeben sich zurück in ihre Träume.

Utopien von oben. Francis Fukuyama erregte mit seinem Buch »Das Ende der Geschichte« Aufsehen und Widerspruch. Natürlich ist die Geschichte nicht zu Ende. Aber Fukuyamas These zielte auf einen ganz anderen Sachverhalt: Das Ende der *sozialen* Utopien durch den Wegfall des Systemantagonismus zwischen Kommunismus und Kapitalismus verringert eine Spannung, die bis jetzt für die Dynamik der Zukunft entscheidend war.

Von »Visionen einer besseren Welt« und »Utopien eines anderen Lebens« redeten in den 60er und 70er Jahren gerne die Linken, die Revolutionäre, die Systemüberwinder. Heute hat sich die *Hierarchie* des utopischen Stromes auf seltsame Weise umgedreht. Rebellen, Dissidenten und Sozialrevolutionäre benutzen eher Typologien der Bewahrung, ihre Utopien gelten der Langsamkeit, dem »Konservieren« alter Verhaltensmuster (»des Menschlichen«). Im Umkehrschluß wird visionäres Vokabular plötzlich von kantigen Managern im Zweireiher benutzt. Veränderung! Umkrempelung des Bestehenden! Systemüberwindung! »Kein Stein unserer Gesellschaft wird auf dem anderen bleiben!« – das ist über Nacht ein Schlachtruf derjenigen geworden, die man früher eher als »die Herrschenden« bezeichnet hätte.

Es ist schon absurd: Heute fordert die Wirtschaft von uns allen Tugenden, die man früher als »emanzipatorisch« gepriesen hätte. Gruppenfähigkeit, Eigenverantwortung, Teamwork – jede Bügeleisenfabrik fordert heute von ihren Mitarbeitern Eigenschaften, die in den Emanzipationsseminaren der 70er Jahre als Merkmale des befreiten Menschen gefeiert wurden. Was aber bedeutet dies für die Grammatik des Wandels? Wenn nicht mehr die gesellschaftliche Dynamik von unten Veränderung erzwingt? Wenn das Publikum nicht so recht mitmachen will? Ist es Trägheit, Verfettung oder Common sense? Es wird schon nicht so heiß gegessen wie im Fritiertopf gebrutzelt ... Zukunft? Hatten wir schon. Vielleicht ein andermal.

Das technische Nirwana. Im großen GEO-Heft Spezial »Das 21. Jahrhundert«, das im Jahre 1995 an die Kioske kam, finden sich folgende »Große Visionen für das nächste Jahrhundert«

- 2010: Dr. Robot führt das Skalpell
- 2020: Die Wüste wird zum Blumenmeer
- 2030: Lavaströme befeuern Kraftwerke
- 2040: Claudia Schiffer läßt ihre Clone tanzen
- 2050: Nomaden wandern im Datennetz
- 2060: Frankfurt grüßt als Öko-Hauptstadt
- 2070: Meeresfarmer mästen Thunfische
- 2080: Gentechniker züchten Giga-Weizen
- 2090: Mondmenschen bauen Erze ab.

Für alle, die in den technischen Euphorien der Sechziger aufgewachsen sind, ist dies natürlich kalter Kaffee. Abgesehen, daß »Nomaden« bereits heute munter im Datennetz herumreisen und auch die Thunfischzucht wenig Begeisterndes hat, wird hier ein abgrundtiefes Utopie-Vakuum deutlich, das die heutige Debatte um die Zukunft trotz all ihrer Aufgeregtheiten begleitet. Die Visionen leiden nicht zuletzt an *technologischer* Phantasielosigkeit. Trotz dem großen Geraune von Bio-, Gen- und Nanotechnik: In den meisten »utopischen« Wissenschaften stecken wir mitten in einem technologischen Zwischenfeld. Wir forschen und entdecken – aber wir sind immer noch meilenweit von den Zielvorgaben der 60er Jahre entfernt.

Der einzige, der die Emphase der technischen Entwicklungen niemals mitgemacht hat, ist ein osteuropäischer Skeptiker, der immer auf Humor, systemischem Denken und simpler Festkörperphysik beharrte. Er schrieb schon 1963:

»*Was die Biologie angeht, so war ich ein Optimist in bezug auf die genetische Ingenieurskunst und ein Pessimist in bezug auf die Liquidierung von Geschwulstneubildungen ... Will der Mensch eines Tages die Geschwulstneubildungen beseitigen, so wird dies eine der spätesten, weil schwierigsten Aufgaben der Ingenieurskunst sein.*«

Was der Grandseigneur einer ganzheitlichen Zukunftskunde – Stanislaw Lem ist Physiker, Mediziner, Philosoph, Kybernetiker, Satiriker, Gesellschaftswissenschaftler – hier lapidar und stoisch formuliert, ist nichts anderes als komplexes Strukturwissen, gemischt mit gesunder osteuropäischer Skepsis. Trotz der Milliarden, die in die Forschung gesteckt wurden, sind Geißeln der Menschheit wie Krebs oder Aids nach wie vor unbesiegt. Obwohl jeden Monat im FOCUS (inzwischen auch im SPIEGEL) eine Titelgeschichte über die Unsterblichkeit/die neuen Glücksdrogen/sensationelle Mikrocomputer mit ungeahnten Fähigkeiten/atemberaubende winzige Maschinen im Format eines Stecknadelkopfes erscheint, bleibt all das seltsam fad und gleichgültig. Man glaubt es vielleicht – aber es lockt niemanden hinter dem Ofen hervor.

Wer heute mit klugen Wissenschaftlern redet, der bekommt ein differenziertes Bild über den Fortschritt und seine Gesetze: Erkenntnisse, die zu wichtigen Anwendungstechnologien führen, entwickeln sich offensichtlich nach den Gesetzen *springender Komplexität.* Nach einer schnellen, erfolgreichen Phase von Forschungsdurchbrüchen wird jeder weitere Schritt mühselig und zäh. Je näher man an den »Kern des Rätsels« herankommt, desto steiniger wird der Weg. Manchmal muß man, wie bei der Dampfmaschine oder der Elektrizität, fünfzig, hundert, zweihundert Jahre Grundlagen erforschen, bis ein anwendbarer Durchbruch gelingt.

Man könnte sogar noch weitergehen. Der amerikanische Wissenschaftsskeptiker John Horgan[2] behauptet: Unsere wissenschaftlichen »Geheimnisse« sind in Wirklichkeit gar keine mehr. Den Bau der Atome haben die Physiker in den 20er Jahren entschlüsselt – jetzt füttern sie mit den Millionen für Teilchenbeschleuniger nur ihre Lobby. Wie Gene aussehen und funktionieren, ist im Grunde seit den 50er Jahren bekannt. Selbst das Universum und seine Gesetzmäßigkeiten sind im Grunde »durchschaut«.

---

2 John Horgan, »The End of Science«. Addison Wesley, New York

Man kann dieses Modell auf praktisch alle Wissenschaftszweige übersetzen. Die Gentechnik ist ein weiteres Beispiel. Lems Klugheit bezog sich auf den simplen Sachverhalt, daß die Analyse und »Zerlegung« des menschlichen Genoms ein Kinderspiel ist im Vergleich zum Manipulieren, Einschleusen und *Handhaben* von Gen-Information im Nanobereich, wie wir es für echte Heilungserfolge benötigen würden. Natürlich kann man, unter Ausnutzung der genetischen Naturgesetze und per »Schrotschußtechnologie«, eine »Tomoffel« oder ein »Mausschwein« züchten, weil man dabei die Basis-Mechanismen der Natur selbst benutzt. Aber etwas völlig anderes ist es, eine, Hunderte, Millionen von kranken Zellen zu heilen, zu manipulieren, auszubessern. Das könnte uns Hunderte, nein Tausende von Jahren technischer Entwicklung kosten. Erst dann aber begänne eine Technologie, die man ernsthaft »Gentechnik« nennen könnte.

Ähnliche »asymptotische Grenzen« finden sich heute überall in den Grenzwissenschaften – bei den Computertechnologen, den Atomphysikern, den Medizinern, den Materialforschern. Immer größere Geldmittel schaffen einen immer kleineren Erkenntnisfortschritt. Der Teilchenbeschleuniger für eine Milliarde Mark bringt die Teilchenforschung einen Millimeter voran. Riesige Programme zur Erforschung des Immunsystems bringen als Ergebnis nur neue Rätsel hervor.

Wäre es also möglich – *ich frage ja nur* –, daß unsere momentane Innovationseuphorie einzig und allein zwei Faktoren geschuldet ist: Dem Durst der Medien nach Sensationen (ein Durst, der um so stärker werden dürfte, je näher das magische Datum 2000 rückt) und dem natürlichen Bestreben der Wissenschaftler und Firmenstrategen, ihre Pfründen und Forschungsgelder zu wahren?

Natürlich ist es nach wie vor möglich, an den nächsten technischen Megadurchbruch zu glauben, etwa an die Entdeckung und Nutzung der »Schwerkraftenergie« (kaum eine Science-fiction-Serie, in der nicht mit diesem ganz speziellen Saft operiert worden wäre). Aber eine andere Diagnose ist wahrscheinlicher: Wir leben nicht in einer Zeit neuer großer Erfindungen, sondern in einer technologischen Zwischenzeit. Anders als in den 50er und 60er Jahren (oder um die Jahrhundertwende, als das Fliegen und das Auto erfunden wurden) geht es heute nicht um spektakuläre Durchbrüche, sondern um mühsame Grundlagenforschung. Der nächste technologische Schub, der tatsächlich handhabbare Gen- und Biotechnologien, Weltraumfahrt für Touristen, künstliche Intelligenz und eine erhebliche Verlängerung der Lebensspanne bringen wird, liegt wahrscheinlich noch fünfzig Jahre vor uns. Für ihn zahlen wir heute teures Lehrgeld.

Die spannendsten Erfolge der Medizin finden heute in der Plazeboforschung statt. Gegen den Schnupfen, so hat ein amerikanisches Wissenschaftlerteam für einen Etat von 40 Millionen Dollar herausgefunden, hilft nur eine einzige Medizin: Hühnersuppe.

FUTURE LIGHT

Auch an den Märkten selbst können wir dieses Stocken des technischen Zukunftsprozesses ablesen. Allen professionellen Marketingstrategen zum Trotz haben sich auf den Massenmärkten in den letzten Jahren nur wenige *wirklich* neue technische Artefakte durchgesetzt. Nach dem Walkman, dem Fax und der CD-ROM begann das Große Scheitern an der Front der Digitalität. Keine »Interaktive Technologie«, mit Ausnahme des Internet, ist bislang über Marktnischen hinausgelangt. Beim interaktiven Fernsehen wird auf absehbare Zeit eine Menge Geld versenkt und sehr wenig verdient werden. Viele Innovationen werden sang- und klanglos wieder in den Forschungsabteilungen versenkt. CD-I, Foto-Disk, DAT-Leichen pflastern den Weg der Unterhaltungsindustrie.

Es sind Varianten bekannter Technologien, die heute wie morgen unsere Märkte prägen werden: Automobile, die wir schon vor 30 Jahren bauen konnten (Cabrios, Vans), die wir jetzt aber in Energieverbrauch, Komfort und Design optimieren, ebenso wie Öko- und Sparwaschmaschinen und leisere Flugzeuge, die immer noch so aussehen, wie Flugzeuge und Waschmaschinen eben aussehen. Die wirklichen Revolutionen spielen sich nicht so sehr in den Technologien ab, sondern in den *Produktionsweisen.* Nie war die Vision eines freien, schrankenlosen Welthandels so nahe an der Wirklichkeit wie heute. Rationalisierung und Automatisierung der materiellen Produktion nehmen überall in rasantem Tempo zu. Dies führt zur ständigen Verbilligung von Gebrauchs- wie Luxusgütern. Und alle können sich etwas davon leisten: auch die Bewohner der Urwälder, Savannen, Gebirge und Inseln hinter dem Wind.

DER SCHMETTERLINGSEFFEKT

Ist es verfrüht, vom »Ende der Utopien« zu sprechen? Nähern wir uns noch einmal im Rückblick. Denken wir an eine der klassischen Fehlprognosen der 60er Jahre. Wie stand es immer so schön in den Bibeln unserer Pubertät wie dem »Neuen Universum«, einem Jahresband, in dem uns Jugendlichen jedes Jahr zu Weihnachten die Zukunft in vielen Aufrissen, spannenden Geschichten und phantasiebeflügelnden Illustrationen vorgeführt wurde:

Wettervorhersage bald präzise über zwei Jahre! Computer machen es möglich!

Warum es niemals möglich sein wird, das Wetter über zwei Jahre vorauszusagen, hat nicht das geringste mit Technik zu tun. Beim deutschen Wetterdienst in Offenbach werkeln längst Cray-Computer der allerschnellsten Bauart – aber mehr als drei, vier, fünf Tage Wetterprognose ist nach wie vor nicht möglich. Man kann die Meßdichte der Wetterstationen erhöhen. Man kann Daten präziser messen. Aber wo es morgen *konkret* regnen wird, finden die Meterologen nicht heraus. Nicht, weil die Computer immer noch zu klein sind. Sondern weil die Gesetze, die es regnen lassen, sich der »Ausrechenbarkeit« entziehen.

Wie ein kluger Meterologe es formulierte: *Ein System, das das Wetter langfristig voraussagen kann, müßte mindestens ein Molekül größer sein als das Universum.* Die Chaos- und die Komplexitätstheorie haben uns ein neues Verständnis dessen, was »Wetter« überhaupt ist, ermöglicht: Ein komplexer Prozeß, der in seinem Wesen *nichtlinear* vonstatten geht. Das ist mit dem – oft mißverstandenen – Zitat gemeint, daß »ein Flügelschlag eines Schmetterlings über dem Pazifik einen Wirbelsturm im Atlantik« erzeugen kann: Das »System Wetter« ist zwar in seinen Gesetzmäßigkeiten beschreibbar, *aber in seinen Resultaten nicht antizipierbar.*

»Man kann keine langfristigen meteorologischen Voraussagen zustande bringen, weil die Bewegungen der Luftmassen zum Teil chaotische Turbulenzen sind, deren Zukunft in demselben Sinne nicht determinierbar ist wie der Ausgang einer Reihe von Bridgespielen«, schrieb Stanislaw Lem vor vielen Jahren hellsichtig. Warum sollte, was schon für das Wetter gilt, nicht um so mehr für die Entwicklung von Zivilisationen, Technologien, Menschenbildern gelten? Ist die menschliche Sphäre nicht noch um ein ungleiches komplexer, ungeheuerlicher als so etwas – im Vergleich – »Schlichtes« wie das Wetter?

DE-FUTURISIERUNG

In der Trendforschung diagnostizieren wir seit Jahren einen bezeichnenden Prozeß. Man könnte das Phänomen, um das es geht, als »Gesteigerte Trend-Dialektik« bezeichnen.

Jeder »Trend« – jede Veränderungsströmung – erzeugt einen Gegenreflex. Das ist an sich nichts Neues. Je mehr Globalisierung – desto mehr Heimatverbundenheit wünschen sich die Menschen. Je mehr Virtualisierung – je mehr Umgang mit Computern, simulierte Erlebnisse, Medienüberflutung –, desto wichtiger Kategorien wie »Ehrlichkeit«, »Authentizität«. Je größer die Diversifizierung von Waren, desto mehr Bedürfnisse nach einem ganz simplen Produkt. Je mehr das Gefühl von

Geschwindigkeit überhandnimmt, je mehr wir das Gefühl von Streß und Überdruß erleben, desto mehr wird Langsamkeit, *Lessness,* Zeitautonomie, zum neuen Bedürfnis.

Zwar gab es immer schon »rückwärtsgewandte« Bewegungen – Resistenzen gegen den Fortschritt, Eigensinn, Beharrungsvermögen, Konservativismus, Regression. Es spricht aber viel dafür, daß in unserer entwickelten Individualgesellschaft die *Spannweite* und *Spannung* dieser Trend-Gegentrend-Mechanik zunimmt. Die modernen Retrotrends scheinen auf eine unmittelbarere Art mit den Ursprungs-Phänomenen verhakt zu sein, ja *mit ihnen eins zu werden.* Die Strömungen, die aus der Gegenwart Zukunft formen, bilden eine Art Schleifenstruktur wie beim berühmten Pilot Pirx, Lems Protagonisten, der sich immer mehr zeitlich versetzten Kopien von sich selbst gegenübersieht, oder wie bei den unzähligen »Zurück-in-die-Zukunft«-Filmen, in denen sich immer verzwicktere Paradoxien ergeben: Je mehr – desto.

Ist es ein Zufall, daß sowohl John Naisbitt als auch Charles Handy in ihren letzten Büchern *das Paradox* zum zentralen Thema ihrer Betrachtung machen? Könnte es sein, daß nicht nur die Futurologie, sondern auch *die Zukunft selbst* ihre Gestalt ändert? Daß wir es nicht nur mit *anderen Utopien,* sondern auch mit einer *anderen Grammatik der Zukunft* zu tun haben; einer Zukunft, die ihre lineare Gestalt zunehmend verliert, weil die Gesellschaft vielgestaltiger, widersprüchlicher, eben komplexer wird? Könnte die Zukunft, um es plastisch auszudrücken, statt immer »geradeaus nach vorne« zu laufen irgendwann anfangen, *im Kreis herumzugehen?*

Einige Grundregeln für eine komplexe Futurologie

① Die Entwicklung der Gesellschaft verläuft nicht in Sprüngen oder Brüchen, sondern in Entfaltungen. Gesellschaftliche Evolution ist zunächst steigende Komplexität: Mehr Gleichzeitigkeit, mehr Widersprüchlichkeit, »je mehr desto« als zentrales Wirkprinzip.

② Prognosen können nicht numerisch oder linear gegeben werden, sondern nur als szenarische Überlegungen mit bestimmten Wahrscheinlichkeiten.

③ Technologische Entwicklungen sind Teil von Kultursystemen. »Erfindungen« allein machen noch keine Technologie. Angewandte Technik entwickelt sich im Spannungsfeld zivilisatorischer Wünsche, individueller Bedürfnisse und technischer Möglichkeiten.

④ Retro-Futurismus: Wir müssen uns mit »kreisförmigen« Zukünften auseinandersetzen, in der das Vergangene zukünftig ist und das Zukünftige »von gestern«.

DIE KREISFÖRMIGE ZUKUNFT

Die amerikanische Popkünstlerin Laurie Anderson raunt auf vielen ihrer Konzerte eine eindringliche Frage ins Publikum: *Is the future long – or is it wide?*

Eine scheinbar völlig bescheuerte Frage. Und doch verbirgt sich in ihr der Schlüssel zu unserem Zukunftsverständnis – und zu unserer Gegenwart. Es ist noch nicht lange her, da war die Zukunft eindeutig *long* – eine unendliche Kette von logisch aufeinander aufbauenden technischen Erfindungen, Kausalitäten, Ereignissen, die schnurstracks in eine verheißungsvolle Zukunft führten, in der irgendwann *alles möglich werden würde.* Zukunft bedeutete zuallererst: Naturüberwindung, Kontrolle, Emanzipation von der Natur. Daß die utopischen Landschaften meist menschenleer, maschinell geprägt, hygienisch waren, hatte mit dieser Linearität zu tun. Linearität muß ausgrenzen. Sie benötigt geplante Ordnung und störungsfreie Abläufe als zentrales Prinzip. Sie muß Turbulenzen unterdrücken.

Genau diese Linearität, dieser Zeitstrom, beginnt sich an der Schwelle des 3. Jahrtausends aufzulösen – Virtualisierung und gesteigerte gesellschaftliche Komplexität erzeugen ein anderes Kontinuum. Die Evolution unserer Zivilisation funktioniert nicht als geometrische Gerade, sondern als spiralige Bewegung oder besser noch, als Auffächerung. Aus den modernen Wissenschaften kennen wir den (oft mißverstandenen) Begriff des *Fraktalen.* In dieses Bild kann man es fassen: Unsere Zukunft hat sich *fraktalisiert.* Die Ungleichzeitigkeit siegt über die Geradlinigkeit, die Turbulenz über die lineare Dynamik. Die Turbulenz ist nicht mehr *Störung,* sondern *Wesen* des Zukunftsprozesses.

Dennoch: Es wird sie wohl auch in Zukunft immer wieder geben, jene letztlich phantasiearmen futuristischen Bilder mit den Kolonien auf anderen Planeten, freundlichen Robotern und schrecklichen Waffen. Die »Visionen« werden nicht aussterben, die uns den »polysensuellen« oder den »cybernautischen« Menschen prophezeien. Aber lockt das noch einen Hund hinter dem Ofen hervor? Und vor allem: Bringt es uns weiter? Die Wirklichkeit jedenfalls wird viel eher einem planetarischen Schlampenhaushalt ähneln. Wir werden eine Gesellschaft erleben, die sowohl hypertechnologisch als auch »alt« aussieht, in dem Neo-Feudalismus ebenso wie Hyper-Individualität existieren wird, in der Steinzeit und Megatechnik sich durchdringen.

Zukunft ist keine Frage der Voraussage objektiver Entwicklungen mehr. Es geht nicht mehr um Überwindungen der Grenzen. Auch, wenn es einen alten Science-fiction-Freak (und alle, die in den 60ern großgeworden sind, sind es im Herzen ihrer Seele) schmerzen mag: Es ist nicht mehr so wichtig, ob wir Kolonien auf dem Mond bauen oder optische Speicherplatten entwickeln oder das Genom kartographieren. Die Gestalt der Zukunft entscheidet sich an ganz anderen

Fronten. Zum Beispiel in unserem Denken, unserer mentalen Ausstattung, unseren moralischen Haltungen. Denn die »fraktale Zukunft« hat sehr viel mit der Entwicklung unseres Bewußtsein zu tun.

Sind wir in der Lage »nichtlinear« zu denken? Können wir die neue Komplexität unserer Welt in unserem Bewußtsein überhaupt *abbilden*? Können wir »multilokal« und »fraktal« und »komplex« denken? Sind wir in der Lage, Strukturen des »Sowohl-Als-auch« in unserem Bewußtsein zu akzeptieren?

Erst dann könnten wir von uns behaupten, *die Zukunft zu sehen.*

2. KAPITEL

DAS ABENTEUER KOMPLEXITÄT

Vom »binären« zum komplexen Denken: Warum die Komplexitätstheorie den Schlüssel zur Zukunft bietet

Um reflexiv und erfinderisch nach vorn neu aufzubrechen, muß das Leben sich in Zukunft auf zwei verschiedene und doch zusammenhängende Zentren des Tuns stützen: eines des Bewußtseins, das andere der Komplexität … Zerbrochen wird damit auch (zumindest virtuell und auf Hoffnung) der höllische Kreis der Egozentrik; darunter wollen wir die gewissermaßen ontologische Isolierung verstehen, die jeden von uns daran hindert, aus sich selbst herauszutreten und sich auf den Standpunkt derer zu stellen, die wir am meisten lieben.

Teilhard de Chardin

DIE SIMULTANE WAHRHEIT

Meine erste Feindberührung mit dem Phänomen der Komplexität hatte ich in den Wirren der Spätpubertät. Damals befiel mich bisweilen das Gefühl, den Verstand verlieren zu müssen, weil *alles gleichzeitig wahr* schien. Alle hatten recht mit ihren konträren Sichtweisen der Welt. Meine Lehrer – hatten sie nicht irgendwie recht, wenn sie mich mit aller Macht zur Leistung und Disziplin zwingen wollten? Und hatte ich nicht recht, wenn ich, ebenfalls mit aller Macht, versuchte, so spät wie möglich nach Hause zu kommen, so wenig wie möglich Mathematik zu lernen und auf so viele Popkonzerte zu gehen wie möglich? Meine Großmutter hatte recht mit ihren Vorwürfen, mit der sie Respekt einforderte. Meine Mutter hatte »emotional recht« mit ihrer chronischen Migräne, mit der sie auf dieses familiäre Spannungfeld reagierte. Selbst mein autoritärer Vater – war er nicht irgendwie auch im Recht mit seinem beleidigten Stolz, wenn seine mühsam aufgebaute bürgerliche Existenz durch den Hippiesohn und dessen verworrene negative Dauerkritik in Frage gestellt wurde?

Ein Chaos von möglichen Weltdefinitionen prasselte auf meinen verunsicherten Geist ein. Da war der väterliche (und ein wenig schwule) Geographielehrer, der ein milde-verblasenes Hermann-Hesse-Weltbild anbot. Da war Hans, der in der Schule eine Bank mit mir teilte und mit coolen, geheimnisvollen Drogenerfahrungen und düsteren revolutionären Thesen aufwarten konnte. Da war die Reformhumanistin mit dem eifernden Tonfall, eine Bekannte meiner Mutter, die mahnend und streng zur »seelischen Disziplin« anhielt. Da war Emanuel, Mitglied einer indischen Sekte, der so wunderbar in spöttischem Tonfall von der »Allgemeinen Un-Erleuchtung« sprechen konnte, daß es eine Lust war.

Mußte ich mich in diesem Panoptikum der Möglichkeiten tatsächlich *entscheiden, wer* ICH *war*?

Natürlich mußte ich. Und so brachen dann an der Uni andere Zeiten an: Zeiten, in denen die Dinge – endlich! – sauber getrennt waren. Es gab Fronten, und das Ich konnte sich in diesen Fronten »sortieren«. Da draußen, das war klar, war »die Gesellschaft«. Sie versuchte, uns zu unterdrücken, uns ihre kapitalistische Disziplin und »Schweinementalität« aufzwingen. Mit allen perfiden Mitteln – mit der Polizei, mit Lehrern, Eltern, Gesetzen, Hausmeistern, unsinnigen Ritualen, mit Werbung, Konsumzwang und Unterdrückung allgemeiner Art.

Mit neunzehn glättete sich die Welt, die noch kurz zuvor ein Chaos aus widersprüchlichen Botschaften gewesen war, zu einem übersichtlichen Terrain. Entweder oder. Entweder Schwein oder Mensch. Ein Portrait von Angela Davis hing über meinem flokatiumlagerten Bett, darunter der Spruch *Either you are part of the problem, or you are part of the solution.*

Wie wahr diese Parole werden sollte – wenn auch in einem ganz anderen Sinne –, konnte ich damals noch nicht ahnen.

DER »GERUCH« DER KOMPLEXITÄT

Es wird Zeit für eine Erklärungsrunde. Was, um alles in der Welt, ist »Komplexität«? Und warum riskiere ich mit diesem knochentrockenen theoretischen Begriff die Zuneigung und Aufmerksamkeit des Lesers?

Zunächst ist »Komplexität« auch so etwas wie ein Gefühl. Jeder von uns spürt eine bestimmte Ebene der Komplexität instinktiv – als Gegensatz zum »Primitiven«. »Komplexe Gedanken« sind leicht unterscheidbar von einfach gestrickten Denkmustern. Jemand, der sagt »Alle Ausländer sind Schweine«, denkt zumeist auch sonst nicht sehr differenziert über seine Umwelt – seine Anwesenheit wird uns schnell peinlich und unangenehm. (»Alle Ausländer sind Engel« weist auf einen anderen, umgekehrten Primitivismus hin.) Ein Kunstwerk enthüllt dem Betrachter meist spontan seine Komplexität (andernfalls ist es »Kitsch« oder einfach langweilig), indem es ein *Staunen* hervorruft: Komplex empfinden wir zunächst das Differenzierte, das noch unbekannt ist.

Die Wahrnehmung von Komplexität hat natürlich mit der Komplexität im Kopf des Betrachters zu tun. Sie ist, wenn man so will, das Resultat von Bildung, aber einer Bildung, die mit dem Auswendiglernen von Bildungsgut oder dem Herumstochern mit Fremdworten wenig zu tun hat. Ein Mensch, der verschiedene Interessen, Hobbys, Fähigkeiten, emotionale Dimensionen hat, ist »komplexer«, »reicher« als derjenige, der immer nur auf einer geraden biographischen Spur läuft, ohne rechts und links zu blicken.

Jacques Attali hat in seinem Buch »Millennium« für unsere westliche Kultur den Begriff *Kultur der Wahl* geprägt. Komplexität bedeutet bei ihm zunächst Reichtum im Sinne von Differenziertheit, Verschiedenheit, Multioptionalität. »Kultur ist Reichtum an Problemen« – so formulierte es 1929 Egon Friedell.

Jeder von uns kann Wachsen von Komplexität in seinem Alltagsleben spüren. Als ein Zuwachs an *Optionen:* des Lebens, der Entscheidungen, der Widersprüche. Als ein ständiges *Mehr* an Wahlmöglichkeiten, Informationen, Ambivalenzen. Und Verlust von Eindeutigkeit. Steigende Komplexität macht sich zunächst einmal durch Kopfweh bemerkbar. Und dennoch: Es ist nur wenig gewagt, zu behaupten, daß Zivilisation in dem Versuch besteht, immer mehr Komplexität »lebbar zu machen«. Deshalb ist dieser Begriff das entscheidende *magic word* in jeder Debatte über die Zukunft.

COMPLEX LIVING

Altersamorphität. Ein probates Mittel, Gesellschaft zu ordnen und jedem seinen Platz und seine Rolle im Leben zuzuweisen, ist das Alter. Wer 60 ist, lehnt sich im Lehnstuhl zurück und trägt einen bestimmten »set« an Verhalten, Kleidung, Duktus. Wer 30 ist, übernimmt Verantwortung für Kinder. Wer 22 ist, lebt Sturm und Drang.

Gerade hier, bei den Altersrollen, erzeugt unsere moderne

Kultur geradezu abenteuerliche Verwerfungen. Da sich das Gebäralter heute bis über die 40-Jahres-Grenze strecken läßt, kann man ohne weiteres mit 80 zum erstenmal Großmutter werden. Da gleichzeitig in den westlichen Ländern aber die Teenager-Geburten zunehmen, ist der Oma-Status mit 30 Jahren ebenso schon möglich.

Überall, im Berufsleben, in der Partnerschaft, entstehen »Zweite Optionen« und »Zweite Chancen«. Die Konsequenz zeigt sich in wachsender Altersunordnung: Fünfundsechzigjährige heiraten dreißig Jahre jüngere Frauen, werden zum erstenmal in ihrem Leben Vater und kaufen sich eine Harley-Davidson, Zwanzigjährige wirken wie frühe Greise, die den Rest ihres Lebens vor dem Fernsehen auf dem Sofa verbringen werden. 45jährige Männer stecken immer noch in der Pubertät; und Frauen in diesem Alter entdecken gerade soeben mit Macht ihre erotischen Potentiale, denn *Böse Mädchen kommen überallhin.*

Neue Elternschaft. Was Vatersein, was Muttersein bedeutet, ist heute ein weites Feld, auf dem man sich verirren kann. Männer kämpfen sich durch die Wonnen und Höllen des Kreißsaals. Frauen schreiben Bücher über selbstbewußtes Rabenmütterdasein. (»Wer seine Kinder verläßt, bricht das letzte Tabu, das die Männergesellschaft uns eingeimpft hat.«) Männer mutieren bisweilen zu »Mappis« (eine probate Methode, um von der Frau unter Garantie sitzen- und hängengelassen zu werden).
Andererseits: Eltern wollen heute »Elternschaft« nicht mehr als ausschließliche Selbstdefinition gelten lassen – sie kämpfen vielmehr mit allen Mitteln gegen zuviel Rollenzuweisung. (»Nur weil ich Mutter bin, habe ich meine Sexualität noch nicht an der Garderobe abgegeben.«) Gleichzeitig wachsen die pädagogischen Ansprüche. Kindliches Verhalten wird auf allen Ebenen problematisiert: Ist diese Schreibschwäche eine Legasthenie?

Ist die kleine Nicole zuwenig kommunikativ? Hat der kleine Michael ein Aggressionsproblem? Und wie, verdammt noch mal, kann ich diese Rasselbande davon abhalten, das Mobiliar kurz und klein zu hauen, ohne auch nur die *Andeutung* von Gewaltbereitschaft zu machen?

Sekundärfamilien. Sybille und Ernst haben sich vor vier Jahren auf einem Computer- Weiterbildungsseminar kennengelernt und sich sofort ineinander verliebt. Ernst ist Besitzer einer kleinen, aufstrebenden Firma für graphische Computersoftware, Sybille ist Lehrerin in einer norddeutschen Kleinstadt. Als die beiden sich ineinander verlieben, haben sie ihren mittleren Lebensabschnitt bereits hinter sich. Beide haben früh geheiratet, jeweils eine »Schülerbeziehung«, Sybille hat zwei, Ernst hat drei Kinder, die zum Zeitpunkt der Scheidungen zwischen 8 und 16 Jahren alt sind.

Inzwischen leben die beiden abwechselnd in einem kleinen, idyllischen Häuschen hinter einem norddeutschen Deich, das Sybille von ihrer Mutter geerbt hat, und in einer großen Stadtwohnung in Berlin. Vier Kinder sind permanent in den zwei Haushalten, das fünfte nur an Wochenenden und in den Ferien. Ihr Leben ist eine Meisterleistung von komplexem Lebenstiming. Die Kinder unter einem Dach zu erziehen, angesichts komplizierter, keineswegs, wie eigentlich »geplant«, »einvernehmlicher« Trennungen von den leiblichen Vätern und Müttern, ist ein Meisterwerk. Da beide berufstätig bleiben, Ernst freier Unternehmer ist und beide aber auch einen Anspruch an »Familienzeit« und Freundeskreis (und durchaus emanzipierte Vorstellungen über die Verteilung von Hausarbeit) haben, ähnelt ihr Alltag einem Kunstwerk aus Organisation und Streßmanagement, das sich ständig auf der Kippe zum Chaos befindet. »Mit dem Telefonhörer in der Hand das Essen kochen, drei Hausaufgaben abnehmen, einen gewalttätigen Streit zwischen den Kindern schlichten, den Elektriker einweisen, mit Oma Nummer 6 telefonieren, Ehemann

Nummer 1 A zu einem Elternabend einladen und gleichzeitig das Auto beladen« – so beschreibt E. ihren Alltag.

Die Beispiele schildern allesamt dasselbe Phänomen: Die »Kultur der Wahl« läßt ihren Mitgliedern ungleich mehr Optionen als den vorangegangenen Generationen, erzeugt dabei aber auch ein unaufhörliches Anschwellen von Anforderungen. Der einzelne steht unter Identitätsstreß – er wird gezwungen, Verantwortung für immer mehr Teilbereiche seiner Identität zu übernehmen. Es regiert das Gesetz des *Mehr.* Ich muß *mehr* Engagement in meinem Beruf haben. Ich muß *mehr* für meine Kinder/meine Freunde/meine Karriere/ meine Bildung/mein Bewußtsein/meinen Körper/meine Eigenzeit/meine Weiterbildung/meine spirituelle Entwicklung tun. Im »immer mehr« zeigt sich zunächst nichts anderes als der Komplexitäts*druck,* der unsere Gesellschaft befallen hat. Das mag Vielfalt sein, »gelungene« Komplexität ist es noch nicht. Zunächst einmal erzeugt »complex living« vor allen ein Phänomen, das heute zu einem weitverbreiteten Lebensgefühl geworden ist: existentiellen Streß.

»GELUNGENE« UND »MISSGLÜCKTE« KOMPLEXITÄT

Wir haben gesehen, daß eine wichtige Bedingung für steigende Komplexität *Ausdifferenzierung* ist. Organismen differenzieren ihre Sinnesorgane aus – Bakterien lernen, wie man sich in saurem Wasser schützen kann, Tiere entwickeln Reaktionsmöglichkeiten, die sie auch unter anderen Umweltbedingungen überleben lassen. Gesellschaften entwickeln vielfarbige Lebensmuster und -optionen.

An der Evolution ökonomischer Systeme lassen sich die Komplexitätsgesetze besonders gut studieren. Die Firma X produziert Autos. Da die Kunden – die Individualisierung grassiert – immer mehr Sonderwünsche anmelden, steigt die Anzahl der Produkte innerhalb weniger Jahre rapide an, sagen wir von 5 auf 500. Durch die immer weiter perfektionierte

Produktion, die neue Logistiken und Nahtstellen zu anderen Branchen erzeugt, kommt der Konzern auf neue Gedanken: Wie wäre es, noch Schiffswerften, Raumfahrttechnologie dazuzukaufen, elektronische Komponenten zu produzieren, Vakuumventile, Flugzeuge?

Edzard Reuter war ein Mann, der diesen »komplexen Traum« geträumt hat – den eines globalen Luft-Raumfahrt-Konzerns. Aber wie in der natürlichen Evolution kann auch im Ökonomischen Ausdifferenzierung schiefgehen, wenn eine zweite wesentliche Kategorie nicht funktioniert: die *Integration.* Steigt die »Verschiedenheit« in einem System zu sehr an, ohne daß die Anziehungskräfte, das »Gemeinsame«, mithalten, kann das System wie ein Sandkuchen auseinanderbröseln. In unserem Beispiel: Der Konzern wird zum Gemischtwarenladen. Jedes Einzelprodukt verlangt eine völlig andere Logik. Synergien verwandeln sich in Subventionen. Am Ende erhält man ein Konglomerat chaotischer Teilsysteme, aber kein Ganzes, keinen funktionierenden Organismus mehr.

Wachstumsprozesse – im Organischen ebenso wie im Persönlichen und Gesellschaftlichen – sind nichts anderes als eine rhythmische Abfolge von Ausdifferenzierung und anschließender Integration. In der Pubertät spielen Triebe und Gedanken verrückt – und müssen irgendwann später in einer Erwachsenenidentät »gebündelt« werden (daß sie dies immer weniger tun, ist eine andere Sache). Wer einmal am Aufbau einer Firma beteiligt war, weiß, wie wichtig diese Rhythmik ist: Passiert die Ausdifferenzierung zu schnell, ohne daß die »Steuerung« mitkommt, ist die Pleite unvermeidlich.

Man könnte es auch so formulieren: Ein System – *eine Firma, eine Gesellschaft, ein Leben* – ist dann »gelungen komplex«, wenn es in der Lage ist, scheinbar paradoxe Phänomene *auf einer höheren Ebene in sich aufzuheben und zu einem Ganzen zu integrieren.*

Alles andere ist nur *Kompliziertheit* – mit Tendenz zum Chaos.

Wir wissen, daß die Komplexität in einem bestimmten System, wie etwa in einer Gesellschaft, die unter Einwirkung von starkem Streß aufgrund klimatischer Faktoren, äußerer Feinde oder innerer Streitigkeiten zu einfacheren sozialen Organisationsformen zurückkehrt, auch abnehmen kann. Eine solche Gesellschaft kann sogar untergehen. Der Zusammenbruch der klassischen Maya-Kultur ging zweifellos mit einer Reduzierung von Komplexität einher, auch wenn womöglich viele Menschen überlebten.
(Murray-Gellmann, »Das Quark und der Jaguar«)

Geschlechter-Amorphität. Ein typisches Beispiel für »unerlöste Komplexität« – sprich Kompliziertheit – läßt sich in der modernen Geschlechterbeziehung finden. Hier zeigt sich zunächst eine Grundregel, die scheinbar paradox klingt: *Gleichheit schafft Überkomplexität.*

Machen wir uns für einen Moment frei von den alten feministischen oder antifeministischen Standpunkten. Betrachten wir das moderne Verhältnis zwischen Mann und Frau einmal *systemisch.* Und mit einem Bonmot von Gerhard Schulze über die Frauen im Hinterkopf: »Das sind keine verführten Unschuldslämmer mehr, sie haben es vielmehr, wie das bei Verführten oft der Fall ist, faustdick hinter den Ohren.«

Männer erwarten von Frauen heute mehr und mehr Fähigkeiten, die früher als »männlich« galten. Frauen sollen sich selbst ernähren können, sonst fühlt mann sich schnell ausgebeutet. Sie erwarten aber – ob bewußt oder unbewußt – *auch* weibliche Fähigkeiten: Mütterlichkeit, Sorge, klassische Rollenbilder. Frauen erwarten von Männern im Gegenzug mehr und mehr »weibliche« Qualitäten (Kindererziehen, Haushalt). Frauen fordern mehr Sensibilität von Männern, aber gleichzeitig mehr charakterliche Stärke, ja sogar noch mehr Männlichkeit und Virilität. Sie sind keineswegs bereit, auf materielle Sicherheiten zu verzichten, sie wollen sie aber zu anderen Konditionen. Sie haben gelernt, zu fordern und – man lese eine x-beliebige Frauenzeitung – ihre sexuellen Bedürfnisse selbstbewußt durchaus im »männlichen Sinne« (im Sinne sexueller Objektbildung) zu artikulieren. Männer erwarten von Frauen erhöhte sexuelle Fähigkeiten, aber *zugleich* steigt auch ihr Bedürfnis nach emotionalem Beistand.

In der Sprache der Systemtheorie gesprochen: Das »System Mann/Frau« hat sich »amorph ausdifferenziert«. Das »Bedürfnisfeld« zwischen Männern und Frauen weitet sich immer mehr aus, ohne daß – um im Bild zu bleiben – die Kultivierung und der Anbau damit Schritt hält. So droht es vom Unkraut überwuchert zu werden. Die Komplexität wird nicht integriert, sondern durch zunehmend paradoxe Anspruchsstrukturen chaotisiert: *Ich will, daß du so und so bist, aber wenn du es bist, bin ich dennoch unzufrieden.*

Das, was für wirtschaftliche oder evolutionäre Prozesse gilt, gilt auch in der Geschlechterbeziehung: Wenn die *Spezialisierung* innerhalb eines Systems reduziert wird, steigen die Konkurrenzen und die »systemischen Vorlaufkosten«. Jeder Akt muß erst in seinen Grundlagen mühsam ausverhandelt werden. Lernprozesse und »Synergien« sind mühsam; wenn keiner mehr in irgendeinem Bereich Wissensvorsprünge erwerben kann, sich unterscheiden, auf eine bestimmte Rolle zurückziehen kann, kann er auch nichts *lehren.* In Krisensituationen erschweren komplizierte Abstimmungsprozesse schnelle und effektive Reaktionen.

Die Konsequenz können wir heute in den modernen Familien und Partnerschaftsbeziehungen besichtigen: Alle machen alles, den Haushalt, den Beruf, die Kindererziehung, aber niemand macht etwas richtig gut und ohne schlechtes Gewissen. Und alle rennen unentwegt der Zeit hinterher und werden vom Streß getrieben! Keine »Integrationsformel«, die die entstandene Komplexität wieder »binden« und in verläßliche innerpsychische Institutionen umformen könnte, hat sich als allgemeiner Konsens durchgesetzt. Statt dessen siegt quer durch die ganze Gesellschaft ein moralisch verbrämter Darwinismus: optimierte Partnerwahl, gegenseitige Ausbeutung der Ressourcen, Eskalation der Forderungen an das jeweils andere Geschlecht. Verdeckte Optimierungsstrategien wechseln sich mit Romantisierungschüben ab, verstärkter Narzißmus wird mit Kuschelsehnsüchten konterkariert. Die Wünsche der Geschlechter aneinander werden »heillos« – sie wandern ab in Bitterkeit, Entäuschungskreisläufe, Sich-selbst-erfüllende-Prophezeiungen (»Männer bringen es eh nicht!« – »Frauen sind ja doch nur egoistisch!«). Die Frauen schwanken zwischen Girlie-Aufführung und neuer Mütterlichkeit, die Männer zwischen Softietum und Flucht in die Computerwelt. Und für beide gibt es die Flucht in Workoholismus. Als Konsequenz und systemischer Ausgleich wird die Sexualität mit sadomasochistischen und fetischistischen Färbungen aufgeladen: Wenigstens in diesen Ritualen kann man noch Ordnungen und Hierarchien herstellen.

Solche paradoxen Bildungen entstehen immer in Ausdifferenzierungsschüben, wenn ein System »wuchert«, aber noch keine neue Codierung auf einer komplexeren Ebene gefunden hat. Es sind »Wachstumsschmerzen«, die wir alle beim Übergang zu einer höheren Komplexitätsebene empfinden. Der damit zusammenhängende Streß ist ein uraltes Evolutionsprogramm, der Muskelkater der kulturgeschichtlichen Entwicklung.

Im realen Leben existieren zwei grundsätzlich verschiedene Arten des Komplexen, die sich gegenseitig bedingen und ergänzen. Das eine komplexe Prinzip zielt auf Transzendentierung des Bestehenden, es ist das männliche Prinzip des »Mehr« und »Weiter«. Das Männliche, wenn es sich dem Komplexen widmet, hat Spaß an Überschreitungen. Es will hinauf in die Höhen der Abstraktion (immer weiter, bis dahin, wo niemand mehr folgen kann). Es will Unmögliches möglich machen. Es will Kontrolle. Jede Managementaufgabe ist in Wirklichkeit ein komplexes Spiel, das seinen Eros aus der Größe der Aufgabe bezieht: Überschreitung lautet die Herausforderung.

Frauen haben meist einen anderen Umgang mit Komplexität. Weibliche Komplexität zielt auf die *Integrierung* und *Stabilisierung* der schon vorhandenen Komplexität. Sie bevorzugt Balance vor Dynamik. Sie *entschleunigt* Komplexität – und ermöglicht sie dadurch erst als dauerhafte Lebensform.

STRATEGIEN DER KOMPLEXITÄTSREDUZIERUNG

Feinde. Ein probates Mittel, unerträgliche Komplexität zu reduzieren, ist die Konstruktion von äußeren Ablenkungen und Projektionen. Diese Methode ist seit Beginn der Menschheit wohlerprobt. In den Stammesgesellschaften diente der Krieg als Mittel, Identitätskrisen aufzufangen – wurde der Stamm, die Gruppe, zu groß, differenzierte sie sich zu sehr aus, brachen innere Streitigkeiten aus, konnte der Feldzug gegen äußere Feinde wieder einen. Aus diesem jahrtausendealten Mechanismus erklärt sich auch der ungeheure Bedarf an Verschwörungen bis in unsere Tage, von den längst gelandeten UFOS bis zum Pakt zwischen dem Vatikan, Wall Street und Islam, von dem man auf serbischer Seite in den letzten Jahren raunte. Verschwörungsängste stiften Gemeinschaftsgeist, wenngleich einen »bösen«. Jede Sekte, aber auch jede unsichere Identität, kann sie brauchen, um ihre Binnenstruktur homogen zu halten. Jede Ideologie benötigt einen Hauptfeind, und sei er noch so abstrakt (»Imperialisten«, »Weltjudentum«, »das Ausland«, »die Japaner«), um die innere Welt »clear« zu bekommen.

Die Bandbreite der Möglichkeiten nach diesem Urmuster ist unbegrenzt, und der Erfolg ist im wahrsten Sinn des Wortes durchschlagend. Der junge serbische Kämpfer mit der Schärpe, der mit seinem bosnisch-muslimischen Gegenüber noch vorletztes Jahr in derselben Bar saß und Coca-Cola trank, hat die unerwartete Komplexität seiner Lebenssituation entscheidend reduziert: Er muß sich nicht mehr mit den Kalamitäten der postsozialistischen Ära in seinem Lande herumschlagen, sich mit Auswanderung, Ausbildung oder Arbeitslosigkeit auseinandersetzen – er weiß nun, wofür er existiert. Er weiß, wie seine »Identität« ist (»Ich bin Serbe«). Er weiß, was er morgen tun wird (kämpfen, töten, siegen).

Man muß diesen Prozeß nicht mit der Primitivität der Waffen und unter Einsatz des körperlichen Lebens vollziehen. Das »Prinzip Vereinfachung durch Feinddelegation« funktioniert immer. Man nehme die Welt und zerlege sie in Wesensfeindschaften – oder »Hauptwidersprüche«. Männer gegen Frauen. Unten gegen oben. Alt gegen jung. Norden gegen Süden. Die Politiker sind doch alle Idioten! Die moderne Technik macht uns alle krank! Die Globalisierung bringt uns ins Armenhaus! Aus all diesen Spaltungen lassen sich vortreffliche Realitätstunnel bauen. Der Übergang zu Verschwörungstheorien, von Ufos bis Schweinestaat, ist fließend. Auch Jutta Ditfurth oder Jörg Haider beherrschen dieses Prinzip – auf eine elaboriertere Weise. Der einen sind die »kapitalistischen Prinzipien« verantwortlich für die »Kälte unserer Gesellschaft«, für den anderen sind »korrupte Altpolitiker« der verborgene Grund der österreichischen Gegenwartsübel.

Hier liegt genau der Schlüssel zum Erfolg populistischer, aber auch totalitärer Strategien: In unreifen oder überkomplexen Strukturen ist der »Komplexitätsreduzierer« stets ein Gott, der die Menschen wieder mit sich selbst und der Umwelt ins Gleichgewicht bringt. *Alle eure Probleme kommen letztlich von den Juden/dem Kapital/den Behörden/den Umweltschützern* – mit anderen Worten: Wir haben es hier mit einer *Strategie des Primitiven* zu tun. Sie erlöst nicht die gestiegene Komplexität, sie führt allenfalls dazu, daß wir uns etwas besser fühlen.

Untergang. Weltuntergangsbeschwörungen erfüllen den Job der Komplexitätsreduzierung besonders gut, wenn es darum geht, verwirrende Entwicklungen in der Gesellschaft möglichst schnell »kleinzukriegen«. Immer dann, wenn der Komplexitätsdruck wächst, wenn Gleichzeitigkeiten, Ambivalenzen, Paradoxa zunehmen, flüchtet sich ein Teil der öffentlichen Meinung in Phantasien des Untergangs und des Verfolgungswahns. Im letzten »Fin de siècle« blühten die Weltuntergangsphantasien ebenso heute wie vor unserer 2000er Jahrtausendwende. Die Modernisierungszwänge wurden als dekadent, verderbt, eben als Vorzeichen des Untergangs interpretiert. Erdbeben? Wirtschaftskrisen? Kalte Winter? Kometen? Korruptionsfälle? Fleischskandale? Erziehungsprobleme? Steigende Scheidungsraten? Alle sind für den, der sehen will, deutliche Wegweiser in den großen Abgrund.

Das Interessante an den Weltuntergangstheorien ist, daß sie ihre Verfechter, mit Ausnahme einiger besonders kranker Paranoiker, ruhig schlafen lassen. Denn im Zentrum der Angst versteckt sich Beruhigung. Im Untergang oder kulturellen Niedergang, in der Dekadenzphantasie wie im gängigen Kulturpessimismus (»alle Werte zerfallen« – »die Menschen sind alle Egoisten«) träumen wir die Regression in eine Vorzeit, in der »alles noch ganz einfach« war. Nach dem Zusammenbruch der (böse gewordenen) Zivilisation folgt ein Urzustand, der die Ordnung wiederherstellt, ob er nun als allgemeiner Biobauernhof oder scientologische Kadettenanstalt, als Ständestaat oder als, diesmal unverdorbener, Sozialismus organisiert sein soll.

Das Problem mit den Untergangsphantasien ist, daß sie eine Menge für sich haben. Jede Gesellschaft erzeugt bei steigender Komplexität Wirbel, Turbulenzen, Systemkrisen. Jeder Zivilisationsschub ist ein Risiko. Jedes Steigen von Komplexität kann nur gelingen, wenn sich genügend »systemische Kraft« findet, um das System auf einer höheren Ebene zu integrieren. Wie man diese Tatsache mörderisch ausnutzt, zeigte vor allem der Nationalsozialismus, der auf einer klassischen Dekadenz-Endzeit-Vision fußte. Und seine Prophezeiung selbst einlöste.

Medien. In der modernen Gesellschaft obliegt die Aufgabe, aus dem ungeheuren Chaos der Gleichzeitigkeiten so etwas wie »Sinn« zu destillieren, zunehmend den Medien. Natürlich verläuft dieser Prozeß nicht mehr, wie noch zu Zeiten des öffentlich-rechtlichen Hörfunks und des »Erziehungsfernsehens«, in Form des Features, des Kommentars zum Sonntag, des Presseclubs, der für den einfachen Bürger die Welt vom Katheder der Wissenden herab erklärt. Die Funktion der Medien, ihr eigentlicher »Code«, liegt in ihrer Fähigkeit zu *Komplexitätsvermeidung* begründet.

Drei »P«-Techniken haben sich hierbei bewährt:

Personalisierung, Polarisierung und *Profanisierung.* *Personalisierung* reduziert gesellschaftliche Komplexität, indem sie alles in einem Gesicht, einem prominenten Namen konzentriert und dabei zugleich *Unterschiede nivelliert:* Die da oben sind so wie wir. Auch Liz Taylor leidet an hängenden Backen und Tränensäcken. Der gute Harry Juhnke ist ein Schluckspecht wie du und ich. Der grauenhafte Autounfall des Schlagerstars Jürgen S., der noch vor zwei Wochen wegen Verführung einer Zwölfjährigen vor Gericht stand, zeigt uns allen: Auch die Reichen können tief fallen. Die Welt ist am Ende doch gerecht: Auch Schönheit kann unglücklich machen! Auch Geld zeugt Probleme!

Polarisierung: Im Spielfilm gewinnt selbstredend nach dem Shoot-out am Ende das Gute. Leidenschaft, wenn sie die Ehe bedroht, ist gefährlich. Das Böse trägt dunkle Lackmäntel und Masken, wohnt in Villenvororten und spekuliert in Warentermingeschäften oder Junk Bonds oder richtet die Welt anderweitig mit schnöder Geldgier zugrunde.

Profanisierung: Wir kennen alle aus dem Fernsehen diesen unheimlichen Sog, mit dem das Differenzierte in die Dramaturgie der Zwei-Sekunden-Takes gepreßt wird. Wollen Sie denn nun ihre Ehe scheiden oder nicht? Haben Sie denn nun vor, zurückzutreten, oder nicht? Sind sie für Genschafe oder dagegen? Politik? Ist uns viel zu anstrengend, wir wollen wissen a) wer in 3 Jahren kandidiert und b), mit wem der Minister sich nachts herumgetrieben hat. Wirtschaft? Nun machen Sie es mal nicht so kompliziert. Die Konsequenz: Hildesheim grüßt überall den Rest der Welt, wir schlagen uns auf die Schenkel und tanzen Polonaise.

Wir sollten uns hüten, diese Phänomene moralisch zu werten. Komplexitätsreduzierung ist ein universelles Bedürfnis, das wenig mit Sprachmacht oder Bildung, Schicht oder Klasse zu tun hat. In einer ständig komplexeren Welt, in der Überinformation zum existentiellen Problem des einzelnen wird, müssen die Medien zwangsläufig mindestens ebensoviel »Information« *zerstören,* wie sie aussenden – im Sinne einer minimalen Informations-Ökologie. Das ist gewissermaßen ihre hygienische Aufgabe.

Vertrauen. Ich habe mich bis zu diesem Punkt lediglich mit Techniken befaßt, die Komplexität *vermeiden* – indem sie sie auf ein für die Psyche erträgliches Maß reduzieren. Aber welche Kulturtechniken können wir anwenden, wenn wir Komplexität »aushalten« und integrieren, womöglich sogar *steigern* wollen?

Zunächst ist *eine* Kraft wesentlich für die Erhöhung des Komplexitätsdrucks in unserem Alltag verantwortlich: Zweifel. Wer zweifelt, denkt eine andere Option in seine Wirklichkeit hinein. Er stellt eine *Antithese* in den Raum. Er öffnet dadurch den Horizont und macht, wie der Volksmund zu Recht sagt »die Dinge erst kompliziert«.

Die vergangene Ära ist – ohne Zweifel – eine Periode des Zweifels gewesen. Es gibt kaum eine gesellschaftliche Übereinkunft, an der nicht rabiate und radikale Kritik geübt wurde. Wir haben an den Lebenskonzepten unserer Eltern und an allen Konventionen, Ritualen, Selbstverständlichkeiten unseres Alltags – von der Ehe bis zur Energieversorgung – gezweifelt. Vom Zweifel befallen sind heute die Institutionen, von der Kirche bis zum Kindergarten, vom Finanzamt bis zur Filiale der Supermarktkette. Die Worte »Aber« und »Problem« sind zu den *keywords* unsere Alltagskultur geworden.

Zweifel ist Teil des Prozesses der Komplexitätserhöhung, aber zum puren Lebensprinzip erhoben, erzeugt er am Ende nur depressive oder psychotische Strukturen. Was als Aufbruch und Abschied notwendig ist, funktioniert nicht als Lebensprinzip. Die inneren Reserven und Ambivalenzen, die man zum Beispiel gegenüber dem Partner ausbrütet – *Ist er der Richtige? Wird er mich betrügen? Kann ich noch einen besseren finden? Warum hat er nur diese blöden Eigenschaften* – erhöhen die Lebenskomplexität immer weiter, bis schließlich jedes Glück verunmöglicht ist. Das dauerautonome Ich, das nicht wirklich vertrauen kann, muß unentwegt Zweit- und Drittoptionen aufbauen, für den Fall, daß seine Befürchtungen wahr werden, muß Distanzen konstruieren, Zweitwohnungen mieten, Liebschaften organisieren.

Wer nicht vertrauen kann, muß alles selbst machen. Wer nicht eindeutig »ja« sagen kann, zersplittert seine mentalen Energien. Komplexe humane Prozesse wie Kindererziehung, Hausbau oder der Aufbau einer Firma sind jedoch als pure Einzelkämpferaktionen eine hoffnungslose Angelegenheit. Das »autonomistische Mißtrauen«, wie es unsere städtischen Singlekulturen prägt, führt privat wie persönlich zu eher mäßiger Performance und in ein baldiges *burnout* mit nachfolgender Bitternis. Allenfalls kommt ein zwar schillernder, aber auch uneffektiver Narzißmus dabei heraus.

Jemandem zu vertrauen, ist wie Balsam für jede Art von Überkomplexität. Überall bilden sich plötzlich Optionen. Komplexität mit Vertrauen kombiniert, wird zu gelungenem Wachstum. Nichts anderes ist die Kraft der Liebe. Und nichts anderes erfahren wir immer dann, wenn wir lieben.

Glaube. Ambivalenz ist »unerlöste« Komplexität. Wenn wir ambivalent sind, verschleißen wir Energien im Paradoxen. Wir erleben keinen »Flow« und sind weder kreativ noch glücklich. In diesem Muster funktioniert auch der Glaube. Glaube ist die apersönliche Form des Vertrauens – und hier bekommen alte Kulturelemente wie »Religion« und »Spiritualität« im Zeichen der Komplexität einen neuen Sinn.

Gläubige Menschen wirken schon in ihrer Körperlichkeit oft weich und entspannt – sie teilen ihre inneren Muster mit einer höheren Komplexität, in der sie »aufgenommen« sind. Die Geborgenheit, das Aufgehobensein »im Glauben«, wie sie in den heiligen Büchern der Weltreligionen erzählt und als praktische Erfahrung bei gläubigen Menschen vorkommen, sind Begriffe für die ungeheure Entlastung, die Glauben ermöglicht. Das Ich-System wird angekoppelt, es »darf« sich aufheben in etwas Höherem – hier macht das Bild der »Erlösung« Sinn.

Systemisch betrachtet ist Transzendenz also die Annahme und Akzeptanz einer höheren Komplexität, in der die persönliche Komplexität sich relativieren kann. Es handelt sich um die genaue Gegenstrategie zur Feindproduktion, des Zweifels und der Profanisierung. Es ist heute Mode geworden, »Glaube« als eine Art Primitivismus zu interpretieren, als Naivität, als Flucht vor der Wirklichkeit – als Regression eben. Die Religionsgeschichte bietet genug bizarres Material, um solche Meinungen zu bestätigen. Aber sie zeigt auch an ebenso vielen Beispielen die Chancen von Glauben. Glaube (nicht Aberglaube) kann enorme komplexitätssteigernde Potenzen freisetzen. Wer glauben kann, ist zu außerordentlichen Integrationen und Differenziertheiten fähig. Er öffnet das begrenzte »Ich-System«, über sich selbst hinaus, er ordnet es dadurch neu und macht es erst lebensfähig.

Eleganz und Stil. Komplexität ist nicht meßbar. Zumindest nicht auf den ersten Blick. Eine Bakterie kann ebenso komplex funktionieren wie ein Computer, eine archaische Kultur kann unendlich viel komplexer sein als eine Konsumgesellschaft. Worauf es ankommt, ist am Ende fast so etwas wie ein »stilistisches« Kriterium: Komplexität ist so etwas wie *gelungene Eleganz.*

Man kann das Phänomen gelungener Komplexität an profanen Gebrauchsgegenständen wie Autos studieren. Was fasziniert unser (nicht nur männliches) Hirn an Autos jenseits ihrer Funktion als Triebersatz oder Statussymbol? Wie kaum ein anderes Artefakt sind Autos Produkte eines permanenten *Re-Writings.* Im ständigen Durchdenken und Überarbeiten jedes Details, in der Abstimmung technischer, ökonomischer, ästhetischer, ergonomischer, prozeßlogischer Kriterien durch viele Experten, entsteht mehr als das Ganze dieser Teile. Es entsteht ein »verdichtetes Objekt«, dem man die unendliche Arbeit der Verfeinerung und Optimierung, die zu seiner Entstehung beitrugen, die »Eleganz der Integration des Verschiedenen« ansieht. Ein gut gebautes Autos ist ein *evolutionäres Objekt,* das Auskunft über den Stand von *beidem* gibt: Zivilisation *und* Technologie.

Hier kommen wir in Bereiche, die man »techno-spirituell« nennen könnte und in denen sich das Komplexitätsprinzip im Reich der Dinge ausdrückt. Robert M. Pirsig hat in seinem Buch »Zen oder die Kunst, ein Motorrad zu warten« für »gelungene Komplexität« einfach den Begriff »Qualität« gewählt. Man könnte auch, noch schlichter, »Stil« sagen. (In der Kunst nennt man es »Virtuosität« oder »Genie.«) Formulieren wir es einstweilen so: »Stil« ist die Fähigkeit zu einem ausdauernden und anhaltenden Prozeß der »Überarbeitung« und »Verfeinerung« im Sinne steigender (integrierter) Komplexität. Wer Stilbewußtsein hat, kann, instinktiv oder bewußt, unterscheiden zwischen gelungenen und mißglückten Ausdifferenzierungen. Er weiß, wie man »das Vielschichtige zu einem Ganzen zusammenfügt« – und wie man es unaufhörlich weiter verfeinert. Er weiß, was Schnörkel ist und was Substanz, er kann sogar einen Schnörkel in Substanz integrieren.

Große Einfachheit. Das Bonmot des berühmten sächsischen Handwerksmeisters, das Kurt Biedenkopf immer so gern zitiert, sollte als Grundgesetz des komplexen Denkens dienen: *Die Welt entwickelt sich vom Primitiven über das Komplizierte zum Einfachen.* Denn ist eine Stereoanlage, die viele Schaltkreise und Knöpfe hat, komplex? Nein, sie ist nur kompliziert. Für unsere kleinen Übungen in Komplexitätstheorie übersetzt: *Die höchste Form integrierter Komplexität ist gelungene Einfachheit.* Sie »verschluckt« Kompliziertheit. Sie ordnet. Sie rationalisiert unser Leben, das gerade dabei war, sich in unzählige Baustellen aufzulösen und zu verlieren. Einfachheit, die das Komplexe aufbewahrt, hat immer auch – man denke an japanisches Design – einen spirituellen Aspekt. Sie macht Dinge, Formen, Gedanken klar, selbst wenn sie hochdifferenziert und subtil sind.

DIE KOMPLEXE EVOLUTION

Ich habe mich bis jetzt dem Komplexen vor allem über die Pfade des Sozialen genähert. Aber jeder von uns kennt auch andere Zugänge, selbst wenn er sie noch nie unter diesem Aspekt betrachtet hat.

»Die Gesetze der Natur« lassen sich nicht so ohne weiteres auf eine Formel bringen. Heerscharen von Theologen, Philosophen und Theoretikern haben seit Jahrhunderten über der Frage gegrübelt, ob die Natur »grausam« oder »kooperativ« ist – und je nach Art der Antwort teilen sich Ideologien, Weltanschauungen und politische Lager. Aber die Natur ist hartnäckig »sowohl als auch«. Die Männchen der Kaiserpinguine etwa harren Monate in der antarktischen Nacht aus, während die Weibchen auf Nahrungssuche gehen, und brüten die Eier aus – Softie-Irrläufer der Natur? Die Erdmännchen organisieren ihr Sozialleben wie eine Kommune mit wechselndem Abwaschdienst, während der Löwe eben mal zum Frühstück die Kinder des Rivalen zerreißt. Spinnen können extrem kooperativ und extrem räuberisch sein, und das gilt gewissermaßen für die ganze Evolution, von der Bakterie bis zum Menschen: *Alles* ist möglich. *Die Evolution,* schreibt Mihaly Csikszentmihalyi in seinem Buch »Dem Sinn des Lebens eine Zukunft geben«, *ist die Geschichte der zunehmenden Komplexität lebender Materie. Angefangen bei den Protozoen, die in der Ursuppe schwammen, tauchen vor uns im Strom der Zeit allmählich die vielfältigsten Organismen auf, die sich in den unterschiedlichsten Nischen einrichten und alle erdenklichen spezialisierten Fähigkeiten entwickeln – Fische, Amphibien, Reptilien, Vögel, Säugetiere . . .*

»Sich-nicht-auf-eine-Formel-bringen-lassen« ist ein typisches Anzeichen für hohe Komplexitätsgrade. Die Komplexitätstheorie könnte so auch die alten Klischees über die biologische Evolution hinwegfegen. Die Verkürzungen der Evolution auf ein singuläres Prinzip – »Darwinismus«, »Auslese der Starken«, »Kooperation«, »Vererbung«, »Angelerntes Verhalten« – geht am eigentlichen Wesen des evolutionären Prozesses vorbei. Im Grunde ist es ganz simpel: *Evolution ist der immerwährende und hartnäckige Versuch des organischen Lebens, höchstmögliche Komplexität zu verwirklichen.*

Drei verschiedenfarbige Untergruppen von Seitenflecken-Leguanen verfolgen jeweils verschiedene Strategien der Durchsetzung. Die rötlich gefärbten Männchen sind aggressiv und verhalten sich wie »Machos«; sie können mehrere Weibchen hintereinander begatten. Die blaugefärbten schaffen gerade ein Weibchen, aber dem gegenüber verhalten sie sich monogam und treu. Die Gelben wiederum sind fast impotent, können sich aber als Weibchen tarnen.

Raten Sie, welche der Sorten auf lange Sicht die Überhand gewinnt!

Antwort: Keine. Immer, wenn eine Sorte die Überhand gewinnt, nutzt die andere sofort deren Schwächen – und gewinnt bald wieder Überhand. Gewinnen die Blauen, steigt nach kurzer Zeit die Nachkommenschaft exponentiell an, Männchen und Weibchen werden träge und mit der Brutpflege beschäftigt. Das nutzen in der nächsten Runde die Roten, die sich räuberisch verhalten. Doch deren Harems wurden im Lauf der Zeit von den Gelben unterwandert, die sie heimlich und ohne großes Aufsehen infiltrieren und sich nützlich machen …

Die Komplexitätstheorie verbindet nicht nur die neuen und alten Naturwissenschaften zu einem Ganzen – von der Atomphysik über die Biologie bis zur fraktalen Mathematik –, sie gibt auch der Evolution einen Sinn. Der Mensch als bisher komplexestes Wesen, als Universalist, kann weder besonders gut hören noch sehen, noch riechen. Im Gegensatz zu den Spezialisten, die mit bestimmten Sinnen oder Körperfunktionen (etwa die Dinosaurier mit Panzerung, die Eule mit exzellentem Gesichtssinn, die Gazelle mit Schnelligkeit) ihre evolutionäre Nische reklamieren, tritt *sapiens* aus dem Schatten und Schutz dieser Spezialisierungsstrategien heraus – ein Mängelwesen, das voll und ganz auf die Komplexität seiner höheren Steuerungssysteme angewiesen ist. Ein Organismus, dessen Überlebensvorteil nicht aus der Prägung von Organen, sondern durch *Informationsverarbeitung* entsteht.

Unser Gehirn ist der Knoten, in dem sich diese Komplexität der »Datenverarbeitung« als organische Struktur abbildet. Intelligenz ist, so gesehen, nichts anderes als das funktionale Überlebensrezept hochverletzlicher und äußerst lernfähiger Organismen. Unsere verstärkten Hirnrinden, die höheren Vernetzungsgrade unserer Neuronen im Hirn sind der biologische Niederschlag dieser höheren Komplexität. Und »Bewußtsein« ist vor allem Rückkoppelung der Wahrnehmung, Selbstwahrnehmung durch Selbstreferenz. Bewußtsein entsteht also als gelungene Komplexität.

KOMPLEXITÄT UND TRENDFORSCHUNG

Läßt sich das Prinzip der Komplexität auch auf die Trends, mit denen wir in der Trendforschung umgehen, beziehen? Allerdings. Aber nur, wenn man »Trends« nicht als beliebige Moden, sondern als »Balancebewegungen« der Kultur betrachtet. Sie entspringen entweder technischen Innovationen, oder aber sie bilden eine *kulturelle Abwehrreaktion* auf bestimmte Phänomene. Dabei hat jeder Trend seinen Gegentrend, und jeder Trend *ist* per se bereits ein Gegentrend. Daraus ergibt sich folgende Reihung:

Trend		**Gegentrend**	
Globalisierung	Maßstabvergrößerung	**Großes Heimweh**	Verwurzelung
Beschleunigung	Ständige Veränderung	**Langsamkeit**	Stabilität
Virtualisierung	Künstlichkeit	**Authentic**	Echtheit
Gen-Tech	Produktunsicherheit	**Naturprodukte**	Ehrlichkeit, Sicherheit
Fitneß	Körperverbesserung	**Wellness**	Seele/Geist-Balance
Lifestyle	Modenorientierung	**Sinn-/Substanzsuche**	Zeitlosigkeit

Trend-Gegentrend-Mechanismus

Noch einleuchtender wird das Modell, wenn man eine »dritte Stufe« einführt, in der die Widersprüche auf einer höheren

Ebene aufgehoben – also sowohl bewahrt wie integriert – werden.

Am deutlichsten ist dieser Effekt in Wertewandelprozessen nachzuvollziehen. Je mehr sich Spaß und Erlebnis als gesellschaftliche Orientierung durchsetzten, desto größer wurde das Sinn- und Orientierungsvakuum. Doch die Wertorientierungen kehren nicht einfach zurück zu den alten »Disziplinierungswerten« Ordnung, Fleiß, Gehorsam. Sie schreiten fort zu »softindividualistischen« Werten, in denen sich *bonds* und *choices* (Dahrendorf), also individuelle Freiheiten und persönliche Bindungen *ergänzen und in ein Gleichgewicht bringen lassen.* Softindividualistische Werte sind Werte mit gesteigertem Komplexitätsgrad, weil sie Paradoxien auf höherer Ebene vereinen. Freundschaft ist Freiheit *plus* Bindung, Spiritualität ist *selbstgewählte* und *individualisierte* Religiosität. Hier findet also nicht nur ein »Kompromiß, sondern eine »Versöhnung« statt, ein Sampling verschiedenartiger kultureller Codierungen.

WIE MAN WIDERSPRÜCHE VEREINT

Wie werden wir uns im 21. Jahrhundert, im Zeitalter der Globalität, als Individuen definieren? Als neue Nomaden, unruhig von Identität zu Identität springend? Als elektronische Avatare zwischen den Welten des digitalen Illusionismus?

Die Antwort auf all die Fragen ist erfreulich eindeutig: *Weder-Noch!* Besonders für die innere Verortung des Menschen, seine »Bezugspsychologie«, gilt das eherne Gesetz der Komplexität: Je mehr desto. Je mehr wir uns im globalen Dorf wiederfinden, je mehr wir von Bildern, schnellen Schemen, flüchtigen Erfahrungen, großen Bezügen umgeben sind, je mehr Weltmarkt und globale Medien kulturelle Identitäten nivellieren, desto größer das Bedürfnis nach dem Gegenteil: Heimat, Gebundenheit, Verortung. Zunächst macht sich dieser Widerspruch in der Psychologie der Menschen als Paradox bemerkbar: Wir fühlen uns hin- und hergetrieben zwischen

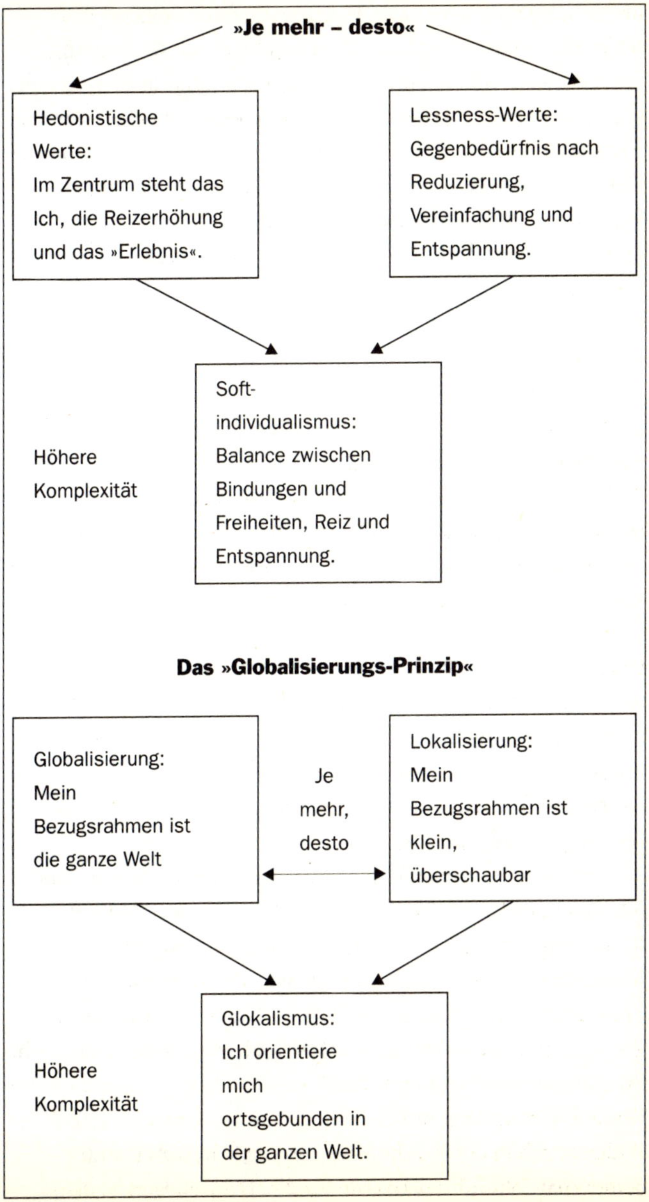
»Je mehr – desto«
Hedonistische Werte: Im Zentrum steht das Ich, die Reizerhöhung und das »Erlebnis«.
Lessness-Werte: Gegenbedürfnis nach Reduzierung, Vereinfachung und Entspannung.
Höhere Komplexität
Soft-individualismus: Balance zwischen Bindungen und Freiheiten, Reiz und Entspannung.
Das »Globalisierungs-Prinzip«
Globalisierung: Mein Bezugsrahmen ist die ganze Welt
Je mehr, desto
Lokalisierung: Mein Bezugsrahmen ist klein, überschaubar
Höhere Komplexität
Glokalismus: Ich orientiere mich ortsgebunden in der ganzen Welt.

unseren Bedürfnissen nach Horizonterweiterung und »My home is my castle«-Sehnsucht, Reiselust und »Cocooning«. Aber die beiden Ebenen der Orientierung müssen nicht ewig feindlich bleiben. Unsere Kultur – und jeder einzelne von uns – kann lernen, damit umzugehen. Jahrhundertelang gehörte es in Europa zum Lebenslauf wichtiger Bevölkerungsschichten, vor der Seßhaftigkeit sich jahrelang in der Welt umzuschauen oder durch Mobilität ihren Unterhalt zu verdienen. Erwähnt seien nur die Handwerksgesellen, die Studenten, die Dienstmädchen, die Seeleute, die Wandermönche und Jungtheologen, die Gouvernanten und die Hausierer, von den Bildungs- und Reisejahren der Oberschicht ganz zu schweigen.

Und wäre heute nicht ein Selbstverständnis denkbar, das Selbstachtung aus der Tatsache gewinnt, daß man familiäre, regionale, sprachliche *Wurzeln hat,* und dennoch stolz ist auf seine Weltläufigkeit? Wie viele Globetrotter wissen sehr genau, aus welchem Tal im Schwarzwald sie kommen!? Wie viele von uns haben erst an den Stränden von Goa, L.A. oder Andalusien ihre langweilige Heimatstadt schätzen und (nachträglich) akzeptieren gelernt! Erst wer sein Dorf verläßt, weiß es zu schätzen. Erst, wer zu lange im Dorf hockt, weiß, was Fernweh ist. Beide Prozesse, die zunehmende Bindung an Region, Straße, Ort, und die zunehmende Globalisierung via Ökonomie, Reisen, Popkultur, Medien schreiten fort.

Der Zukunftsmensch ist »Glokalist«. Große Firmen und Marken wissen das längst. In allen Bereichen des Marketings, der Produktstrategien, finden wir heute »glokalistische« Strategien. Biere entwickeln regionale »Untersorten«. Trachtenmode mischt sich mit High-class-Fashion. Man denke an die »glokalistische« Kampagne von Coca-Cola, die in den Vereinigten Staaten in einer aufwendigen Kampagne jedem Bundesstaat einzeln die Reverenz erwies: *Die weite Welt von Coke grüßt New Hampshire!* Man denke an die »Glokalisierung« der Medien: Lokale TV- und Rundfunkstationen befinden sich im Aufwind[1]. Man denke an den Boom der regionalen Musikstile, die längst einen Gegentrend zur weltweiten Popkultur eingeleitet haben. Der internationale Tourismus, die weltweiten elektronischen Medien – hier wirken sie bewußtseinsbildend. Besonders die Jüngeren im globalen Dorf, die Bewohner des Generation-X-Planeten, haben wenig Schwierigkeiten mit diesem Facettenreichtum. »Ich bin zuallererst Japaner«, sagte ein junger Bewohner Tokios in einem Jugendkultur-Dokumentarfilm von TRENDBÜRO »Ich denke japanisch, ich fühle japanisch – aber ansonsten bin ich auf der ganzen Welt zu Hause.«

Die aktuellen Umfragen[2] bestätigen diesen Trend zum Glokalismus auch bei der breiten Bevölkerung: Befragt man die Menschen über ihre »räumliche Identität«, so wird seit Jahren und Jahrzehnten eine kleinere Raumeinheit gewählt. Ich bin, so könnte man den Trend zusammenfassen, zuallererst Oggersheimer, dann Pfälzer, dann kommt eine Weile nichts, dann Deutscher, dann Europäer und übrigens auch noch Bewohner des Planeten Erde. Und das alles bin ich selbstredend zusammen und ohne Brüche, weil ich auf keine dieser Facetten verzichten möchte!

EINE KULTUR DER SYNTHESE

Ulrich Beck wurde jüngst in einem Leitartikel der ZEIT von links für seinen Optimismus abgemahnt. »Pausbäckig« sei seine vielzitierte »Formel eins«: *»Der säkulare Wandel der Moderne erzeugt die Voraussetzungen zu seiner Bewältigung*

1 Quelle z. B. eine Untersuchung der »Funkanalyse Bayern 1996«, nach der im gesamten Bundesgebiet lokale und regionale Sender zugelegt haben.

2 Eine repräsentative Umfrage des Marktforschungsinstitutes INRA ergab eine deutliche Wendung weg vom Nationalen, hin zur »kleinen Heimat«. Im Jahre 1985 nannten noch 18, 1995 schon 23 % der Deutschen die Region als ihre Heimat, der Ort wurde mit 41 % als Heimat bezeichnet (1985 : 25 %). Nur 7 % nannten »Deutschland« als ihre Heimat.

gleich mit. Der Vorgang – ein nachdenklicher Soziologe ist der führenden deutschen Wochenzeitung immerhin einen Leitartikel auf Seite eins wert – deutet auf schwerste Verwirrung im Lager der Traditionslinken. Er offenbart auch: Die »neue Unübersichtlichkeit« entsteht nur in den Köpfen derjenigen, für die die Welt deshalb furchtbar verwirrend ist, weil ihr Denken auf Kategoriesystemen aufgebaut ist, die auf die komplexe Wirklichkeit partout nicht passen wollen. Und auch die Verluste, die heute allenthalben in der modernen Weltbetrachtung beklagt werden (»Niedergang der Werte«, »Verlust der Solidarität«, »Freiheit ist nur Freisetzung«, »Modernisierungsopfer«), sind in Wirklichkeit Abbuchungsverluste auf den Konten der Beobachter, die sich keinen Reim mehr auf die steigende Komplexität machen können, auf neue ungewohnte Mischungen und Synthesen.

KOMPLEXITÄT ALS LEBENSHALTUNG

Die Theorie der Komplexität ermöglicht uns zunächst einmal eine *Haltung zur Welt,* in der wir uns nicht mehr für ein primitives Entweder-Oder entscheiden müssen. »Der Mensch« ist weder »genetisch bestimmt«, noch ein pures Muster seiner Umwelt – vielmehr verweben sich beide Faktoren des Lebens zu einer Ganzheit. Krankheiten sind nie *nur* seelisch *oder* körperlich verursacht – erst in der Wechselwirkung ergibt sich Sinn und Ursache. Komplexes Denken ist immer systemisches, ganzheitliches Denken. Um es zu lernen, muß man beides können: Glauben *und* Zweifeln. »Komplexisten« sind vor allem diejenigen, die beides in ihrem Leben immer wieder durchlebt und durchlitten haben, in diesen typischen Kaskaden der »Thesen«, »Antithesen« und »Synthesen« aus denen irgendwann so etwas wie Weisheit entsteht.

Je komplexer wir unser Leben gestalten können, desto reichhaltiger wird es.

Aber richtig verstanden geht es nicht um ein »mehr«, sondern um ein »höher«. Das Kunstwerk erzielt seine Wirkung nicht wegen der Dicke der Farbe, sondern wegen der Eleganz und Finesse der Gesamtkomposition.

Ich habe den Begriff der Komplexität hier so ausführlich erläutert, weil ich der festen Überzeugung bin, daß er ein wichtiges *tool* für unseren Weg in die Zukunft werden könnte.

Wenn jeder von uns zum »Lebensunternehmer« wird, dann geht es vor allem darum, das Lebens-Kunstwerk sorgfältig und nach komplexen Kriterien zu gestalten. Erfahrungen zum Beispiel wären nicht mehr einfach in ihrer »Intensität« oder ihrem »Fun-Wert« zu messen, sondern daran, ob sie unserer Persönlichkeit zu einem Stück mehr Reichtum und verwirklichter Vielfalt verhelfen oder nicht. Die Lebenskunst, die vor 2500 Jahren schon in Griechenland von Philosophen und Rhetoren gelehrt wurde, hätte im Sinn des Komplexen eine neue Heimat gefunden: Eine Kultur, die sich vielfältig, streitbar und tolerant der ideellen wie praktischen Auseinandersetzung mit der Frage widmet: Wie wollen wir leben? Was sind gelungene Biographien?

Die Idee des Komplexen könnte die alten utopischen Weltbilder, die von spektakulärer Überwindung, technischem Wunderwerk und weitgehender Naturbeherrschung handeln, ablösen, weil sie als Erkenntnisinstrument und als globale Haltung unendlich mehr leistet.

3. KAPITEL

DER DEUTSCHE KATZENJAMMER

Die Unkultur des Wandels: Warum die deutsche Mentalität zukunftsfeindlich ist

Jede Nation spottet über die anderen, und alle haben sie recht

Arthur Schopenhauer

Ich glaube, daß die Deutschen sich überhaupt mit der Realität schwertun, daß sie sich am liebsten im Reich des Wünschbaren aufhalten. An vielen meiner Landsleute verdrießt mich seit langem, daß sie sich als bessere Menschen fühlen, indem sie – in der Regel folgenlos – edle Absichten verfolgen. Politische Diskussionen in angelsächsischen Ländern beginnen mit der Frage nach der realen Problemlage, woran sich Erwägungen schließen, was man tun kann. Diskussionen bei uns beginnen mit abstrakten Formeln und Forderungen, und dabei bleibt es auch.

Arnulf Baring (Focus 9/97, in einem Interview)

Der Engländer liebt die Freiheit wie sein rechtmäßiges Weib. Der Franzose wie seine Braut, der Deutsche wie seine alte Großmutter.

Heinrich Heine

Kein Bedarf für Faith. Ich werde nie die Szene vergessen, in der die amerikanische Trendforscherin Faith Popcorn zum erstenmal *life* mit der deutschen Öffentlichkeit konfrontiert wurde. Ihr Verlag hatte anläßlich der Vorstellung ihres ersten Buches »The Popcorn Report« 1992 zu einer großen Pressekonferenz nach München gebeten. Faith, die übersensible, magere, fragile Faith Popcorn, ein klassisches Produkt amerikanischen *self managements,* saß überschminkt in einem schlichten Kostüm auf der Bühne eines Theatersaals im Amerikahaus, vor sich eine Hundertschaft kritisch-deutscher Journalisten, die »Trends« und »Marketing« für mehr oder minder schlimmes Teufelszeug hielten.

Faith referierte freundlich und routiniert ihre Trends. Sie sprach vom Trend zur Lebensverlängerung, von »consumer values« und »service revolution«, von den Marketingproblemen der Zukunft und ihrer Lösung, von »save the society«-Trend (den Trend zu mehr moralischer Verantwortung sowohl bei Konsumenten als auch bei Produzenten). Sie registrierte sehr wohl das bleierne Schweigen, das über der Journalistenschar lag. Aber sie verstand es nicht.

Nach dem Ende ihres Vortrags konnte man Ewigkeiten lang die berühmte Stecknadel fallen hören. Bis schließlich in der hintersten Reihe eine Frau mit kurzen roten Haaren und großen goldenen Ringen in den Ohren aufstand und im Ton der Politkommissarin einen einzigen aggressiven Satz in den Raum pumpte:

Und wie soll das alles die Probleme der Dritten Welt lösen?

Schweigen. Noch mehr Schweigen. Faith lächelte mit ihrem allerstrahlendsten Lächeln, das sie immer dann besonders perfekt beherrscht, wenn sie fieberhaft nachdenkt. Und dann fragte sie hinterhältig und charmant zurück:

What do YOU *think? How can we solve the problems of the Third World?*

Die gestrenge Anwältin der Dritten Welt brach in ein

heilloses Gestammel aus, und dann versackte die Veranstaltung blitzschnell in jenem ideologischen Debattieren, das alle zur Genüge kennen, die in studentischen Hörsaalveranstaltungen großgeworden sind. Faith brach die Pressekonferenz schnell ab – der Jetlag! – und beschloß vermutlich, Deutschland und die Deutschen ein für allemal nicht zu mögen.

Ich habe diese Szene deshalb so ausführlich erzählt, weil sie gleich mehrere Dimensionen unseres kollektiven Bewußtseins illustriert. Die erste ist eher profan, sie hört auf den Namen Unhöflichkeit. Das Anmuffen von Gästen ist hierzulande so verbreitet, daß es sich nicht einmal mehr eine kritische Legitimation verschaffen muß. Auch über die Segnungen des »Kritischseins« möchte ich nicht allzu viele Worte verlieren. Viel wichtiger ist die *Anmaßung,* die hinter einer solchen Frage steckt. Nirgendwo anders als bei einer deutschen Veranstaltung dieser Art würde von einem Autor/Trendforscher/Politiker ein Kurzrezept nach der pauschalen Rettung der Dritten Welt abgefordert. Es käme einfach niemand auf die Idee, von einer einzelnen die knappe Antwort auf zentrale und komplexe Menschheitsprobleme zu erwarten!

Diese Frau will ja nur, daß internationale Konzerne heute noch raffinierter Geld machen können – knurrte ein öffentlich-rechtlicher Rundfunkreporter beim Vertilgen der Lachshäppchen nach der Pressekonferenz. Ein Mann mit neunfünf Monatsgehalt, vierzehnmal im Jahr, unkündbar. Natürlich, wie jeder, der hierzulande auf sich hält, ein äußerst systemkritischer Zeitgenosse.

Täuschte ich mich? Oder erinnerte dieser Tonfall, ebenso wie der jener gestrengen Dame vorher im Saal, an den Tonfall des deutschen Hausmeisters?

Die Un-Dienstleister. Machen Sie einen kleinen Selbsttest. Sehen Sie diesen Dienstleister dort, der am Bahnhof auf Sie wartet? Ja genau, der mit dem übergroßen Fahrrad mit Dach. Sieht er dunkelhäutig aus? Ihre Vorstellung von Anständigkeit

– immerhin ein original deutscher Wert – sagt, daß Sie diesem Mann eine Chance geben sollten. Also steigen Sie schon ein in seine Rikscha! Geben Sie sich einen Stoß! Lassen Sie sich zu Ihrem Busineß-Termin kutschieren! In jeder Zeitung kann man heute lesen, daß Humandienstleistungen der Boom der Zukunft sind! Daß ohne sie niemals das Heer der Arbeitslosen abgebaut werden kann. Und ist das nicht eine äußerst ökologische Fortbewegungsweise – ohne den Abgasgestank der dort vorne lauernden Taxis? Schließlich können Sie dem Mann ein ordentliches Trinkgeld geben, wenn Sie das soziale Gewissen plagt!

Vielleicht doch lieber nicht. Wahrscheinlich wird er nur ausgebeutet von anderen! Wahrscheinlich eine Schlepperbande, die ihm einen Hungerlohn zahlt.

Es gibt in unserer Kultur einen psychologischen Mechanismus, der jeden, der versucht, einem anderen zu *dienen,* in der Wahrnehmung zu einem Lakaien und Sklaven degradiert. Dieser Vorgang tarnt sich zunächst mit diffusen moralischen Argumenten: Man findet es »irgendwie nicht gut«, daß »Menschen auf diese Weise ihr Brot verdienen müssen«. Man ist »betroffen«, daß Leute auf diese Weise »ausbeutbar sind«.

Aber dieses Peinlichkeitsgefühl, das in Deutschland eine entwickelte Dienstleistungskultur nachhaltig verhindert – und nebenbei Millionen von Menschen die Möglichkeit eines sozialen Aufstiegs durch Fleiß und Freundlichkeit nimmt – hat andere Wurzeln als moralische Güte. Dahinter steht unser Unvermögen, Unterschiedlichkeit und Ungleichheit *auszuhalten.* Sie ist ein moralischer Skandal, den wir, bitte schön, aus dem Weg geräumt haben möchten. Unsere vielgerühmte »Betroffenheit« entspringt aus einem Gefühl der *Störung. Muß man die Ungerechtigkeit der Welt auch noch öffentlich vorführen?*

Deutsche, die zum ersten Mal nach Amerika kommen, äußern oft das spontane Gefühl: *Die sind so nett und freundlich, die wollen mir nur das Geld aus der Tasche ziehen.* Nettigkeit darf legitim nur ohne Interesse stattfinden. Sie muß »echt«, das heißt selbstlos sein. Alles im Namen einer fundamentalen Sozialromantik, die sich mit Begriffen wie »Authentizität«, »Echtheit« und »Ehrlichkeit« schmückt.

Man könnte es auch anders interpretieren: Wir sehen Zwischenmenschlichkeit immer im Zustand des Kindes: In Erwartung mütterlicher, selbstloser Zuwendung. Daß jede Kommunikation immer ein »deal« ist, ein Geben und Nehmen, daß sie immer etwas »Ökonomisches« hat, mögen wir in unserer Gier nach Zuneigung nicht akzeptieren.

Autonomismus. Wir sind Individualisten. Und wie! Wie alles machen wir auch das gründlich. Individualismus in Deutschland heißt zunächst einmal: *Ich kann auch alleine. Ich brauche niemanden. Die anderen können mich mal!*

Das Paar in der Großstadt behält solange es geht seine beiden Wohnungen. Wenn es heiratet, bleiben die Konten getrennt. Wer weiß, wie das sonst endet! Man könnte sich ja ausbeuten! Gerade im gebildeten Milieu ist diese »autonomistische« Haltung, die keine Abhängigkeit zulassen will, weitverbreitet. Der Mensch ist eine Monade, das höchste Lebensziel die *totale Unabhängigkeit.*

Psychoanalytisch kann man in dieser übersteigerten Auffassung von Autonomie unschwer eine eigentümliche Größenphantasie aufspüren: In der Vorstellung, ganz allein zurechtzukommen, liegt ja auch eine Vision von Kontrolle. Dahinter steckt die Angst, ausgebeutet zu werden, die Angst, nicht genug zu bekommen, die Angst, ungerecht behandelt zu werden, und die alles umfangende, immer wieder artikulierte Angst, *nicht wirklich verstanden und akzeptiert zu werden.* Denn, lieber Partner, lieber Staat, liebe Gesellschaft, ich möchte in meiner ganzen, verqueren Ganzheit angenommen werden, mit all meinen Fehlern und Macken, authentisch, echt und ohne Intention! *Eigentlich!*

Konsequenz dieses Weltbildes ist ein Phänomen, das man »mentales Cocooning« nennen könnte. Schon Thomas Mann kannte es: *Ein vertrotzter Individualismus nach außen, im Verhältnis zur Welt, zu Europa, zur Zivilisation.* Eine Weltsicht, deren Horizont sich zunehmend nach innen richtet. Ungeheures Mißtrauen bei gleichzeitig heftiger Versorgungserwartung. Ein Inseldenken, das sich im allgemeinen Untergang gemütlich einrichtet. »Mir wird es in Zukunft bessergehen« sagen über 60 Prozent der deutschen Bevölkerung. Gleichzeitig sagen 73 Prozent: »In Zukunft wird alles schlechter werden.« Nach einer IPOS-Umfrage des Bundesverbandes deutscher Banken halten fast zwei Drittel die Klimakatastrophe für unausweichlich – 20 Prozent allerdings erst in 50 Jahren!

Tiefenrausch. Eines der beliebtesten Negativworte im Deutschen ist »oberflächlich«. »Oberflächlich« ist alles, was nicht mit Fußnoten und den Weihen der akademischen Bildung versehen ist. »Oberflächlich« ist aber auch, was man nicht versteht. Was irgendwie »modern« ist oder »was mit Trends« zu tun hat.

Die Tradition dieses Tiefenrausches bedient sich statt dessen am Eigentlichen und Wesenhaften und greift entsprechend der jeweiligen Zeitströmungen zu passenden Halluzinogenen oder Tranquilizern. »Natur« ist spätestens seit den Protestbewegungen der 70er und 80er Jahre zu einem neuen, allgemeinen Totemkult geworden, der mit »Tiefe« unmittelbar in Verbindung steht. Natur ist »tief«, weil sie »echt« ist. »Natürlich sein« gehört spätestens seit der Romantik zu den ganz oben rangierenden Werten, während alles »Künstliche« undeutsch bleibt. Das hat Folgen für die Weltnachfrage nach geistigen Produkten made in Germany. Daß jedes Jahr 2500 englischsprachige Bücher ins Deutsche übersetzt werden, hingegen nur 50 Werke den Sprachrubikon in umgekehrter Richtung überschreiten, mag als angelsächsischer Kulturimperialismus gescholten werden. Aber vielleicht hat es doch etwas mit der Unlesbarkeit der deutschen Literatur zu tun, ihrer Innerlichkeit, ihrer Verstiegenheit, ihrem Weltschmerz. Das den Literaten und Verlagen alleine in die Schuhe zu schieben, wäre unfair, denn jedes Land hat die Literatur, die es haben will. Menschen mit Weltkenntnis und prallen Erfahrungen, auf der Suche nach Balance und Lebensglück, Wirklichkeitsnähe, die Fähigkeit zu packenden Dialogen – das alles ist hierzulande selten wie hausbesuchende Ärzte. Wohin man blickt – nur verkrümmte Ichs, an der Welt leidende, um ihre Souveränität ringende Menschen, Menschen mit dünner Gefühlsdecke, die von der Ungeheuerlichkeit namens Leben angeekelt sind, sensible Seelensucher, denen beim Durchreisen serbischer Dörfer im Kriege vor allem die Erlösung vom Konsum einfällt, Germanistikstudenten, die für ihren ersten schmalen Gedichtband einen Literaturpreis zugesprochen erhalten und von nun an die Lebenskarriere des öffentlich geförderten Poesiestipendiaten einschlagen. Ach! Wie sagte schon Hölderlin im HYPERION:

Ich hasse sie wie den Tod, alle die armseligen Mitteldinge von Etwas und Nichts. Meine ganze Seele sträubt sich gegen das Wesenlose. Was mir nicht alles und ewig alles ist, ist mir nichts.

Mit der Behauptung authentischer Tiefe geht eine Ablehnung des Glücks einher, denn Glück kann in diesem Codex nur als pausbäckige Abwesenheit von Tiefe gelesen werden.

Nörgelkultur. Man muß nur das Radio einschalten. Ede aus Altona meint gerade, daß »in unserer Gesellschaft viel zuwenig für Ausländer getan wird«. Finden wir auch, Ede, und schönen Gruß nach Altona! Frau Schmidt aus Gerstenburg möchte wissen, warum sich die Krankenkassen aus der Verschreibung für Schlafmittel für Frührentner so schäbig zurückziehen. Wir werden der Frage nachgehen! Keiner schreibt so schöne

Leserbriefe: *Möchte ich mein Abo kündigen, weil ich es nicht mehr ertragen kann, wie in Ihrem Blatt für die Atomindustrie Propaganda gemacht wird. Möchte ich mein Abo kündigen, weil in Ihrem Blatt unseriösen Naturspinnern in verantwortungsloser Weise das Wort erteilt wird. Möchte ich mein Abo kündigen, weil Sie schon wieder den Geburtstag von Tutenchamun zwei Jahre nach vorne geschoben haben.*

Das vorherrschende Motiv ist dabei die Verantwortungsdelegation: Die simple Wahrheit, daß wir *alle zu fett sind, weil wir falsch essen und uns zu wenig bewegen,* heißt auf deutsch übersetzt »Die Nahrungsmittelindustrie erfindet immer subtilere Suchtstoffe, die uns unfähig machen, unser Gewicht zu halten«. Das Problem *Wir leben ungesund und erwarten von der Medizin schnelle Abhilfe ohne Verhaltensänderung* wird im Nörgeldiskurs übersetzt in »Die Ärzte sind gierig, die Politiker sind unfähig, das Gesundheitssystem gut zu organisieren, und die Pharmaindustrie fährt satte Profite ein«.

In den sechziger Jahren hat Hans Magnus Enzensberger die sieben Hauptfiguren der konservativen Rhetorik formuliert: Es ist alles nicht so schlimm. Woanders ist es auch nicht besser. Es ist schon immer so gewesen. Besser machen gilt nicht. Niemand ist schuld an dem, was ist. Mitmachen ist besser als nörgeln. Die kritische Rhetorik der neunziger Jahre hat daraus gemacht: Es ist immer schlimmer, als du denkst. Woanders ist es besser. Alles muß anders werden. Tu was. Das System ist schuld. Kritisieren ist besser als nicht kritisieren. In den sechziger Jahren war Kritik etwas, was man nicht an jedem Kiosk kaufen konnte. In den neunziger Jahren ist Kritik eine Pflichtübung,
(Der SPIEGEL im Sommer 1996)

Opferkult. Eng damit zusammen gehört unser Selbstbild: Wir sind alle am liebsten Opfer. Opfer von anonymen Prozessen, Opfer von Systemen, geheimnisvollen Mächten, von Globalisierung, Rationalisierung und Steuerberatern. Opfer von zynischen Politikern, allgegenwärtigen Sexualverbrechern und faschistischen Verschwörungen.

Je mehr wir uns selbst als Opfer stilisieren, um so mehr kultiviert die Gesellschaft auf leisen Sohlen die Sympathie mit den Tätern. Es ist seltsam: Zwanzig, dreißig Jahre lang wurde jedes Gewaltverbrechen sanft pädagogisiert. Der öffentliche Mehrheitsdiskurs litt eher mit den Tätern, die sie als Opfer der Gesellschaft sah.

Ein heute eher selten gewordenes Beispiel lieferte im Juli 1997 die HAMBURGER MORGENPOST: Ihre Titelgeschichte ging über den »wahnsinnigen Messerstecher«. Im Text heißt es: »Er versuchte einer Frau den Hals durchzuschneiden und stieß einer anderen die Klinge in den Bauch«. Der Aufmacher endet mit der fetten Schlagzeile: »Wir Hamburger müssen ihm helfen.«

Wer kennt noch die Opfer des Kindermörders Bartsch? Niemand – aber die Seele des armen Metzgerjungen kennen wir aus dem Effeff. Erst mit der letzten Welle der Gewaltverbrechen an Kindern rückten zum erstenmal die Opfer ins Zentrum der Aufmerksamkeit – weil verzweifelte und aufgebrachte Eltern die Mittel des Boulevards nutzten, um den Focus der Aufmerksamkeit zu verschieben.

Fragt man ein ausreichendes Sample von Deutschen nach der Rangstufe ihrer Werte, so steht die Sicherheit stets an erster Stelle, dicht gefolgt von »sozialer Gerechtigkeit«, während ein Wert wie »Freiheit« je nach Institut, das die Befragung durchführt, irgendwo zwischen 10ter und 20ster Stelle rangiert. Die umgekehrte Rangfolge der Werte wie etwa in den angelsächsischen Ländern.

Der eklatante Mangel an Risikobereitschaft zeigt sich in allen Lebensbereichen. Der Sohn des Nachbarn, ein besonders kreativer junger Mann mit himmelstürmenden Ambitionen, macht mit an Sicherheit grenzender Wahrscheinlichkeit keine kleine junge, dynamische und risikoreiche Firma auf. Statt dessen wartet er, gut behütet von Mama und ihrem allgegenwärtigen Service, bis eine »sichere Stelle« bei einer großen, renommierten Firma frei wird.

Die Anzahl des Parallelitäten zwischen der deutschen und der japanischen Kultur sind verblüffend und wurden von vielen Beobachtern bereits festgestellt. Beide Länder haben Präferenzen für Ordnungsvorstellungen und Disziplin, die man in sauberen öffentlichen Räumen und Privatwohnungen widergespiegelt sieht. Es sind dies Kulturen, deren Mitglieder es mögen, »die Regeln zu spielen«, wobei sie Zugehörigkeitsgefühle zu bestimmten sozialen Gruppen entwickeln. Beide Mentalitäten bewerten Arbeit mit großer Ernsthaftigkeit, ja Emphase; keine von ihnen ist sonderlich bekannt für ihre Leichtigkeit oder ihren Humor. Die Obsession für Ordnung erzeugt immer wieder Licht und Schatten in Form eines wie immer gearteten Fanatismus. Beide Länder sind bekannt für ihre Präzisionsprodukte, ihre Autos und Optikindustrie, ihre Leicas und Nikons. Ihr innerer, kommunaler Konsens geht auf Kosten des Äußeren, der Toleranz: Keines der beiden Länder wurde sonderlich bekannt für besondere Freundlichkeit zu Fremden …

(Francis Fukuyama, Trust, The Social Virtues and the creation of Prosperity)

Die pädagogische Kapitulation. Neulich traf ich auf einem dieser modernen Kindergeburtstage in einer weißgestrichenen Sechszimmer-Stuckwohnung eine deutschamerikanische Bekannte. Eine Horde von Vier- bis Sechsjährigen rottete neben Kuchen und Ketchupvorräten in einem Nachmittag auch noch die Menschheit und das angrenzende Universum aus. Die Jungen benutzten dazu jede Kuchengabel als Maschinengewehr, wozu sie die unglaublichsten Geräusche und Schimpfwörter von sich gaben, die Mädchen nahmen einen ganzen Kleiderschrank nebst Inhalt auseinander, schminkten sich mit Kosmetikutensilien, die ein Vermögen wert waren, und brüllten Vulgaritäten zu den Jungs herüber, die selbst einen abgebrühten Exbewohner von Großwohngemeinschaften wie mich noch erröten ließ.

Die anwesenden Eltern saßen etwas abseits dieses Armaggedon, irgendwo im Nirwana zwischen Apathie und Überforderung und vertrieben sich die Zeit mit dem Versuch, auf dem Balkon ungestört eine Zigarette zu rauchen. Außer einigen müden verbalen Versuchen, die allzu schlimmen Exzesse zu vermeiden (»Sarah, *dumme Votze* ist aber ein böses Wort!«) rührte sich wenig. Freundliche Vernunft wurde lauwarm der kindlichen Tyrannei entgegengesetzt. Den Rest übernahm die Haftpflichtversicherung.

Danach saß ich mit meiner Bekannten – einer Amerikanerin, die seit zwei Jahrzehnten in Deutschland lebt und hier eine Tochter großgezogen hat – erschöpft noch einige Stunden in einem Café. »An diesen hilflosen und hochintelligenten Eltern«, sagte sie nach zwei Glas Wein, »kann man euer ganzes Dilemma besichtigen. Ihr habt ein gottverdammtes Idealisierungsproblem. Ihr müßt ständig etwas verherrlichen! Normalität ist euch verdächtig, weil ihr darin Nazitum oder eure Eltern seht. Also muß irgend etwas Verblasenes herhalten: weltfremde Prinzipien zum Beispiel, das »Natürliche« der Kinder, die sich schon ›irgendwie‹ selbst regulieren werden. Wenn ihr eingreifen würdet in diesen Horrorhaufen, würdet ihr ja ›etwas Natürliches kaputtmachen‹. Ihr wollt alles idealisieren, was Euch nahekommt. Und deshalb werdet ihr am Ende immer enttäuscht. Ihr seid eine Gesellschaft von zwanghaften Selbstenttäuschern: Das ist der Kern eures Problems.«

Das Beispiel illustriert die Mentalitätsfalle, die sich auch in unseren Institutionen, etwa in den verwahrlosten Schulen und antiautoritär eingefärbten Kindergärten offenbart. In Deutschland kann man diesen Vorgang sehr schön am Beispiel der Kinderfrage – und der damit verbundenen Frauen- und Männerrollen – studieren.

Angenommen, Sie leben in einer typischen deutschen Großstadt. Angenommen, Sie sind um die dreißig Jahre alt, gebildet (wie die Mehrheit der Frauen heute). Sie haben Ihre Berufs- und Partnerwahl getroffen, und nun möchten Sie gerne Kinder. Wie das Leben so spielt.

Schlecht. Sehr schlecht.

In anderen Ländern wäre diese Situation nicht weiter dramatisch. Sie würden eben Kinder bekommen, ein, zwei oder drei. Je nach innerer Stimme, Berufschancen oder Leidenschaft. Dann würden Sie sich nach eben diesen Kriterien für oder gegen ein berufliches Leben entscheiden. Die Gesellschaft würde beides akzeptieren und ermöglichen – auf die eine oder andere Weise.

Nicht so in Deutschland. In Deutschland wird Mutterschaft zu einem Stigma, zum Schicksal, zur biographischen Mausefalle, zum systemischen Spießrutenlauf.

Tief in unserer Kultur gibt es zunächst eine massive Muttercodierung, die von Ihnen *verlangt,* daß Sie die Neurosen Ihres Kindes nicht nur registrieren, sondern eifersüchtig hüten und weiterentwickeln. Sie werden, ohne daß Sie es recht merken, von einer stummen Allianz aus Kinderärzten, Allergologen, anderen Müttern und Medien dazu genötigt, vielleicht *doch noch ein bißchen mehr Zeit mit dem lieben Kleinen zu verbringen.* (Hat er nicht diese Neurodermitis? Das ist Zeichen für außergewöhnliche Sensibilität! Da muß man sich drum kümmern! Und schläft er nicht schlecht? Dahinter könnte ein größeres Problem stecken!)

Schon allein die *Dienstleistungs-Feindschaft* macht Berufstätigkeit und Mütterdasein praktisch unmöglich. Tagesmütter? Schwierig. Nicht selten handelt es sich um vom Leben enttäuschte Charaktere, die im Grunde eine Abneigung gegen Kinder haben. Krabbelstuben? Dort muß man entweder zweimal die Woche putzen und abwaschen, und das Ganze ist strikt alternativ, oder es ist einfach nicht im Angebot Ihres

Stadtteils. Kindergärten schließen um 12, wenn die Kindergärtnerin krank ist um 10 Uhr, die Schulen ebenso. Selbstinitiativen? Versuchen Sie einmal, mit konkurrenten Mittelstandsmüttern etwas zu organisieren! Der Pädagogismus wird ohne Vorwarnung einen häßlichen Konflikt über die Spiel- und Kleiderordnung erzeugen, denn Kinder sind hierzulande ein *Projekt.* In ihnen verwirklichen sich – siehe voriges Kapitel – die *Naturmythen:*

Alles Biologische ist gut (Schafswollwindeln, Nicht-Impfen, Karottenkochen und jeden-Tag-auf-den-Markt-gehen). Wehe, wenn das arme Kind mit Plastik spielt! Wehe, wenn es nicht ständig liebevoll unterhalten wird, sondern – Verdikt – sich eine Minute mit sich selbst beschäftigen muß.

Das Ganze weitet sich zum permanenten *double bind* aus. Berufstätige Mütter verunsichern selbstredend die sensiblen Kinderseelen, aber Hausfrausein ist mindestens genauso problematisch. Mütter üben nicht (wie die »great American mother«) einen *Powerjob* aus. Das einzige, wie sie ihren Ruf retten können, ist es, nach dem Vorbild Hera Lind, Bücher über das Ausbrechen aus der Mütterrolle und das Zulegen von Liebhabern zu schreiben.

So sind alle Mütter der neuen Generation – ich kenne keine Ausnahmen – mit diesem permanenten Zwiespalt bis zur Depression beschäftigt. Unsere Wertesystem verlangt von ihnen eine überprotektive Nähe zum Kind, die Verwöhnung und Narzißmus zwangsläufig werden läßt. Sie kritisiert gleichzeitig das, was sie fordert. »Erziehung« ist im Deutschen ein Unwort geworden – Erziehungsziele vom Kindergarten bis zur Bahre sind vage Begriffe von »Kritikfähigkeit« und »Selbstbehauptung«; ganz im Zeichen des Autonomismus. Sie läßt kein Wachstum zu, sondern nur Ambivalenz. Dazu kommt der starke Generationenkonflikt: Durch die Hälfte aller deutschen Familien zieht sich immer noch ein Grabenbruch der Werte und Weltanschauungen. Das macht es schwieriger als anderswo, mit Oma- und Tantenrollen die Mutterschaft zu entlasten. Ist das der Grund, weshalb man nirgendwo so traurige Mütter sieht wie auf deutschen Spielplätzen?

Anti-Ökonomismus. Gewiß. Ich habe übertrieben. Ich war ungerecht; natürlich; die überwiegende Mehrheit der Deutschen sind heute ganz normale Bewohner der westlichen Zivilisation mit halbwegs ausbalancierten Charaktereigenschaften. In vielen Hinsichten ist die deutsche Gesellschaft sogar »weiter« als vergleichbare Kulturräume. Individualismus und Eigensinn, demokratische Partzipation der Bürger – man denke nur an die zahlreichen Bürgerinitiativen! – sind prächtig entwickelt. Subkulturen jeder Couleur blühen und gedeihen. Der Einfluß der Intellektuellen ist – trotz ihrer Insolvenz angesichts der Wiedervereinigung – immer noch hoch. Eine moderne, manchmal sogar supermoderne *civil society,* in der sich kaum eine Spur für Fanatismus oder Gleichrichtung findet.

Das ist die eine Seite. Die andere besteht in einer seltsamen Schizophrenie zwischen Realität und Gesinnungskultur. Nirgendwo wird so steif die Fahne der Moral und Betroffenheit hochgehalten und derart versus den »Purkapitalismus« polemisiert – aber das Pro-Kopf-Spendenaufkommen der Deutschen beträgt gerade ein Zwölftel dessen, was US-Amerikaner jedes Jahr für karitative Organisationen spenden. Kein Land, in dem der Umweltschutzgedanke derart verbreitet wäre – und kein Land mit schmalerer Öko-und Bioproduktpalette. Warum? Ganz einfach: Bestraft von der öffentlichen Meinung würde hierzulande nicht eine Firma, die sich rücksichtslos gegenüber der Natur verhält, sondern ein Produzent, der sich anmaßt, auch noch mit *Moral Profit zu machen!*

Denn im Zentrum all dieser Paradoxien liegt ein Bestimmungsgrund, der relativ einmalig im Reigen der westlich geprägten Kulturen ist: der Anti-Ökonomismus. Daß Geld neben seiner wirtschaftlichen Funktion als Recheneinheit, Tauschmittel, Kredit und Kapital ein Element sein könnte, das den Verkehr zwischen den Menschen zivilisiert, kommt einem

Deutschen nicht in den Sinn. Daß Ökonomie etwas mit Kreativität, Lebendigkeit, Evolution zu tun haben könnte – Gott bewahre! Geldverdienen, logisch, verdirbt den Charakter. Das Geld ist die Erbsünde.

Diese grundsätzliche Annahme wird unseren Kindern bereits im Vorschulalter eingebleut. Nach einer Untersuchung des Bundesbildungsministeriums sprechen die deutschen Schulbücher eine durchgängig eindeutige Sprache. Neue Technologie wird als Arbeitsplatzvernichtung kritisiert, die Lehrpläne sind gestopft voll mit Problemen der Dritten Welt, globalem Hunger, Ausbeutung, bösen Spekulanten. Kein Tatort ohne kulturkritischen Plot, wie dem vom fiesen Baulöwen, auf dessen Konto Morde an Ehefrau und Bauarbeitern gehen. Der Prozeß des Wirtschaftens ist schon ganz allgemein, so haben wir verstanden, im Grunde ein Verbrechen, weil er Altes, Gewachsenes, »Authentisches« vernichtet. *Auch neue Jobs, neue Arbeitsformen werden kaum thematisiert,* so der SPIEGEL. *Einer der spärlichen Hinweise auf Teilzeitarbeit steht in einem Englischlehrbuch: Dabei geht es um die saisonbedingte Arbeit von Cowboys im 19. Jahrhundert.*

Die Konsequenzen dieses Anti-Ökonomismus werden in Zeiten von Umbrüchen und Modernisierungsdruck erst richtig dramatisch: Wenn es darauf ankommt, wie vital Gesellschaft und Ökonomie zusammenspielen, wird *die Spaltung zwischen Mensch und Ökonomie* zum großen Pferdefuß.

Das »Abenteuer Wirtschaft«, von dem heute allerorts die Rede ist, fällt wegen mangelnder Anmeldungen im Expeditionskorps aus. Das liegt nicht nur an der Trägheit unserer Firmen, sondern auch an mangelnder Nachfrage. In anderen westlichen Ländern, empfindet sich der Bürger selbstverständlich als *consumer* mit zivilen Rechten – er macht Firmen und Konzernen in diesem selbstbewußten Sinne Feuer unter dem Hintern. Damit zwingt er zu neuen Angeboten, neuen Produkten. Die Gesellschaft – der Markt – wirken innovativ.

Und hierzulande? Der Konsument erträgt schweigend die Demütigungen des täglichen Einkaufs. Unfreundlichkeit ist ihm vertraut, er hat sich daran gewöhnt, etwas anderes zu fordern ist ihm fern. Denn schließlich ist er kein schnöder »Konsument«, sondern ein Kulturträger mit »Werten« statt Kaufwünschen und »Prinzipien« statt schnöden Marktinteressen.

Chrematophobie nannten die Griechen dieses Phänomen – Angst und Abneigung gegen Geld und die Geldzirkulation. Auf diesem Humus gedeiht die Faulheit ebenso – immer noch – wie der Antisemitismus, am besten aber der schwerverdauliche Schimmelpilz des Neides.

Das folgende Diagramm versucht, die Mentalitäten der einzelnen Kulturkreise entlang zweier Achsen zu ordnen:

Das Mentalitäts-Diagramm

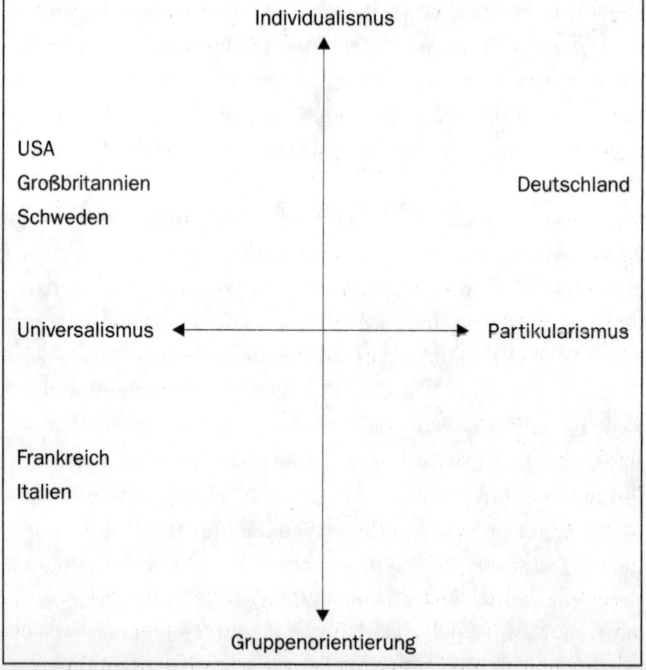

Nach diesem Schaubild (aus: »The seven cultures of Capitalism«) wird klar, daß das deutsche Problem heute nicht mehr in einem Übermaß an Konformität, besteht, sondern im Gegenteil: das Partikulare und Individuelle siegt über die Bindungskräfte, das autonome Individuum ist eine Obsession geworden. Die Deutschen haben sich in ihrer Geschichte überwiegend im Rechtsuntensektor herumgetrieben; ein gefährlicher Quadrant, weil dort der Totalitarismus blüht. Nun sind, sie, gründlich, wie sie nun einmal sind, in den rechten oberen Quadranten gewechselt.

Stadt und Land. Große Städte, Metropolen sind wie Transformationsstationen, in denen nationale Identitäten auf eine höhere, komplexere Ebene umcodiert werden. »Stadtluft macht frei«, diese alte Parole spiegelt die jahrhundertelange Erfahrung der Zivilisationsbildung. Obwohl Deutschland eines der Länder mit der höchsten Verstädterungsrate der Welt ist – wie in den USA leben über die Hälfte der Deutschen in Städten mit mehr als 100 000 Einwohnern –, fehlt den Deutschen seit dem Krieg eine Metropole, die diesen Namen verdient. Metropolen aber sind »Tore zur Welt«. Sie sind Territorien, in denen das Nationale einer Kultur zugunsten eines multikulturellen Großversuchs aufgehoben sind.

Daß die serbische Artillerie als erstes die Nationalbibliothek von Sarajewo zerstörte, in der diese Stadt ein vielfältiges kulturelles Erbe zwischen den Weltkulturen verwahrte, war kein Zufall. Ebensowenig wie der notorische Haß Hitlers auf die echten Metropolen der Welt, London, New York und Paris, seine Abneigung gegen Wien und das Berlin der 20er Jahre. Metropolen sind Feinde des »Identischen« und Partikularistischen, sie müssen, ob sie wollen oder nicht, Fremde integrieren, sie sind in der modernen Welt Hologramme, in denen der jeweilige Nationalcharakter im Verbund mit dem Planeten leben muß. Metropolen sind immer *Zukunft* – ohne die Lust an urbaner und architektonischer Inszenierung (Oberflächlichkeit!), ohne kühne – auch utopische – Entwürfe und ohne Geschwindigkeit ihrer Bewohner im Denken und Handeln ergeben sie keinen Sinn.

Metropolen sind Kulturmaschinen, in denen unter hohem Druck hohe Komplexitätsgrade erzeugt werden. Wie in tiefen geologischen Schichten, in denen sich Kohlenstoff zu Brillanten verdichtet, entsteht im Herzen der Metropole *Brillanz.* Die besten Designer, die besten Rechtsanwälte, Philosophen, Kaffeehäuser, ausgefeilter Luxus, verrückte Geschäftsideen, große Verbrechen. – Nur wer *wirklich* gut ist, kann hier überleben. Das siebt aus, sortiert, polarisiert, aber es polarisiert nicht nur nach den Kriterien des flachen Landes – stark und schwach. In der Metropole überlebt auch, wer schlau, diplomatisch, merkantil, wortreich, sprich: kulturell komplexer gestrickt ist. Das ist der Gleichheitsvision zuwider, die etwa die Nazis in ihrer Emphase für Blut-und-Boden (und-Roggen-und-Eisen-und-Kohle) pflegten.

Die urbanen Anteile Deutschlands sind heute auf sechs bis neun Sub-Zentren zerteilt, wobei die Stadt mit der größten Einwohnerzahl, das Ruhrgebiet mit etwa 9 Millionen Einwohnern, ein Siedlungsgebiet ohne Kern darstellt. Diese Topographie entstand aus der Logik des Zusammenbruchs nach dem Zweiten Weltkrieg. Man wird aber den Eindruck nicht los, daß man es überall nur allzugern dabei belassen würde. Wer heute nach Berlin fährt, bekommt einen Eindruck von dem, was Karl-Heinz Bohrer einmal »Multiprovinzialismus« genannt hat. Statt Vermischung und Hochleistung und Hauptstadtbewußtsein entstehen Ghettos, Klüngel, Klubs. Nörgelkulturen kapseln sich mit sich selbst ein, Mangelökonomien werden zum Zentrum des urbanen Lebens deklariert; das Abseits als sicherer Ort. Der kulturkritische Diskurs bemängelt an der Großstadt genau das Großstädtische und formuliert – bewußt oder unterschwellig – die Sehnsucht nach den Dörfern: »Zu groß, zu lärmend, zu anonym«, heißt es da, das ist nicht mehr »unser Berlin«.

»Entwirklichung« charakterisiert die NS-Realität, von ihr hat sich die Nation nach 1945 nicht erholt. Katastrophensucht als ein sich verselbständigendes Symptom, als die »Angst vor dem Zusammenbruch« in der Zukunft, der in Wirklichkeit in der Vergangenheit stattgefunden hat, gehört möglicherweise zum Nachleben des Faschismus.
(Caroline Neubaur, A good enough future, in: Vor uns die Jahrtausendwende)

Zukunft hieß in der Perspektive der Jugend nach 1900 vor dem Ersten Weltkrieg folgerichtig maximale Größe des eigenen Kollektivs. »Was jeder Engländer weiß und was der Deutsche nicht weiß«, schrieb Paul Rohrbach 1912, »ist, daß die Welt dazu da ist, das Ausbreitungsgebiet seines nationalen Gedankens zu sein.« Der Traum währte nur kurz. Der begeisterte Aufbruch der studentischen Jugend in den Ersten Weltkrieg erwies sich als Massenselbstmord. Millionen »der Besten« verbluteten bei Verdun, Langemarck und Ypern.

Die Zeit zwischen 1918 und 1945 gehörte aktivistischen und totalitären Phantasien auf der Rechten wie auf der Linken. Befreiungskriege, Staatstreiche, Weltrevolutionen sind der Stoff, aus dem sich Zukunftsträume der jungen (deutschen) Generation speisten. Sie wechseln auch damals schon ab mit Untergangsphantasien, um sich jäh wieder zu stählernen Kriegshoffnungen aufzuschwingen. Und bei den Bildungsschichten spielt stets jene romantische Tonart mit, die sich so gut zur Komposition anti-industrieller und anti-städtischer Melodien eignet. In einem der Schlüsselwerke der damaligen Zeit, Spenglers »Untergang des Abendlandes«, lesen sich die zentralen Zeilen so:

Das Geld drang in das Leben des bäuerlichen Landes ein und setzte den Boden in Bewegung; es hat jede Art von Handwerk geschäftlich umgedacht; es dringt heute siegreich auf die Industrie ein, um die erzeugende Arbeit von Unternehmen, Ingenieuren und Ausführenden gleichzeitig zu seiner

Beute zu machen. Die Maschine mit ihrer menschlichen Gefolgschaft, die eigentliche Herrin des Jahrhunderts, ist in Gefahr, einer stärkeren Macht zu verfallen. Aber damit steht das Geld am Ende seiner Erfolge, und der letzte Kampf beginnt, in welchem die Zivilisation ihre abschließende Form erhält: die zwischen Geld und Blut. Die Heraufkunft des Cäsarismus bricht die Diktatur des Geldes und ihrer politischen Waffe, der Demokratie. Nach einem langen Triumph der weltstädtischen Wirtschaft und ihrer Interessen über die politische Gestaltungskraft erweist sich die politische Seite als stärker.

Da haben wir ihn: den Klang des Idealismus gegen die Ökonomie, des »Edlen« gegen das »Gemeine«, der »Werte« gegen den »Materialismus«, des »Wesenhaften« gegen das »Entfremdete«, den Primat der Politik über die übrigen Teilsysteme der Gesellschaft. Wer dieses Zitat aufmerksam liest, kann unsere heutige Debatte, aber auch alle Rudimente des kurz danach siegenden Antisemitismus, mühelos darin wiederfinden: Technikskepsis, »Eigentlichkeitssehnsucht«, tiefe Abneigung gegen die Großstadt.

Mehr als 50 Jahre später, 1983, traf Kurt Sontheimer rückblickend auf die Protestbewegung der 60er und 70er Jahre folgendes Urteil: »Es ist ein als romantisch zu qualifizierender Aufstand gegen die Strukturen, Denkformen und Ergebnisse der modernen Welt.« Im Unterschied zu den Vorgänger-Generationen hatten die »68er« allerdings das Glück, ihre Front in den Schulen, an den Universitäten und im Feuilleton zu finden und nicht in den Schützengräben. Dennoch gibt es zwischen ihrer Revolte und den übrigen Jugendbewegungen des Jahrhunderts eine Gemeinsamkeit: den ungeordneten Rückzug und die weitgehende Verweigerung von Selbstreflexion.

DREI TROSTVERSUCHE

Ich kenne nicht wenige Menschen in meinem Bekanntenkreis, die unter diesen Gesichtspunkten »die Deutschen« gewissermaßen abgeschrieben haben. Nur ein harter wirtschaftlicher Zusammenbruch, eine ordentliche Krise, könnte die Deutschen aus ihrem Wust aus Selbstmitleid, Jammerei, unterdrückten Idealismen und verschrobenen Selbstgerechtigkeiten befreien. Aus dem Schattenboxen der Gesinnungskultur müßte wieder einmal – wenigstens für eine kurze Zeit – reales Erleben von Mangel werden. Ich finde diese Haltung zunehmend auch selbstgerecht und vor allem wenig produktiv.

Erster Trost. Wenn »Mentalität« nichts anderes ist als die in das kollektive Bewußtsein eingravierte Erfahrung, das Sediment kultureller Lernprozesse und erfolgreicher Überlebensstrategien, kann man ihr nicht mit simpler Kritik zu Leibe rücken. Schließlich verbindet sich mit ihr auch ein Erfahrungsschatz. Aber man kann solche Programme auch »entlernen« – durch neue und andere Erfahrungen. Wie in der modernen Heilkunde, die auf Förderung der Heilungskräfte (statt auf Bekämpfung von Krankheit) setzt, sollten wir dabei auch in Sachen »Mentalität« anders denken lernen als in den Kategorien eines Umerziehungslagers.

Jede Mentalität, und sei sie noch so »schwierig«, hat auch ihr Gutes. Eigenschaften, die in dem einen historischen Kontext fatal erscheinen, könnten sich in einem anderen als äußerst segensreich erweisen.

- Die sprichwörtliche Resignation der »russischen Seele« erweist sich auf dem steinigen Weg zur Marktwirtschaft womöglich als Zähigkeit und langer Atem. Allen Unkenrufen zum Trotz ist Rußland bis heute nicht in den Totalitarismus zurückgefallen.
- Das zyklische Weltbild der indischen Kultur, in dem alles für immer auf das Rad des Lebens geflochten ist – ein Reigen ewiger Wiederkehr –, wurde von Kulturanthropologen

immer als existentielles Hindernis auf dem Weg zur Industriegesellschaft gedeutet. Heute zeigen 8 Prozent jährliches Wachstum des indischen Bruttosozialproduktes, eine schnell expandierende gebildete Mittelschicht, große Erfolge etwa im Sektor der Softwareprogrammierung, wie scheinbar »hinderliche« Mentalitäten in ihr Gegenteil umschlagen können. Computerprogramme sind »buddhistisch«, weil sie aus immergleichen Rekursionen und Verschachtelungen bestehen und damit auf einer systemischen Ebene bestimmte kulturelle Muster ansprechen.

Der deutsche Hang zum Gründeln, zur Selbstbestrafungsphantasie, könnte, sanft und klug gewendet, auch ein Kapital darstellen. Ihre Abneigung, moderne Technologien, Gentechnik, Nukleartechnik, Biotechnologie, Datenhighway, als einzige Antwort auf die globale Herausforderung zu sehen, könnte sich in der nächsten Innovationsrunde als Modernisierungsvorteil erweisen. Spätestens, wenn es um Anwendbarkeit, Humantechnologie geht, könnte sich das eher technikskeptische Element – pragmatisch in wirtschaftliche Aktion umgesetzt – als Standortvorteil erweisen.

Als Beispiel können wir heute schon die grüne Debatte ins Feld führen. Als Nebenwirkung der deutschen Paranoia entstand in den frühen 80ern eine gewaltige Debatte um die Zukunft der Umwelt, der Atomenergie. Die Deutschen wurden zum Exportweltmeister für ökologisches Gedankengut, im Mülltrennen und der Re-Naturierung von Bächen.

Damit konnten sie ihren Hang zur Sauberkeit, ihre Romantisierung der Natur, auf eine höhere Ebene transformieren – ohne allzuviel Schaden anzurichten. Zumindest eine Zeitlang erwies sich das Thema Ökologie als Zukunftsrenner, auch wenn sich einige große deutsche Konzerne unklugerweise wieder aus dieser strategischen Option verabschiedet haben. In der nächsten Welle wird »skeptische Innovation« durchaus ihren Platz haben.

Zweiter Trost. Wir sollten etwas Gnade mit uns selbst walten lassen. Denn die Erfahrung des zweimaligen Zusammenbruchs durch die Weltkriege kann nicht spurlos an der kollektiven Psyche vorbeigegangen sein. Unser paranoider Individualismus, unser Mißtrauen in die Welt, ist Teil eines Traumas, das auch 50 Jahre nach dem kollektiven Vernichtungsprogramm weiterwirkt. Wie bei der Existenz eines Triebmörders in einer Familie ist ein solches Trauma zwar schrecklich, aber der Aufklärung erschließbar. In der dritten Nachkriegsgeneration, die gegenwärtig langsam in die Kindergärten drängt, könnten vielleicht die kulturellen Wunden, die jene 12 Jahre ins kollektive Unbewußte schlugen, vernarben.

Dritter Trost. Jedes lebendige System, das zu erstarren droht, findet subtile Wege der Veränderung, die zunächst wie Fehlfunktionen aussehen und sich erst aus der Distanz zu einem sinnvollen Bild zusammensetzen. Der Glücks- und Ekstase-Taumel der Techno-Kultur – ist das womöglich eine Antireaktion gegen das depressive Gift, das unsere Kultur seit Jahrhunderten vergiftet? Ecstasy-Lebensstile, Easy-Going-Individualismus, rotierende Stroboskoplichter, fraktale Delphine, hartnäckiges Beharren auf Spaß *und sonst nichts*, Neohippie-Extremismus, Spaßkultur bis zum Abwinken – eine zugegeben heftige Immunreaktion gegen die allgegenwärtige Melancholie in diesem Land? Die alberne Humorwelle, der allgegenwärtige Debilismus von Helge Schneider bis Didi Hallervorden – sind das womöglich heilsame Lockerungsübungen eines bierernsten kollektiven Krampfes?

Vieles passiert im Lande, das wir in unserem Klageeifer gar nicht richtig wahrnehmen: Innovation wird eingeübt, sogar vereinzelt schon Dienstleistung geprobt, Flexibilisierung sickert unbemerkt durch die erstarrten Institutionen. Plötzlich sind Dinge möglich, mit denen wir gar nicht mehr gerechnet hatten. Der deutsche Bahnbeamte im ICE, erster Klasse, bedient uns mit Kaffee – wer hätte das jemals für möglich gehalten! Die Deutschen üben. Wie immer üben sie gründlich und laut, klagend und murrend, aber sie tun es: Sie reisen. Sie brechen mit den Traditionen. Sie trainieren Muskeln, die sie für die kommenden Jahre brauchen und die sie historisch verkümmern ließen. Lachmuskeln. Nicht-ganz-so-ernst Muskeln. Loslaß-Muskeln. Für ewige Sinnsucher und Moralapostel wirkt das nicht sonderlich appetitlich. Für die Kultur des Wandels könnte es sich mittelfristig als Segen herausstellen.

4. KAPITEL

IM LANDE EGOTOPIA

Warum der Individualismus unser Schicksal ist

»Mir sind nur Leute sympathisch,
die man von der Masse getrennt hat.
Ich kann die Menschheit nicht leiden,
aber einzeln sind alle ganz nett.«

Charles Bukowski in einem Interview mit den Sisters
Gisela Getty und Jutta Winkelmann

DER EGO-VIRUS

Wie vertraut uns diese Geschichten schon sind! Friederike, die immer fröhliche Friederike, die Kochkünstlerin und sensible Mutter, die wir von unzähligen geselligen Abenden her kennen, Gärtnerin und Seele von Mensch – ihr Mann Walter, ein stiller, aber bisweilen cholerischer Computeringenieur, hat mit fünfzig jetzt plötzlich eine Jüngere. Auszug über Nacht, Tränen, Depressionen, Tabletten. Der Trennungskrieg zwischen Gerold und Lisa – wißt ihr noch, die beiden vor acht Jahren mit uns auf Mallorca –, das will einfach nicht enden, jetzt ruft Gerold nachts an und will die Kinder sprechen, und Lisa hat schon Polizeischutz angefordert, der Mann wird doch gewalttätig! Stefan ist nach seiner mißglückten Liaison mit dieser – wie hieß sie doch noch – schon wieder allein, man sagt, er hätte mit 40 (!) herausgefunden, daß er im Grunde schwul ist, aber ehrlich gesagt – wir glauben ihm kein Wort. Und wo ist eigentlich Gisela? Ihr wißt doch – die sich nach zehn Jahren endlich von diesem stummen, unter uns ziemlich drögen Lehrer getrennt hat und jetzt mit ihrer 7 jährigen Tochter in der Weltgeschichte herumreist. Letzte Woche ist von den beiden eine Postkarte aus Bali angeflattert!

Geschichten, die das moderne Leben schreibt. Selbstverwirklichungsgeschichten. Aber es handelt sich hier nicht um die Hintergrundkonstruktionen eines *Tatorts,* mit dem die Fährte für ein, zwei kaltblütige Morde in einem von Seelenkälte verwüsteten Villenviertel gelegt wird. Der Ich-Virus hat längst auf das Nachbargrundstück übergegriffen. Links und rechts von uns versickert die gradlinige Lebensbiographie der Normfamilie im Boden. Wie viele Paare können wir nennen, die wir umstandslos als »intakt« oder gar »glücklich« bezeichnen würden? Kaum eine Familie, zu der einem noch altmodisch »heile Familie« einfällt. Kein Single, kein Paar, das nicht infiziert wäre von jenem Prinzip des *Weiter* und *Mehr,* die Partner in Lebensabschnittgefährten verwandelt, Paare unentwegt in erneute Singleexistenzen aufspaltet. Familien werden komplizierte Sekundär-Konstruktionen abverlangt (»Wegen der Kinder leben wir zusammen mit unseren neuen Partnern in einem Stadtteil und noch im selben Haus«).

Einige Zahlen noch, der Vollständigkeit halber: In einer Stadt wie München sind Mitte der neunziger Jahre Familien in einer rettungslosen Minderheitenposition – ganze 20 Prozent Familienhaushalte stehen einer Majorität von 61 Prozent Singlehaushalten gegenüber. Die deutschen Scheidungsraten, nach einer kurzen Beruhigungsperiode in den Achtzigern, klettern weiter; von drei Ehen wird heute eine geschieden, in den Städten fast jede zweite. Mit 1,3 Kindern pro gebärfähiger Frau sind die Deutschen heute auf Selbstabschaffungskurs, wobei in Italien, diesem Land der Bambini und der fröhlichen Mütter, die Kinderzahl auf 1,2 gesunken ist – mit ausgerechnet Griechenland und Portugal die niedrigste Rate in ganz Europa! In der EU steigt die Prozentzahl der außerehelichen Geburten mit zweistelligen Zuwachsraten. Die Rate der alleinerziehenden Frauen in den zentraleuropäischen Großstädten hat sich in den letzten zwanzig Jahren rund vervierfacht.

Wie sagt mein Freund G. immer? »Männer und Frauen passen nicht zueinander.«

Und ich antworte regelmäßig: »Das war schon immer so.«

Und er: »Aber heute kann man es sich leisten.«

Und ich: »Aber nicht wirklich.«

Mein Freund G. ist ein hohes Tier in einem politischen Amt. Er verdient, über den Daumen gepeilt, etwas über 12 000 DM im Monat. Er lebt in einer kleinen Zweizimmerwohnung über den Dächern des Szenestadtteils unserer gemeinsamen Jugendstadt. Er lebte nicht immer so: Zehn, fünfzehn Jahre verschlug es ihn in ein Einfamilienhaus am Stadtrand, mit allem, was dazugehört, Putzfrau, Kaminfeuer und Breitwandfernseher. Heute ist er in unsere alte, studentische Lebensform zurückgekehrt, macht jeden Morgen Tai Chi und trinkt, weil er keinen Rotwein mehr verträgt, Kräutertees. Sein Gehalt liefert er zu gleichen Teilen bei seiner ersten und seiner zweiten Ehefrau plus 4 Kindern ab.

DIE AUFRÜSTUNG DES ICH . . .

Die egotopische Bewegung propagiert ihr Endziel, die endgültige Ichwerdung, längst nicht mehr verschämt in feministischen Selbsthilfegruppen oder emanzipatorischen Traktaten. Daß Bravsein zu nichts, Rebellion, Widerspruch, Selbstbewußtsein aber in den Himmel führt, gehört zu den Selbstverständlichkeiten der Bestsellerlisten und hat seinen Platz auf den Titelseiten der Boulevardblätter gefunden. Die ganze Gesellschaft ist zu einer Art Exerzierplatz für unschlagbares Selbstbewußtsein geworden. Laß dir nichts gefallen! Entdecke deinen inneren Willen. Lerne, Nein zu sagen! Eine ganze Generation von coolen, selbstbewußten *Girlies* beherzigt diese Botschaften, für die ihre Mütter noch schwerste Lebenskrisen durchleben mußten, inzwischen aus dem Effeff. Sie haben gelernt, wie man Körper, Sprache, Sex einsetzt, um zu bekommen, was man will. Sie haben gelernt, die Folgeschäden zu begrenzen, zu frühen Verbindlichkeiten aus dem Weg zu gehen, Lust so zu optimieren, daß sie nicht allzusehr weh tut.

Umgekehrt hat die Reaktion der Männer nicht lange auf sich warten lassen. Alle Studien und Umfragen über das männliche Selbstbewußtsein berichten von einer Traurigkeit, die sich in hartnäckigem Junggesellentum und materieller Kompensation (»das Cabrio-Syndrom«) widerspiegelt. Ungebildete Männer richten ihre geschlechtlichen Sensoren heute in Richtung Rußland, Polen, Thailand. Sensiblere kommen schwer zurecht. Selbst kluge verstehen bisweilen die Welt nicht mehr – und entwickeln zunehmend Reserven gegenüber dem anderen Geschlecht.

Solange man sich in dem enorm verlängerten Raum der Adoleszenz bewegt, den unsere Gesellschaft heute zuläßt – also die berühmte 30-Jahre-Grenze –, sind diese Triumphe der Selbstverwirklichung wahrhaftig nur Erfolge und lassen sich lustvoll im ewigen Ringelreihen-Spiel der Geschlechter ausleben. Erst danach, in der Mitte des Lebens, werden sie zu dem, was man akademisch »Multioptionsgesellschaft« nennt und was man auf der persönlichen Ebene als *permanentes Lebensdilemma* bezeichnen könnte.

Die SCHWEIZER WOCHE, wahrlich kein Szene-Blatt, bot neulich in einer Titelgeschichte unter dem Titel »Lebensmodelle, die glücklich machen« ihren Lesern folgende *gleichwertige* Alternativen zur Diskussion an:

1. Paar ohne Kinder
2. Paar mit Kindern
3. Paar mit viel Distanz
4. Single mit Hund
5. Single ohne Hund
6. «Verheiratet« mit dem Job
7. Dreiecksbeziehung
8. Alleinerziehend
9. WG
10. Single mit Psychiater (Vorteil: Jemand der auch wirklich zuhört. Nachteil: Es kostet)

Niemand kann dieses Lebens-Kuddelmuddel, dieses gigantische Experiment so schön verbal auf den Punkt bringen wie der Minnesänger der Individualisierung, Ulrich Beck:

»Mit leichter Übertreibung kann man sagen: anything goes. Wer wann den Abwasch macht, die Schreihälse wickelt, den Einkauf besorgt, den Staubsauger herumschiebt, wird ebenso unklar, wie wer die Brötchen verdient, die Mobilität bestimmt. Ehe läßt sich von Sexualität trennen und die noch einmal von Elternschaft, die Elternschaft läßt sich durch Scheidung multiplizieren und das Ganze durch das Getrennt- oder Zusammenleben dividieren.«

. . . UND DIE TUGENDDEBATTE

Gegen diesen unheimlichen Sog hat sich längst eine öffentliche Gegenmeinung formiert, deren Tiraden wir jeden Tag in der

Zeitung lesen können. Das verbale Gewitter gegen den »ungehemmten Hedonismus«, die »Selbstssucht«, die »Gesellschaft der Ichlinge« und den »Zerfall geistig-moralischer Bindungen« ist uns allen eine vertraute Melodie geworden. Kaum ein Leserbrief der ZEIT, in dem nicht der Untergang der Gemeinschaftswerte in den immergleichen ermüdenden Formeln beklagt wird, keine Podiumsveranstaltung, in der nicht eine solider Herr/eine gebildete Dame den »moralischen Zerfall« brandmarkt. Selbst der SPIEGEL, diese Speerspitze des eisgekühlten Individualismus, fällt jeden zweiten Monat durch wortmächtige Professoren auf, die gegen die »totale Leere in den Köpfen der Jugendlichen«, den »apolitischen Hedonismus«, der sich in »Lustgewittern entlädt«, zu Felde ziehen. Flankiert wird dieses allgemeine Raunzen von einer Unzahl Talk-Shows, in denen (im Stil des Schilderhochhaltens bei Eiskunstwettbewerben) mehr »Werte« und »moralische Verbindlichkeiten« gefordert werden; geistige Munition liefern schließlich dicke Bücher und Tugendkataloge von Fernsehpfarrern und TV-Moderatoren.

All diese Ansätze, mit der Individualisierung ins Gericht zu gehen, argumentieren immer nur auf der Ebene des Verlustes. Der Tonfall ist durchdringend nostalgisch. Eine Zukunft läßt sich in den meisten Diskursen nur als eine radikale Rückkehr zu Altbewährtem, Vergessenem, Verlorenem denken. Die einzige Möglichkeit, unsere Gesellschaft vor dem Zerfall in Millionen Ichlinge zu bewahren, ist eine Kehrtwendung, eine Katharsis, über deren Gestalt man sich gottlob nicht einig ist.

Fragt sich nur: wohin? In die Tugenden des Biedermeier, in denen Frauen hübsch artig zu Hause zu sitzen hatten? In die Lebensformen des Kaiserreichs, in denen der Vater mit gezwirbeltem Schnurrbart über die Ordnung der Familie wachte? In die moralisch ach so hochstehende Mutterkreuzkultur des Dritten Reiches (»War-ja-doch-alles-nicht-so-schlecht«)? Oder die harmonischen Eigenheimverhältnisse der

50er Jahre, in denen jeder seinen festen Platz hatte, aber die schon mit vergleichsweise lächerlichen Störungen wie langen Haaren, Mädchen in Jeans oder der Musik der Rolling Stones nicht mehr klarkamen?

OPTIMIERUNG ALS LEBENSPRINZIP

Die kleinen Teufel. Wer jemals unvoreingenommen mit Kindern zusammengelebt hat, der ahnt zumindest, wovon beim Begriff »Optimierung« die Rede ist. Die unerschöpfliche, ja ungeheuerliche Energie, mit der der kleine Sebastian/die kleine Lara/jeden Tag/jede Minute/alle Sekunden versucht, mit allen Mittel – Schreien, Toben, Intrigieren, Tricksen, Kokettieren, Debattieren, Süßsein –, das Optimum aus der Situation (Schokolade/Zoobesuche/Fernsehen/neue Spielzeuge/Lob/Fast food) herauszuholen, ist in der Tat atemberaubend. Fassungslosigkeit ob solcher klarer darwinistischer Muster ist einer der gewöhnlichsten Gefühlszustände moderner Eltern. Wo, fragen wir uns, kommt diese atomare Energie eigentlich her? Sind es die Medien? Die kapitalistischen Verhaltensmuster, die subtil von der bösen Konsumgesellschaft auf unsere unschuldigen Kinder überspringen?

Auch in späteren Alterskohorten setzt sich das Programm fort. In meinem Bekanntenkreis kenne ich keine Eltern von 13- bis 16 jährigen, die nicht innerlich vor dem Optimierungs-Willen ihrer pubertären Sprößlinge kapituliert hätten. Ausgehverbote? Taschengeldentzug, wie noch zu meiner Zeit? Gott bewahre! Technokultur und Computer, Urlaub in Südfrankreich mit 13. Erster Sex mit 14. Oder auch gar kein Sex. Das entscheiden die Kids. Die Eltern? »Ich bin ein Versorgungsinstitut« ist das meistgehörte Zitat.

Was passiert da? Wächst eine neue Rasse heran? Oder ist die Antwort womöglich viel simpler? Das Individuum füllt die Freiräume, die man ihm läßt. Umstandslos, elegant oder amöbenhaft, mit der Energie alles Lebendigen, und ohne mit der Wimper zu zucken.

Partnerwahl. Das Studium der Kleinanzeigen in den Stadtzeitungen und in ehrwürdigen Zeitungsinstitutionen gibt Auskunft über die zentralen Triebkräfte des individualistischen Traumes. *Suche starken Mann, der Tennis mag und Wandern und lieb und kuschelig sein kann. – Enttäuschter, aber keineswegs resignierter Lehrer wartet auf Dame, die klassische Musik gut findet und zwischen 1 Meter 80 und 1 Meter 85 groß ist! – Wenn Du Kleinanzeigen haßt und die Kelly Family blöd findest, möchte ich mich mit Dir treffen. – Sensibler Mann, 41, sucht blonde Hexe zum Besenreiten.*

In agrarischen und feudalen Gesellschaften wurde die Partnerschaft entlang ökonomischer Logik verordnet. Die reife bürgerliche Gesellschaft verhieß dem einzelnen zum erstenmal die freie Wahl – auch wenn in Upper-class-Familien bis heute nicht selten eine strikte Auswahl getroffen wird, die durch subtile Konventionen und Druckmechanismen auch durchgesetzt wird. Unzählige Dramen und Romane des 19. Jahrhunderts dramatisieren diesen historischen Bruch zwischen »materieller« und romantisch-individueller Partnerwahl. Das Licht der Aufklärung hatte stets auch seine Schreckensseiten: An die Stelle elterlicher Gewalt trat die Urgewalt des Zufalls und der Gefühle – und damit etwas Neues, Unkontrollierbares.

Es ist kein Zufall, daß Schicksalsfilme wie Jane Austens »Sense and Sensibility«, die diese zarten Urgewalten heute wieder thematisieren, das Publikum ausgerechnet in einer Zeit in die Kinos locken, in der eine neue Vision der »Beziehungskontrolle« entsteht. Die sozialen Techniken, die die moderne Singlekultur entwickelt hat, läßt sich als Versuch lesen, Partnerwahl konsequent *selektiv* zu betreiben. Warum, so lautet die frohe Botschaft, soll ich mich mein Leben lang quälen, um im Trial-und-error-Verfahren immer wieder enttäuscht zu werden, an unsensiblen Idioten/hysterischen Charakteren/egomanischen Prinzessinnen/unpassenden Gefühlsmonstern herumzudoktern? Warum kann ich nicht offen und »ehrlich« sagen, wen ich mir wünsche – und diesen jemand dann auch gezielt nach den Methoden der Rasterfahndung suchen?

Ja – warum eigentlich nicht? Aber gerade hier, am sensibelsten Brennpunkt der Individualität, scheitern die Optimierungs-Strategien. »Liebe« kann nicht ohne einen genuinen Anteil von Idealisierung und Projektion existieren. Der zunehmend professionalisierte Beziehungsmarkt aber funktioniert – scheinbar – nach Kontrollprinzipien. So nett und »tolerant« man es auch in seiner Kleinanzeige ausdrückt – gesucht und wieder verlassen wird so lange, bis ein Optimum an Aussehen, Einkommen und »Charakter« zusammenkommt. Sind diese Kriterien erfüllt, sind auch die modernen Ichlinge gerne zu verbindlicher Partnerschaft bereit. Zumindest, solange die Rechnung für sie aufgeht.

Je mehr die Partnerwahl optimiert wird, desto höher muß die romantische Dosis ausfallen. Das erzeugt eine paradoxe Eskalation. Fragen wir die jungen, gebildeten Frauen über ihre Partnerwahl, dann werden alle etwas von »Liebe« und »Romantik« und »spontan verknallen« erzählen wie unzählige Generationen vor ihnen auch (allerdings mischt sich immer mehr Ironie und Sarkasmus in diesen Diskurs; man lausche einmal den Liedtexten von Tic Tac Toe). Beobachtet man aber ihr Verhalten sozialpsychologisch, dann zeigt sich, wie knallhart sich die Partnerwahl gerade der jungen Frauen heute vollzieht – in dieser Hinsicht sind sie längst an den Männern vorbeigezogen. (Ihr Malus: Sie vertragen Ablehnung oder Desinteresse für ihre Person schlechter als die Männer.) Die Pflege des eigenen Körpers, die Selbstinszenierung, die erotische Außendarstellung, die subtile Ausreizung paradoxer Impulse wird in die denkbar subtilsten Höhen getrieben. Der moderne Beziehungsstellungskrieg wird von den Millionenauflagen der Frauenzeitschriften mit unzähligen Optimierungsvorschlägen munitioniert: Schönheitskuren und Verhaltenspsychologie, Pumps und Unschuldsbehauptung,

Küchenfeminismus und Girlie-Lässigkeit, Flirt und Gegenflirt, Hängenlassen und Changieren sind inzwischen selbstverständliche Waffen in diesem modernen Krieg. Beliebte Themen sind: Wie verführe ich ihn? Wie merkt mein Mann nichts vom Seitensprung? Karriere: Schlafen Sie mit Ihrem Chef.

Natalie S. Glance und Bernardo A. Hubermann in Palo Alto haben sich mit der Dynamik der Ausbreitung von Kooperation in vorhandenen Populationen beschäftigt (1993). Es geht dabei um die Frage: Kooperiere ich, oder bleibe ich Schmarotzer? Die Forscher sprechen folgerichtig vom Schmarotzer-Dilemma. Die Frage wird nach egoistischen Gesichtspunkten entschieden: Ich bleibe ein Schmarotzer, solange nicht evident ist, daß durch die Kooperation ein globaler Nutzen entsteht, von dem auch ich profitiere.

Als Ergebnis ihrer bisherigen Untersuchungen sagen die Forscher voraus, daß in einer kritischen Phase der Kooperationsdynamik die allgemeine Kooperationsbereitschaft nicht stetig wächst, sondern daß sie wie das plötzliche Auftauchen von Instabilität mit einer ruckartigen Bewegung erscheint, wenn die Erwartung eines egoistischen Vorteils sich zu einem »rasenden Gerücht« verdichtet.

(Aus: Heiner Mühlmann, Die Natur der Kulturen, Entwurf einer kulturgenetischen Theorie, Springer 1996, S. 41)

Lob der Doppelmoral. Nehmen wir einmal an, lieber Leser, daß jeder von uns – *jeder!* – nur ein einziges Bestreben hat, und daß er in diesem Bestreben genauso »denkt« und handelt, wie eine Bakterie oder eine Süßwasseralge: *Vermeide Schmerzen und erhöhe die Lust.* Soviel wie möglich herauszuholen aus jener kurzen Zeitspanne zwischen Geburt und Tod. An Lust, an Komfort, an Abwechslung, an *fun.* Und daß dazu jedes zielführende Mittel recht ist. Jedes!

Natürlich werden Sie augenblicklich Widerspruch einlegen. Sie haben schließlich Ihre Prinzipien, und die sind nicht von

Pappe! Sind Sie etwa nicht Ihrer Frau/Ihrem Mann treu? Versuchen Sie nicht, so gut es geht, Ihren Kindern Fairneß, Verständnis für Minderheiten, gewaltfreie Konfliktlösung, Konsumverzicht beizubringen? Sind Sie nicht im Grunde ihres Herzens ein hoffnungsloser Romantiker, der versucht, die Fahne des Menschlichen hochzuhalten?

Natürlich sind Sie das, das teilen Sie mit uns allen, was aber, so möchte ich hartnäckig nachfragen, wenn auch diese Beharrung auf Tugenden keinem anderen Zweck als dem erwähnten dient: *Ihre Lust zu optimieren und Schmerzen zu vermeiden*?

Könnte es nicht sein, *daß gerade der Moralist* die Technik der Optimierung besonders virtuos beherrscht? Daß sein Faible für »Höheres«, seine Betroffenheitsrhetorik, nichts anderes ist als eine besonders subtile Mimikri, eine besonders raffinierte Kulturtechnik der Täuschung, die zunächst einmal dazu dient, dem Moralisten selbst einen *Konkurrenzvorteil* zu verleihen?

»Es herrscht ein Klima, in dem der Bürger das Gemeinwesen aushöhlt« heißt es entrüstet im Leitkommentar des seriösen Wirtschaftsmagazins. Auf fünfzehn Seiten wird dann detailliert geschildert, wie und durch welche Schlupflöcher Konten ins Ausland transferiert werden. Der Leser wird die kleingedruckten Telefonnummern und Kontaktadressen am Fuße des Textes gut gebrauchen können! Und gleich daneben steht die Anzeige mit dem beliebten Nachrichtensprecher, dem Superdarsteller für seriöses Auftreten, der Bestseller über die ewigen Tugenden (wie etwa die Notwendigkeit strikter Unabhängigkeit der Journalisten von der Industrie) schreibt, und nebenher locker dicke Werbeverträge unterzeichnet hat.

Es hilft nichts: Im Widerspruch zwischen Sagen und Tun drückt sich kein Mangel an Konsequenz aus, sondern eine *subtilere Strategie.* Im Tierreich verfügen viele erfolgreiche Arten über mehr oder minder entwickelte Fähigkeiten der Mimikri, der Täuschung, des Betruges der Umwelt. Und wenn dies so ist: Würden wir eine Blume der Eitelkeit und der Doppelmoral beschuldigen? Noch weiter: Wäre nicht ohne Doppelmoral unsere Gesellschaft eine geistige Wüste, in der kulturelle Monotonie und Terror regieren? Doppelmoral ist also eigentlich keine *Doppel*-Moral, sondern *Kultur an sich.* Fast alle Kulturen haben Techniken erfunden, mit dieser Wahrheit umzugehen – Höflichkeit, Humor, Sarkasmus und eine gewisse Ignoranz gegenüber allzu aufgeregten Moraldebatten sind wichtige Werkzeuge bei dieser Kulturleistung. Andere Strategien – etwa die des Katholizismus – sind geschickte Kreisläufe zwischen Schlemmerei und Katharsis, Sünde und Buße. Und trotzdem hält sich hierzulande hartnäckig die – bisweilen mörderische – Neigung, eine Gesellschaft müsse streng nach »Konsequenzen« und »moralischen Prinzipien« designt sein.

SPIEGEL: *Sie besitzen eine Sammlung von sechs Flugzeugen. Trotzdem spielen Sie gerne den Außenseiter und sagen, Sie gehören nicht zum Establishment.*

Gilmour: Ich gehöre tatsächlich nicht dazu.

SPIEGEL: *Sie sitzen hier in einem exclusiven Londoner Club, trinken Cappucino für 15 Mark pro Tasse und sagen, Sie gehören nicht zum Establishment? Das ist echter Luxus.*

Gilmour: Allerdings.

(Aus einem SPIEGEL-Interview mit David Gilmour, dem reichsten Mann der Rockgeschichte, der mit »Pink Floyd« Rebellion zum süßen Kitsch machte [»We don't need no education!«]):

EINE »UNMORALISCHE GESELLSCHAFT«?

Wenn »Doppelmoral« für die Individualgesellschaft nicht ein Handicap, sondern einen *Reichtum* darstellt, dann ist die Antwort auf die Frage, wie eine »Strategie der kulturellen Moderne« auszusehen hat, neu zu beantworten.

Was passiert ist, ist kein »Moralzerfall«, sondern eine Verlagerung der institutionellen Sicherung ethischer und moralischer Normen und Gewohnheiten auf den einzelnen. Ethik und Moral waren stets gebunden; ihre Spezialisten waren die Kirchen, ihre Handwerker der Staat, die Parteien und Ideologien ihre Propagandisten, die Familien Ausbilder, Justiz und Polizei ihre Hüter und Vollstrecker. Aber in einer Gesellschaft, wo der Katechismus nicht mehr den Verkehr regelt, wo der Parole »das tut man nicht« relativ häufig widersprochen wird, ist jeder einzelne plötzlich mit einer Vielzahl von sich widerstreitenden Regeln und moralischen Paradoxien konfrontiert. Soll ich mich scheiden lassen, weil wir uns das Leben gegenseitig zur Hölle machen – oder zugunsten der Kinder ausharren? Ist es moralisch, Todkranken Sterbehilfe zu geben? Hilft es den Obdachlosen, wenn wir ihnen einfach nur Geld transferieren? Sollen wir mehr Umweltverschmutzung für mehr Arbeitsplätze in Kauf nehmen? Wie weit muß ich die Mitarbeiter belügen, um die Fusionsverhandlungen nicht zu gefährden? Alles schmerzt, und nichts ist mehr einfach.

Man könnte nun einwenden: Moral und Ethik können nicht den Gesetzen der Komplexität unterliegen, weil sie *genuin einfach* sein müssen. Jedes Kind weiß instinktiv, was Gut und Böse ist, und eine Ethik, die »kompliziert« ist, kann keine Ethik sein. Das ist richtig, was die übliche Definition von Ethik betrifft. Ethik meint (im Unterschied zur eher handlungsorientierten Moral) ein Bündel von *Werthaltungen,* nicht Verhaltensmaßregeln. Doch diese Haltungen sind zu *übersetzen* in die Zeit, in der wir leben.

Aus der deutschen Denktradition heraus begreifen wir ethische und moralische Fragestellungen immer als »ewige Kategorien«. Ethik ist im Deutschen, auch bei den Linksintellektuellen, im Kern immer Gebotsethik, Disziplinierungsethik; das, wonach sich die Gesellschaft zu richten hat. Als Gesinnungsethik spielt sie eine gemeinschaftsstiftende Funktion: Sie eint ein Klagekollektiv in der Beschwörung der unverbesserlichen Schlechtigkeit der Welt.

In der Ich-Gesellschaft streben Menschen nicht mehr nach moralischer »Vervollkommnung«, sagt Dr. Birger Priddat. *Sie verweigern auch den Tanz um den Totempfahl der hohen und ewigen Ideale. Vielmehr stimmen sie in einer »Identitätsbilanz«*[1] *Wünsche, Lebenspläne und übergeordnete Normen miteinander ab. Dabei kann es im Einzelfall durchaus rational erscheinen, gegen ethische Grundsätze zu verstoßen.* Moral differenziert sich aus in höhere Komplexität: Sie wird widersprüchlicher, paradoxer, aber auch »reicher.« Genau in diesem Sinne können wir heute ebensogut von einem «moralischen Zeitalter« sprechen. Zum erstenmal ist die Moral »frei« geworden.

Wieviel einfacher ist es da doch, auf den Moralzerfall hinzuweisen und sich weiter als Opfer fühlen zu können!

DIE META-FAMILIE

Bei meinem letzten vergeblichen Versuch, den Ballast des Lebens, den man von Wohnung zu Wohnung mit sich herumschleppt, zu reduzieren, stieß ich auf einen Karton mit vergilbten Fotos. Eine kleine Fotografie mit gewelltem Rand, datiert auf das Jahr 1903, fiel mir in die Hände. Ein weißhaariger, stattlicher Mann mit Vollbart posierte dort, auf einen Wanderstock gestützt, neben seinen fünf Söhnen (mit Hut) und vier pausbäckigen Töchtern (in wilhelminischen Rüschenkleidern) auf einem Ausflug aufs Land. Man sieht Bäume, eine unscharfe Treppe mit Holzgeländer. Neben dem imposanten Herrn seine Frau, klein, unscheinbar, mit deutlich bitteren Zügen um den Mundwinkel.

Die Sütterlin-Aufschrift auf der Rückseite bestätigte, daß es sich um den Bergwerksdirektor A. Fröbe handelte, meinen Urgroßvater, und meine Urgroßmutter nebst Großonkeln und

---

1 Nach Dr. Birger Priddat, Professor an der Universität Witten/Herdecke. Werke z. B. »Ökonomische Knappheit und moralischer Überschuß – zum Verhältnis zwischen Ökonomie und Ethik«, Hamburg 1994

Großtanten. Ich kannte die Geschichte dieser Sippe ein wenig aus den Erzählungen meiner Großmutter. Fröbe, der am frühen Uranbergbau ein kleines Vermögen verdiente, das er im Ersten Weltkrieg und in der darauffolgenden Inflation bald wieder verlor, war noch einer jener klassischen Patriarchen der Jahrhundertwende, dessen Sozialprestige mit der Kinderzahl multipliziert wurde. Die heile Familie auf dem Bilde zersplitterte in den Wirren der Weltkriege. Zwei Töchter heirateten, eine starb im Krieg in einem Bombenangriff, eine erst in den fünfziger Jahren. Eine beging, nach einer langen Nervenklinikkarriere, Selbstmord, eine heiratete nie und blieb bei der Mutter. Von den drei Söhnen blieben zwei im Felde, ein weiterer Verwandter wurde ein berühmter Filmschauspieler – Gert Fröbe.

Aber wo hatte ich diese Pausbäckigkeit, diese frohe, familiäre Unschuld in wie kopiert wirkenden jungen Gesichtern neulich schon einmal gesehen, in Farbe in einer großen Jugendillustrierten? Natürlich: die Kelly Family!

Kein Wunder, daß die Scheidungsgeneration, die Kids also, deren Lebensbilder auf der Erfahrung »Keine Beziehung ist von Dauer« fußte, jahrelang an die Kölner Kaimauern strömte, um dort einen Blick auf die seltsamste Sekte der Neuzeit zu werfen und einem ihrer langhaarigen Mitglieder einen Teddy in die Hand zu drücken.

Wir halten zusammen, durch dick und dünn, sagen die Kellys. Egal wie du bist, wie dick oder dünn oder langweilig, du bist Familienmitglied. Welch Lebensgarantie! Welche Entlastung! Kein Zweifeln, keine tägliche Neudefinition von Wünschen, Bedürfnissen und Problemen, kein Ausverhandeln. Wer bin ich? Keine Frage.

Natürlich entpuppte sich die Kelly Family als das, was solche große Familien immer waren (und weshalb das Lebensmodell »Großfamilie« immer nur aus der Entfernung faszinierend ist): ein System der gegenseitigen Kontrolle. Der Innendruck kann nur dann ausgehalten werden, wenn auf

Dauer Feinde von außen entstehen. Das Beispiel Kelly Family zeigt diesen Mechanismus wunderbar: Eine Außenseitercrew hat Erfolg und beginnt, sich in diesem Erfolg paranoisch zu verhalten.

Solange Kinder nicht in Reagenzgläsern gezüchtet und auf dem Wochenmarkt verkauft werden, solange wir uns nicht endgültig im Cyberspace häuslich einrichten, wird »Familie« dennoch nicht aussterben. Aber so, wie die gesamte Gesellschaft komplexer geworden ist, so ist auch die Familie auf vielen Ebenen *ergänzt* worden: Durch Freundschaft, Bekanntschaft, Neben- und Zusatzinteressen. Die Kleinfamilien der 50er Jahre waren nach innen verbindlicher (im Sinne von »ehern«), aber sie waren auch nach außen mehr isoliert – besonders auf Kosten der Frauen, die keine sozialen Kompensationen im Beruf hatten. Sie war scheinbar »sicherer«, weil ihre Protagonisten aus materiellen und psychischen Gründen *keine Wahl hatten.* Aber sie waren im Grunde *gefährdeter.* Denn jenseits der Grenzen der Familie klaffte ein sozialer Abgrund. Wer sich scheiden ließ, fiel in ein soziales Vakuum. Wer den ehelichen Kontrakt, die klassische Arbeitsteilung in Frage stellte, hatte gegen die Kraft der Konventionen und sozialen Kontrolle wenig Chancen.

Jeder kann diesen *shift* von genealogischen zu freiwilligen Bindungen in seinem persönlichen sozialen Umfeld überprüfen. Man frage seine Eltern oder Großeltern, wer in ihrem Leben die zentralen Rollen spielte – meist sind es Vater und Mutter (oder andere Verwandte). Unser soziales System hingegen besteht aus einer »Bühne«, auf der wir die verschiedensten Charaktere unseres Lebens zu einem Ensemble versammeln. Der Freund aus Kanada, mit dem wir dreißig Jahre den Kontakt hielten. Die Jugendfreundschaft, die wir mit 50 wiederbelebten. Die lebenslange Freundin, mit der wir einen Hausbrand, drei Liebeskrisen und zwei Umzüge überstanden – *das* ist unsere eigentliche Familie. Das Kriterium dieser Auswahl ist mit dem identisch, was Gerd

Gerken als »evolutionäre Liebe« bezeichnet hat: Unsere Nächsten sind Wegbegleiter, »Entwickler« unserer Persönlichkeit. Sie haben uns an einem ganz bestimmten Punkt unserer Biographie als Mentoren, »Coachs« oder Therapeuten gedient, als Geburtshelfer unseres Selbst.

Die Struktur dieser neuen, vielfältig vernetzten Familie ist ideal für eine globalisierte, individualisierte Welt. Im Familienbild neuen Typs gehen die sozialen Verbindlichkeiten der Menschheitsgeschichte ein – Clan, Clique, Stamm, Wohnsippe – und verbinden sich zu einem offenen System aus genealogischen und »nützlichen« Bindungen. Darin liegt die einzig mögliche Antwort auf eine Welt, in der wir alle mehr und mehr auf die Produktivität eines Netzwerkes, aber auch auf Flexibilität und Mobilität angewiesen sind.

DIE WERTE DER ZUKUNFT

Individualisierungsprozesse – und die mit ihnen verbundenen sozialen Schmerzen – sind keine Erfindung der Neuzeit. Sie erleben immer dann eine Blüte, wenn eine Gesellschaft über einen gewissen Zeitraum Wohlstand, Stabilität und Frieden entwickeln kann. Das folgende Zitat aus Will Durands populärer Kulturgeschichte handelt vom Griechenland im Jahre 400 vor Christus:

Mit der Aufklärung des Luxus und der geistigen Aufklärung (im vierten Jahrhundert v.Chr) ging eine sittliche Zersetzung einher. Ebenso, wie die Staatsreligion ihren Einfluß auf die gebildeten Schichten verlor, entfernte auch der einzelne sich immer mehr von den alten sittlichen Beschränkungen: Der Sohn von der elterlichen Autorität, der Mann von der Ehebindung, die Frau von der Mutterschaft, der Bürger von politischer Verantwortlichkeit. Junggesellen und Dirnen nahmen an Zahl zu, und freie Ehen gewannen gegenüber den gesetzlichen Eheschließungen an Boden. Der Individualismus des Handels und der Philosophie hatten die Familienbande zerstört und das Einzelwesen freigesetzt. Nun wandte sich das freie Einzelwesen, wie um den Niedergang der Familie zu rächen, gegen den Staat und zerstörte ihn.

Ungefähr zu dieser Zeit, um 400 v. Christi, erfand ein Schüler von Sokrates, Aristipp von Kyrene, jenes kleine Wörtchen, das heute in der Werte-Debatte eine entscheidende Rolle spielt: *Hedonismus,* das Streben nach Lust als höchstem Lebenssinn.[1]

Das zweite Zitat stammt aus der Jetztzeit, aus dem Schanghai des Jahres 1996, einer Stadt des 21. Jahrhunderts, mit 14 Millionen Einwohnern, in der heute ein typisches »Wirtschaftswunder« herrscht – 10 Prozent Wachstum, ein Ende des Booms ist nicht abzusehen. Aus einer *Verlautbarung* des chinesischen Zentralkomitees:

Es gibt viele schwerwiegende Probleme im geistigen Leben der Gesellschaft. Ein totaler Niedergang der Moral in vielen Bereichen ist zu beobachten, ein wachsender Kult des allmächtigen Geldes, Epikureismus sowie ungehemmter Individualismus.

Nach der Faustregel, daß höhere Komplexität *höhere Integration von Widersprüchen auf höherer Ebene* bedeutet, läßt sich der Werteset der kommenden Ära unserer Individualgesellschaft voraussagen. (Siehe auch die Theorie vom »Soft-Individualismus« in »Trendbuch 2«). Werte entwickeln sich ebenso wie soziale Systeme entlang von These-Antithese-Synthese-Prozessen. Den »harten« Wirtschaftswunderwerten wie Ordnung, Disziplin, Leistung, die das Leben nach einer Zeit der Unsicherheit und des Chaos stabilisierten, folgten die

---

1 Der gebildete Leser wird einwenden, daß wenige Jahrzehnte nach dieser Epoche das alte Griechenland vom römischen Imperium erobert wurde. Also doch: Individualisierung führt zur Verweichlichung, zur Dekadenz und damit zum Untergang gesellschaftlichen Entitäten. Doch eine solche Analyse verschweigt, daß der militärischen Eroberung eine zweite Blüte der griechischen Kultur folgte. Ihre individualisierten Normen eroberten das römische Imperium, über 400 weitere Jahre war Latein eine Soldatensprache und Griechisch die Hochsprache des römischen Reiches. Man könnte also auch sagen, daß das alte Griechenland Rom eroberte – auf allen anderen Ebenen als den militärischen.

»Gegenthesen« des hedonistischen Wertesets: Spaß, Lust, »Fun«, Selbstverwirklichung, »Erlebniskultur«. Aber beide Orientierungssysteme sind in einer entwickelten Ich-Gesellschaft auf Dauer wenig brauchbar.

Auch der Hedonismus, die »Lustwerte«, bieten ab einer gewissen Differenzierung der Ich-Kultur kein sonderlich attraktives Werteangebot mehr. Lustoptimierung taugt im Grund wenig zur Selbstverwirklichung, sie basiert ja lediglich auf »Reiz« als Kriterium. Hedonistische Werte sind »hohl«, weil sie letzten Endes immer nur selbstreferentiell sein können: In ihnen ist keine *Qualität der Erfahrung* inbegriffen, sondern immer nur eine Quantität.

Die neuen Werte sind vor allem neue Optimierungsinstrumente: Das »gesellschaftliche Unbewußte« versucht, Werte zu generieren, in denen so viel wie möglich Chancen für das Individuum enthalten sind. Da wir uns alle nach *sowohl* Freiheit *als auch Bindung*, nach Genuß als auch nach Lebens-Sinn sehnen, da wir heute in einer Welt höherer individueller Risiken (aber auch größerer Möglichkeiten) leben, entstehen Werte mit höherer Komplexität, mit höherer Integration scheinbar paradoxer Aspekte. An drei Beispielen möchte ich dies ausführen:

Freundschaft. In der Demoskopie der 60er und 70er Jahre spielt dieser Begriff noch keine wesentliche Rolle. Dann, in den späten 80ern, beginnt ein raketengleicher Aufstieg in den Charts der »besonders wichtigen Werte«. Bei den Jugendlichen zwischen 14 und 20 hat »Freundschaft« heute in so gut wie allen Umfragen und Wertestudien Platz eins besetzt und die »Treue« aus dem Feld geschlagen.

Warum ausgerechnet »Freundschaft« als neuer Leitwert der Individualgesellschaft? Die Antwort liegt auf der Hand. Freunde kann ich mir aussuchen. Sie sind, im Vergleich zu Verwandtschaftsbeziehungen, selbstgewählt. Nichtsdestotrotz sind Freundschaftsnetze aber sozial *verbindlich.*

Sie ist ihrem Wesen nach verbindlich und unverbindlich zugleich. Sie läßt *beide* Grundbedürfnisse des Lebens offen und bringt sie in ein optimales, komplexes Verhältnis miteinander: Bindung und Freiheit. Freundschaft ist also für eine Individual-Gesellschaft ein Idealwert, der die Sehnsucht nach Balance zwischen Bindungen und Freiheiten »auf den Punkt bringt«.

Ehrlichkeit. Nach einem ähnlichen Prinzip funktioniert auch die Karriere eines zweiten Begriffes: *Ehrlichkeit.* Vordergründig handelt es sich um eine Reaktion auf die zunehmende »Lüge« durch Politiker, Medien und Konsum, ein politischer Verdrossenheitsreflex. Kein Interview mit Jugendlichen, in dem nicht mehr »Ehrlichkeit« der Politiker/Eltern etc. gefordert wird. Aber das ist nur die halbe Wahrheit. Was macht Ehrlichkeit so »hip«?

Als ich in den 60er Jahren meine ersten Barthaare sprießen fühlte, war »Familie« noch ein Ort der Beziehungsgarantie. Die Scheidungsrate lag bei kaum 10 Prozent. Nie wäre ich auch nur im Traum auf die Idee gekommen, daß meine Eltern eines Tages nicht mehr zusammensein könnten! Das Problem war die Enge der Verhältnisse und des Denkens, nicht die Unsicherheit.

Wer heute jung ist, für den sieht die soziale Perspektive völlig anders aus. In den Großstädten ist Trennung der Eltern ein beinahe schon alltägliches Erlebnis. Damit wuchs auch die kollektive Erkenntnis, daß Beziehungen nicht unbedingt etwas Ewiges sind. Das führte in den 80er Jahren zunächst zu Angstreaktionen – die *Treue* wurde zu einem bei Jugendlichen extrem hoch benoteten Wert. Aber die Kulturgeschichte geht weiter, und Jugendliche sind Realisten. Sie lernten, daß auch in ihrem Umfeld das Versprechen ewiger Treue nicht mehr unbedingt die Realität definiert!

Das dazugehörige Lebensmodell der Jüngeren heißt *serielle Monogamie.* Junge Menschen haben heute, bevor sie sich binden, im Schnitt weitaus mehr Partner und Partnererfahrung als ihre Großeltern – schon allein wegen des rapide gestiegenen Heiratsalters und des Gebäralters, das heute auf die 30-Jahres-Grenze zugeht (nach dem Krieg lag es bei durchschnittlich 21,5 Jahren, die Männer wurden mit durchschnittlich 25 Jahren Väter). Die soziale Realität bringt also für jeden heute mehrere »Verlobungen« und Trennungen mit sich.

Dieser offenere Markt der Beziehungen setzt natürlich auch Ängste frei – und er erfordert eine andere seelische Flexibilität. Untersuchungen zeigen, daß heute sogar jung verheiratete Paare es für durchaus möglich halten, daß ihre Ehe nicht ewig hält. Eine gewisse Nüchternheit regiert (Ausnahmen bestätigen die Regel) trotz aller Romantik die neue Beziehungskultur. Ehrlichkeit markiert in ihr so etwas wie die »hanseatische Kaufmannsehre«. Der einzelne versucht, seine Verletzlichkeit durch ein neues »Ethos der Unmittelbarkeit« auszugleichen. »Wenn du mich nicht mehr liebst, dann sag es mir wenigstens *ehrlich*, damit ich mir einen anderen Partner suchen kann« – dies ist einer der meistgehörten Sätze in der modernen Beziehungskultur.

Ein weiser Satz. Nicht eine (unrealistische) formale Norm wird hier eingeklagt, sondern das Individuelle des Lebens in Wertsystemen abgesichert. Freie Liebe benötigt Ehrlichkeit als Schutz für den einzelnen, nur so kann Freiheit ohne seelische Katastrophen gelebt werden.

Spiritualität. Was geschieht im Reiche Egotopia mit der Religion? Wie geht der Ich-Gewordene mit jenen Belangen des Lebens um, die sich der Kontrolle und dem Zugriff des größer gewordenen Egos entziehen? Die weder mit Vernunft noch mit Rationalität, noch mit Optimierung zu lösen sind – mit Krankheit und Tod, Verlorenheit, mit der Erfahrung, daß wir endlich sind?

Es liegt auf der Hand, daß Transzendenz für das größere Ich

nicht weniger wichtig wird – im Gegenteil. Wenn wir ein komplexes Lebenskunstwerk, eine unverwechselbare Biographie errichten, dann wird es um so skandalöser, daß dieses Kunstwerk irgendwann im Tod einfach vergeht. Die transzendenten Bezüge werden allerdings umgeschrieben, umcodiert. Je mehr die Bindung an die religiösen Konfessionen abnimmt, um so mehr nehmen »spirituelle« Welthaltungen zu. An die Stelle der Kirche treten flexiblere Glaubensstrukturen.

Wo Spiritualität anfängt und wo sie aufhört, ist so einfach nicht zu entscheiden – der Supermarkt des neuen Glaubens ist reichhaltig sortiert. Der Trend zum Horoskop, Rebirthing, Reinkarnation, Naturheilkunde, Homöopathie, Tarot, Zen, Tantra, Hexensabbat und Castaneda wächst seit den 70er Jahren kontinuierlich an.

Plötzlich geraten Bücher über Urintrinken und Mondgesetze hartnäckig auf die Bestsellerlisten und werden vor allem von Frauen ab 40 stapelweise gekauft. Manche Art von Spiritualität verdirbt bisweilen den Appetit: Krebs-Heiler mit fanatisch lächelndem Blick, die bei der ersten Gelegenheit auf die Bahamas fliehen, Kristallheiler mit »Astralkompetenz«, NLP-Gurus, die im Sauseschritt mal eben 5000 Arbeitslose auf positives Denken einchanneln, schließlich die wachsende Schar der charismatischen Christen mit ihrem Hang zu Spontanheilung und Geldscheffeln. Ist das alles wirklich Spiritualität – oder eher Spektakel?

Noch einmal: Man darf Werte nicht werten, wenn man sie verstehen will. Wenn wir jeden Tag Entscheidungen treffen, komplexe Dinge zu entscheiden haben, dann ist die Nachfrage nach Maßregeln, Ritualen, Sinnsystemen um so größer. Spiritualität ist eine funktionierende Entlastungsstrategie gegen den Komplexitätsdruck, unter dem die Ichgewordenen jeden Tag stehen. Und wo es gegen die Jahrtausendwende geht, wird selbstredend auch härterer Stoff geboten: Ufos, Engel, chemische Verzückungen aller Art, ekstatische Erlösungen aus rosaroten Pillen, Todessekten, die Magie von Blutgruppen.[1] Der Bedarf nach Unterscheidungskraft, nach Qualität ist groß. Die Scharlatane haben Konjunktur, aber auch die Zeit für authentische Religiosität ist wieder angebrochen. Denn Glaube verheißt die Erlösung von zu groß gewordener Komplexität.

Verantwortung. Aus welcher Quelle speist sich das stille Comeback dieses altmodischen Wertes? Ist es purer Zufall oder Bigotterie, daß »Verantwortung« heute in allen Diskursen – politischen, sozialen, moralischen – so hoch im Kurs steht?

Zunächst gilt es, den Begriff vom alten Wert »Pflicht« zu unterscheiden. Verantwortung atmet einen anderen Geist; den der freien Wahl, des Kontraktes, den ich selbst, als Individuum, mit meiner Umwelt eingehe. Wir haben angestrengte Zeiten hinter uns, in denen alles angezweifelt wurde: jede Institution, jede Emotion, jedes gesellschaftliche Konstrukt. Jetzt ist es an der Zeit, Vertragssicherheit wiederherzustellen, zwischen dem Ich und dem Außen verbindliche Kontrakte zu definieren. Verantwortung setzt den einzelnen, nachdem er gelernt hat, seine (Freiheits-)Rechte zu realisieren, wieder ins rechte Verhältnis zu seiner Umwelt. Er fügt den vielen »choices« entschiedene »bonds« hinzu. Verantwortung ist in der Individualgesellschaft ein Leitprinzip: Mehr und mehr verstehen wir, daß alles, vom Steuersystem über unser Medizinwesen bis zur Kindererziehung, nur »halten kann«, wenn wir unseren eigenen Anteil daran bewußt wahrnehmen und ihn annehmen. Verantwortung wird also zum »letzten konsequenten Schritt der Aneignung des Lebens« – erwachsene Emanzipation.

Der amerikanische Wertewandelforscher Daniel Yankelovich:

---

1 In den USA und Japan entwickelt sich gerade der Blutgruppen-Kult. Partnerschaft und Welt werden in die Blutgruppen aufgeteilt – Partner sollten ein und dieselbe Blutgruppe (A,B,0 Rhesus + oder –) als Gegenüber wählen, eine komplette Charakterkunde ist damit verbunden.

Nur höchst selten kehrt der Mensch zu früheren Werteordnungen zurück. Die Analogie vom Pendel, so populär sie auch sein mag, erweist sich immer als falsch. Hegel und Marx hätten ihre helle Freude am Wertewandel in den großen demokratischen Industriegesellschaften. Vollzieht sich doch wenigstens der noch »dialektisch«: Er beginnt mit einer Revolution, dem Wechsel von einem Extrem zum anderen. Darauf folgt eine Serie von wirren *Ausschlägen in alle Richtungen – Bemühungen, alte und neue Werte miteinander und mit den neuen äußeren Umständen in Einklang zu bringen. Die Menschen halten am Neuen und Traditionellen gleichzeitig fest, bis sie sich zu einer Entscheidung und einem Kompromiß gezwungen fühlen. In Phase drei des Wohlstandseffektes sind die Menschen bereit, die Einbahnstraße der Ansprüche in beide Richtungen zu öffnen. Konkret bedeutet dies: Beziehst du Unterstützung von der Allgemeinheit, so mußt du in irgendeiner angemessenen Form etwas zurückgeben. Der neue Wert heißt »Gegenseitigkeit«. Niemand soll mehr erwarten, ohne bestmögliche Gegenseitigkeit etwas zu erhalten. Kein realistisch denkender Sozialpolitiker wird sich diesem Wertewandel in Folge des Wohlstandseffektes entziehen können.*

RE-ARISTOKRATISIERUNG DER KULTUR

Die unerhörten Freiheiten, die sich früher nur eine hauchdünne Schicht von Aristokraten leisten konnte, sind fast schon für Bevölkerungsmehrheiten erreichbar. Wir leben in mancher Hinsicht heute wie einst die Könige. Das heißt, daß auch Ränkespiel und Intrige, Changieren und Verkleidung, Verrat und Lüge zum gesellschaftlichen »Set« gehören. Re-Aristokratisierung ist Genußkultur, die Verzicht und Distanz wieder als Bestandteil ihrer Lebensstrategien entdeckt. In der totalen Reiz- und Mediengesellschaft, die nach dem Gesetz der ständigen notwendigen Überbietung arbeitet, in der die Dosis der medial inszenierten Gewalt, der sexuellen Stimulation, des Thrills bei Sport und Freizeitaktivitäten immer wieder erhört werden müssen, um überhaupt noch so etwas wie Aufmerksamkeit oder gar Begehren zu erzeugen, kehren sich die »Muster der Befriedigung« gleichsam um. Der wahre Hedonist muß den Triebaufschub lernen. Vor Verfettung und Überdruß schützt den Hedonismus nur eine neue Askesebereitschaft.

Entscheidend für das Verständnis dieses Trends, den wir in seinen veräußerlichten Formen auch »Lessness« oder »Downshifting«-Trend nennen ist, daß er sich *nicht gegen* die Erlebniskultur entwickelt. Im Gegenteil: Er ist ihre Konsequenz. Jeder kann das bei sich selbst am Beispiel der Erdbeeren überprüfen: Im Februar schmecken sie fade, und man bringt sich um den eigentlichen Genuß zur Erdbeerzeit. Es geht dabei keineswegs um Diät, um Lustfeindlichkeit, um Antihedonismus. Ein Zitat von Heiko Ernst aus »Psycho-Trends«: *Der asketische Impuls geht auf die Erkenntnis zurück, daß Selbstverwirklichung vor allem auch Wählen heißt. In der wachsenden Vielfalt und im rascheren Wandel bedeutet Lebensqualität Selbstbescheidung. Nicht im Sinne einer moralinsauren Verzichthaltung, sondern in der weisen Erkenntnis, daß es ein hoffnungsloses und selbstzerstörerisches Unterfangen wäre, alle Möglichkeiten auszuloten.*

Selbstgestaltung benötigt Selbstbeschränkung. Disziplin und Wahrung der Form werden wieder zu wichtigen sozialen Techniken. Die haltlose Kuschelnähe der »Betroffenheitsära« entpuppt sich als psychische Regression. »Die Tyrannei der Intimität« hat Richard Sennett schon Anfang der 70er diesen Typus öffentlichen Verhaltens gebrandmarkt. Dagegen setzt sich eine neue Wertschätzung altüberlieferter Tugenden durch: Haltung bewahren! Gefühle durchaus auch einmal verbergen!

In der Individualgesellschaft der Zukunft werden deshalb Kulturtechniken wiederkehren, die wir noch als »formal« abzukanzeln gewohnt sind. Nehmen wir etwa den mittelalterlichen Begriff »Minne«. Die Minne verherrlichte die »unerreichbare Liebe« als Ideal, dem man nicht zu nahe kommen durfte, um es nicht zu zerstören, Minne war die kristalline Form der *Idealisierung* des Anderen. Ähnliche Phänomene erleben wir in der Gegenwartskultur: Das »Sich-rar-Machen«, das viele Jugendliche heute bereits wieder in Sachen Sexualität und Partnerschaft einüben, das Comeback der Höflichkeit und der Freundlichkeit, die Umwertung der Werte im Rahmen der »neuen Bescheidenheit« – das sind erste Anzeichen für diese neue Stufe.

Der Individualismus bedeutet die theoretische und praktische Erkenntnis, daß der gesellschaftliche Mittelpunkt des Handelns und der Sinngebung das autonome Individuum ist, das heißt: alle zusammen und jedes einzelne Individuum, aus denen sich das soziale Gefüge zusammensetzt. So gibt es also keinen Gemeinsinn, der über die Summe oder das Höchstmaß der Interessen eines jeden einzelnen hinausginge, noch entsteht eine historisch transzendente Einheit – Nation, Volk und Klasse –, deren Recht, Opfer aufzuerlegen, über dem größtmöglichen Maß an Wohlstand und Freiheit für die Gesamtheit der Mitmenschen stünde.
(Fernando Savater)

EGOTOPIA, REVISITED

Zu jeder Sekunde, zu jeder Tageszeit, findet derzeit eine planetenweite Abstimmung mit den Füßen statt. Aus den ländlichen Regionen Fernostasiens ziehen soeben Millionen und Abermillionen Menschen in die großen Städte. Sie werden auf diesem Wege eine Megalopolis nach der anderen erzeugen; riesige, stinkende Konglomerate urbanen Wachstums, durchschnitten von achtspurigen Autobahnen, Slums ohne Ende, ein permanenter, wimmelnder Überlebenskampf, dem am Ende nur wenige als Sieger entkommen können.

Dem Kulturpessimisten ist natürlich klar, warum all dies

geschieht: Weil die Menschheit lemminghaft verrückt geworden ist. Ein bequemes Argument. Was treibt diese Menschenmassen dazu, eine elende Hütte am Stadtrand der Hütte im Dorf vorzuziehen, wo es doch immerhin Natur, Schweine, dörfliche Gemeinschaft gab? Was läßt sie die Energie aufbringen, ihre heimatlichen und familiären Bindungen an die Scholle zu riskieren oder sogar aufzugeben, um sich in ein schier hoffnungsloses Abenteuer auf dem Weg zu Stereoanlage, Kühlschrank und Rolex zu stürzen?

Ich behaupte: Es ist schlicht dieses kostbare, winzige, hoffnungslose Quentchen *eigenen Lebens*, das sie zu ihrem Exodus treibt. Die Hoffnung, ein bißchen mehr Verfügungsgewalt, Freiraum, Kontrolle erringen zu können; für sich oder die Nachkommen. Das eigene Zimmer, die Tür, die man zumachen kann. Mit ein bißchen Wohlstand, einer eigenen Wohnung, technischen Geräten etwas weniger abhängig zu sein von den Jahreszeiten, den ewig wiederkehrenden Zwängen der Ernte, der Alten, der Gemeinschaft.

Alles Egoisten? In der Tat. Denn »Egoismus« ist in Wirklichkeit die einzige bleibende und dauerhafte Utopie der Menschheit, unser zivilisatorischer Gencode, unser kultureller Stachel: *Wo wir war, soll ich werden.* Das Reich Egotopia ist nicht aufzuhalten. Wir alle sind in diesen Traum, dieses radikale Menschheitsexperiment verstrickt, das da »Ichwerdung« heißt, und wir haben keine andere Wahl, als so gut wie möglich damit voranzukommen. Individualisierung entsteht nicht *gegen*, sondern *in* der Gesellschaft, nicht *trotz* moralischer Werte, sondern *durch* sie. Nur der Individualist kann moralische Dilemmata fühlen, Freiheit und Toleranz leben. Nur das Individuum kann den ganzen Facettenreichtum der Liebe erschließen.

Ich denke, wir sollten uns auch den Umweg sparen, der seit einiger Zeit aus westlicher Richtung vorgeschlagen wird: Der in den USA einflußreiche Kommunitarismus konstruiert ein »Gemeinwesen«, das er *gegen* das Individuum ins Feld führen möchte. Aber benötigen wir überhaupt ein solches Konstrukt? Benötigen wir »Gegenkräfte« gegen und »Eingrenzungen« von Individualität? Müssen wir einen neuen *showdown* inszenieren, in dem – wieder einmal – die »guten Gemeinschaftswerte« gegen den »bösen Egoismus« antreten?

Gemeinschaftwerte sind nicht per se von positiver Wirkung für den moralischen Zusammenhang«, schreibt Richard Herzinger in der ZEIT[1]. *Gemeinschaftsdienliches Verhalten ist keineswegs gleichbedeutend mit moralisch richtigem Verhalten. So ist zum Beispiel ein großer Unterschied, ob eine Gemeinschaft von ihren Mitgliedern verlangt, fremden Menschen beizustehen oder sie zu integrieren, oder sie auszuschließen und zu verfolgen. Die freiwillige Feuerwehr bietet genauso eine »Gemeinschaft« wie der Ku-Klux-Klan. Bürgerinitiativen kann man für die Sicherheit von Kindern im Straßenverkehr gründen wie gegen die Einrichtung von Asylantenheimen oder psychiatrischen Kliniken.*

Eine Gesellschaft der Individuen wird den Bedarf nach Rückkoppelung des Ichs in die Gesellschaft mit anderen Mitteln befriedigen als durch die Errichtung neuer Normensysteme. Antrieb dafür sind nicht zuletzt das Bedürfnis nach Gemeinsamkeit, Geborgenheit und Sicherheit. Aber auch scheinbar profane Dinge wie die Langeweile, die entsteht, wenn man allzusehr nach dem Kriterien des »Fun« lebt, lehren die Bewohner von Egotopia, daß sie den anderen, das Netzwerk, die Welt um sich brauchen. Daß nur so ihre liebste Beschäftigung »funktioniert«: die Selbstverwirklichung. Alleine spielen, das weiß jedes Kind, ist langweilig. Mit anderen spielen, das lernen wir gerade ohne Zuchtrute, geht nur mit Regeln, Fairneß und Gegenseitigkeit.

---

1 ZEIT vom 4. April 1997

DIE UNERWACHSENE GESELLSCHAFT

Einen gewichtigen Einwand müssen wir am Ende noch erheben. Er gilt nicht dem Individualismus selbst, sondern unserer Unreife, ihn zu leben.

Die wenigsten Paare, die ich kenne, haben gelernt, ihre Bedingungen untereinander offen und ehrlich auszuhandeln. Wir umgeben uns mit überzogenen Forderungen, mit Romantizismen und Schmollstrategien. Wir verstecken unsere Verletzungen hinter Arroganz oder Vorurteilen. Wir delegieren. Wir projizieren. Wir kompensieren. Wir machen »den anderen« verantwortlich. Wir überfordern uns und andere. In der großen Schlammschlacht der »Egoismusdebatten« verwechseln wir andauernd und hartnäckig Individualität mit *Narzißmus.* Während der »Egoist« (verstanden als »gereifter Individualist«) sein Ich-Sein erst in der Gemeinschaft findet, ist der Narzißt ein unersättlicher Verzehrer psychischer und materieller Ressourcen. Er wird von einem Hunger getrieben, der in der Kränkung entstanden ist, aber er ist nicht in der Lage, dies zu verstehen – so neigt er zu einer Optimierung, die nicht geben, sondern nur nehmen kann, zu einer Maßlosigkeit, die im Terror endet. Im Terror gegen andere wie gegen sich selbst.

Die Frage nach der Verfassung eines zukünftige Egotopia ist also keine Frage der Moral, sondern eine der sozialen Kompetenz. Sie lautet: Wie können wir unsere mentalen, persönlichen, seelischen Fähigkeiten einer Welt anpassen, die erwachsene Entscheidungen von uns fordert?

DER BLICK ÜBER DEN SEE

Die Utopie findet, sagen wir, in einem schlichten Gasthof an einem bayerischen See statt, wo alle Protagonisten der Eingangsszene – und noch einige andere mehr – zur Hochzeit von Martha und Erwin eingeladen sind. Martha zieht gerade in einem Zimmer im ersten Stock des Gasthauses ein riesiges Brautkleid aus Seide und Spitze an. Sie hat ihre kichernden Freundinnen um sich herum versammelt, die ihr mit Schnürhaken wie im 18. Jahrhundert zu Leibe rücken. Martha ist knappe 50, hat die meiste Zeit ihres Lebens in Berlin, jahrelang auch in New York und London gelebt, sie ist Architektin und ein wenig rund geworden in den letzten Jahren. Ihre Freundinnen, ebenfalls im reifen Alter, tragen die Spuren von 25 Jahren feministischer Lebenslust in Gesichtern und Körpern und benehmen sich wie Teenager, während draußen im Garten Marthas Bräutigam, ein hagerdünner Mathematiker, der berühmt ist für seine Kochkünste, letzte Hand an das opulente Buffet legt.

Friederike sieht heute sichtlich glücklich aus, sie ist mit ihrem neuen Freund, einem Ghanesen, angereist, der etwas unsicher auf einem Felsen am Rande der Szenerie sitzt. Friederike erzählt gerade einem Hamburger Freund, daß sie mit ihrem Freund und Gisela und derer punkiger Tochter zusammengezogen ist, in eine Fünfzimmerwohnung am Wittenberger Platz, die ihr ein befreundeter Rechtsanwalt günstig überlassen hat; sie kennt Gisela seit dreißig Jahren, man hat sich lange aus den Augen verloren und zufällig... ganz zufällig... Martin steht derweil mit einem schweigsamen, breitschultrigen Mann Arm in Arm auf der Terrasse; es könnte ein bretonischer Fischer sein – aber es ist E., der berühmte Theatermensch aus Wien. Ein rührendes Bild, zwei Männer mit zwei großen Ohrringen Hand in Hand.

Ein leichter Wind weht eine Brise vom See herüber. Martha kommt gackernd die Steintreppe heruntergelaufen, eine kleine Gang von Teeniekindern wird aufgefordert, ihre wummernden Ghettoblaster zugunsten der aufspielenden schrägen Blasmusik vorübergehend auszumachen. Räudige Hunde mit Berliner Namensgebungen bellen, Gelächter, schrille Schreie und Umarmungen. Und dann bimmelt eine Glocke und es beginnt eine ziemlich schräge Zeremonie, zu der man ergänzen muß, daß Martha und ihr geliebter Mathematiker heute zum zweitenmal heiraten, weil ihre erste Heirat vor zwanzig Jahren *grauslich* gewesen ist; ein trotzig hingeworfener Formalkontrakt auf einem Standesamt mit Plastikblumen. Seitdem ist ungeheuer viel passiert; Reisen, ungeheure Streits, Trennungen, ein behindertes Kind, das nicht lange lebte, aber nun gehören sie tatsächlich und *für immer* zusammen.

Während der Laienpriester, ein befreundeter Philosoph aus dem Kölner Raum, eine perfide und gerade deshalb gelungene Laudatio auf das Brautpaar hält, weinen viele der Anwesenden ein wenig. Man wird älter, und die Einschüsse kommen näher. Da ist T., ein alter Freund aus Berliner Tagen, er sitzt in einem Rollstuhl, kann wenig sprechen, und Gerlinde, die gute Gerlinde, kümmert sich wirklich rührend um ihn. S., der gute alte S., ist immer noch in Therapie wegen seiner Depressionen, aber heute fegt der Rotwein alles hinweg, er tanzt auf der Mauer und wird sich im Laufe des Nachmittags noch das Bein brechen. Der Philosoph erwähnt einige, die nicht mehr unter den Anwesenden weilen, Krebs, ein Autounfall, eine mysteriöse Krankheit. Und alle rücken noch ein wenig näher zusammen, schweigen, gickeln, stürzen sich auf das bald verwüstete Buffet.

ZWEITER TEIL

DIE GESELLSCHAFTS-KONTRAKTE DES 21. JAHRHUNDERTS

Wir brauchen eine Gemeinschaft, die an die Evolution der Komplexität glaubt – eine Art Glaubensgemeinschaft der Zukunft, eine Gruppe von Gleichgesinnten, die es sich zur Aufgabe macht, Entwicklungen zu unterstützen, die zu größerer Harmonie und größerer Individuation führen.«

Mihaly Csikszentmihalyi in »Dem Sinn des Lebens eine Zukunft geben«

EINLEITUNG

EINE NEUE ETAPPE DER ZIVILISATION

Jede Gesellschaft basiert auf ausgesprochenen oder unausgesprochenen Verträgen, die ihren »Verkehr« regeln. Die soziale Evolution paßt diese »Deals« immer wieder den Veränderungen an, denen jede Gesellschaft unterliegt. In den großen Umbruchsepochen jedoch kommt es stets zu einer »Generalrevision« aller überlieferten Verträge. In einer solchen Phase befinden wir uns heute: Wie beim Übergang von der Feudalära in die Welt der Industrialisierung und des bürgerlichen Staates müssen wir heute die drei Megatrends unserer Zeit – Globalisierung, Individualisierung, Informationsgesellschaft – in unsere Kontrakte integrieren – und letzten Endes einen neuen Zivilisationstypus konstruieren.

Unsere gesellschaftlichen Verträge wurden geschlossen in einer Ära, in der Klassenkämpfe und Klassenstrukturen die Gesellschaft prägten. Der Sozialstaat funktionierte auf Basis eines »Deals«, in dem der einzelne eine lebenslange Arbeitsbiographie hatte und in klaren Generationsidentitäten lebte. Das zentrale Ethos der Gesellschaft war das Arbeitsethos, die Kultur war einem starren Bild von Familie verpflichtet. Die Ära des Wohlfahrtsstaates nach dem Kriege, mit ihren langanhaltenden Wachstumszyklen, bei denen immer mehr Verteilungsmasse entstand, etablierte ein System, in dem soziale Transfers auf breiter Front zur Steuerung der Gesellschaft – ihrer Gleichheit, ihrer Strukturentwicklung – eingesetzt wurde.

All diese Bedingungen stimmen heute nicht mehr. Die Klassenstrukturen haben sich zugunsten der Dominanz einer diffusen, ausufernden Mittelschicht aufgelöst, in der Aufstieg und Fall nahe beieinanderliegen. Familie, Liebe und Partnerschaft sind in ein Patchwork an Lebensstilen zerfallen. Der ehrenwerte Bürger, der seine Sozialabgaben willig zahlt, damit er für die Not vorsorgt, ist längst zum gewieften Steuertrickser mutiert, der genau weiß, wie er seine Ersparnisse und Erlöse nach Luxemburg oder aufs Schwarzgeldkonto transferiert. Der Horizont der Menschen und der Wirtschaft ist größer und globaler geworden. Und die Rohstoffe, aus denen wir in

Zukunft unseren Mehrwert, unsere Produktivität speisen können, finden wir nicht mehr als Erz unter der Erde oder als Fleiß im Schwäbischen. Es ist die Intelligenz selbst, die in Verbindung mit Wissen und Information unsere Wirtschaft in Zukunft antreiben wird.

Individualisierung, Globalisierung, Informationsgesellschaft. – Kein einziger dieser Trends ist wirklich zurückdrehbar, gar aufzuhalten. In den gesellschaftlichen Diskussionen in der Schweiz, Österreich und Deutschland wird immer noch über weite Strecken so getan, als wären wir einfach in der Lage, uns abzukoppeln. Als könnten wir einfach – simsalabim – wieder eine nationale Politik betreiben, die sich der Globalisierung entgegenstemmt oder zu einem – hokuspokus – Wertesystem zurückfinden, das sich an allgemeinverbindlichen Werten orientiert. Aber Globalisierung, Individualisierung und Information sind Elementarkräfte des erreichten Evolutionsstandes. Sie entsprechen dem Wesen steigender Komplexität, sind in einem genuinen Sinn auch *emanzipativ.*

Wenn die Regelung der Systeme nicht mehr funktioniert, weil sich die Bedingungen geändert haben, dann geht die Rechnung für den einzelnen nicht mehr auf. Die Kontrakte entwickeln plötzlich jede Menge unberechtigter Rechnungsstellungen. Man muß kein Yuppie-Egoist sein, um den Preis für schlampige staatliche Dienstleistungen heute nicht mehr zahlen zu wollen. Marode Universitäten, eine an sich selbst irre gewordenes Gesundheitssystem, Bremserbürokratien, die zur Dienstleistung unfähig sind. Umverteilungsmaschinerien, die überkomplex und gleichzeitig primitiv agieren (und das Geld regelmäßig an die Falschen verteilen). Besitzstände, die zur Faulheit und Langeweile ermuntern. Eine tote Kultur aus Subventionen und verbeamtetem Rebellentum, Innovationsunfähigkeit und berufsständischem Gejammer.

Unsere gesellschaftlichen und staatlichen Systeme sind nicht nur deshalb in der Krise, weil böse Konzerne sich globalisieren, sondern ebenso, weil unsere verwaltete und verkrustete Gesellschaft dem ich-gewordenen neuen Individuum keinen Raum für seine Kreativität gibt. Den alten Konsens untergraben viele Maulwürfe: die Selbstverwirklichungskultur, die wirtschaftliche Rationalisierung, aber auch die *Eigenlogik des Informationsmarktes.* Früher, es ist gar nicht so lange her, waren wir einfach nicht *informiert* über Alternativen zu unseren Kontrakten. Wir konnten uns gar nicht vorstellen, daß andere es besser machen konnten als wir in unseren prosperierenden sozialdemokratischen Gesellschaften. *Es gab keine Wahl, weil es keine Alternative gab* – die Alternative, das war allenfalls der Kommunismus. »Nein, danke«, sagten 97% dazu.

Wir benötigen, pünktlich zur Jahrtausendwende, andere Verträge, zwischen dem einzelnen und der Gesellschaft, zwischen Staat und Kultur, Familie und Welt; Verträge, die die großen Veränderungen unserer Zeit berücksichtigen, annehmen und in unseren gesellschaftlichen Organismus integrieren. Hier beginnt jenes Projekt, das ich hier mit dem Arbeitsbegriff des »Europäischen New Deals« zu beschreiben versuche: Die Kontrakte, in denen die Gesellschaft die Bedingungen der Globalisierung, der Individualität und der Infomation *neu verhandelt und absichert,* werden die Systemfrage neu stellen. Es geht letzten Endes um ein Modell jenseits der alten Dialektik von Kommunismus und Kapitalismus. Es geht um eine neue *Synthese,* um das, was man früher einmal den »Dritten Weg« nannte – nur daß es sich nicht um einen getarnten Sozialismus handeln kann, sondern um einen modernisierten Kapitalismus, der die Basisvoraussetzungen eines menschenverträglichen Funktionierens reflektiert und zur vollen Wirkung bringt.

Daß wir Wirtschaftswunderland nachträglich zu einem Paradies verherrlichen, aus dem wir durch die apokalyptischen Reiter Globalisierung, Individualisierung und Information vertrieben wurden, ist heute Stammtischkonsens. Das ist die größte Gefahr: daß wir schon in einem sehr frühen Stadium das Denken über die Zukunft verweigern, weil uns jedes Fünkchen von *Vision* fehlt.

Im Grunde geht es wieder einmal – und mehr denn je – um die Frage, ob es eine »Moderne« geben kann. Und es geht um den feinen, aber entscheidenden Unterschied zwischen den Wörtern *anmaßend* und *angemessen.* Entweder, wir bleiben so anmaßend wie bisher – und meinen, wir könnten auf dem Alten beharren, das Neue negieren, die Chancen vernachlässigen. Oder wir entwickeln eine Kultur, eine Sprache, eine *Denkweise,* die den neuen Bedingungen *angemessen ist.*

Der »New Deal«, das »Neue Handeln« im europäischen und globalen Zusammenhang – das wäre eine gesellschaftliche Welt, in der wir als Individuen auf einem Planeten leben können, den das Netz des umfassenden Informationsaustausches umgibt – zur Biosphäre kommt die Infosphäre. Das bietet, neben Gefahren, auch ungeheure Chancen: Das Individuum wurde einst in der bürgerlichen Revolution vom Joch der Feudalismus befreit – jetzt könnte es sich der Last überständiger staatlicher Gängelung und aktivitätsverhindernder Bürokratie entledigen. Die Information, das Wissen, erzeugt eine Wirtschaft, in der wir nicht mehr als »Arbeitskraft« gefordert sind, die tagein-tagaus dasselbe verrichtet, sondern in der unsere Kreativität, unsere sozialen Kompetenzen, unsere Emotionalität zunehmend wichtiger werden.

Der Horizont öffnet sich – über die Grenzen der nationalen Eigenarten und Gemütlichkeitsabkommen hinaus. *Wenn wir auf die langsam akkumulierte Menge der Erfindungen zurückblicken,* schreibt Margaret Mead, *die uns zum Menschen und schließlich zum kultivierten Menschen gemacht haben, so fällt uns darunter die wachsende Fähigkeit des Menschen ins Auge, sich in immer größere soziale Zusammenhänge zu stellen: in seinen Klan, seinen Stamm, seine Nation, seine Religion, seine Kultur, seinen Erdteil – und schließlich seinen Planeten.*

1. KAPITEL

DER NEUE KONTRAKT DES POLITISCHEN

Modernisierung jenseits von rechts und links

An kaum einem Bereich unseres Lebens kann man das Phänomen unerlöster Komplexität besser studieren als an unserem politischen System. Unser politisches Denken stammt aus einer längst verblassten Epoche, in der »rechts« und »links« die Koordinaten des politischen Universums bildeten.

Unser Parteienspektrum ist schlichtweg überfällig. Seine Strukturen haben nichts mehr mit der Wirklichkeit zu tun. Anstatt uns dies einzugestehen, neigen wir zum alten deutschen Reflex: im Zweifel für die Ideologie. Kaum werden die Konflikte der postindustriellen Gesellschaft sichtbar – im Niedergang überholter Branchen, im sich abzeichnenden Verlust von auf Dauer unrettbaren Arbeitsplätzen, im Untergang alter Industriekonzeptionen –, steigen die alten Parolen wieder wie der Teufel aus der Flasche. Rechts gegen links. Kumpel und Metallarbeiter marschieren gegen Bonn, die »Roten« beschwören die »soziale Frage«. Der »Lambsdorff-Flügel« geht mit Forderungen nach Effektivität dagegen, die wiederum den Vorwurf »sozialer Kälte« auf sich ziehen. »Links« ist es, vor der »Globalisierungsfalle« zu warnen und die Sicherheit des Nationalstaats zu preisen, »rechts« für »Modernisierung des Wirtschaftsstandorts Deutschland« und freien Welthandel zu werben.

Schon hier wird deutlich: Die massiven Erosionen der politischen Weltbilder werden durch gleichzeitiges stupides Ausbaggern alter Schützengräben nur mühsam verdeckt. Das Resultat ist ein Stillstand, der sich in dem niederschlägt, was man gemeinhin »Politikverdrossenheit« nennt. Die Fronten verwirren sich unaufhörlich. Zum Beispiel könnte man mit Fug und Recht behaupten: Die einzige wirklich konservative Partei im Bundestag sind die Grünen. Oder: Intellektuell ist die CDU inzwischen progressiver als die SPD. Oder: Die einzigen Provokateure des gesamtweiten gesellschaftlichen Konsens sind heute Jungs wie Guido Westerwelle.

Lechts und Rinks kann man nicht velwechsern? fragte einst

Ernst Jandl. Die österreichische SPÖ führt 1996 einen Wahlkampf, der dem Adenauer-Wahlkampf von 1957 ähnelte: Keine Experimente! Im selben Land bildet sich eine »liberale« Partei mit rechtspopulistischer Attitüde und einem Vorsitzenden, der eine seltsame Mischung aus Agitator, Provinzclown und den guten Schwiegersohn von nebenan mimt. Derweil initiiert die bundesdeutsche SPD ausländerfeindliche Kampagnen, ohne mit der Wimper zu zucken. Beim christdemokratischen sächsischen »König« Kurt Biedenkopf hingegen wimmelt es von Diktionen, die grüne Parteistrategen neidvoll abschreiben. Preisfrage: Aus welchem *politischen Lager* stammt folgendes Zitat? Rechts oder links?

Das politische Establisment betreibt den Ausverkauf unserer Jobs, den Ausverkauf unserer Souveränität... Angesichts eines ungezügelten globalen Kapitalismus, der unsere Familien zerstört und ganze Kommunen entwurzelt, müssen wir uns ernsthaft fragen, was es überhaupt noch zu bewahren gibt.

Pat Buchanan, der gescheiterte Präsidentschafts-Kandidat der Republikaner, er bringt mit diesen Sätzen die große Verwirrung des Politischen auf den Punkt. In den Vereinigten Staaten ist ein ähnlicher Erosionsprozeß schon weiter fortgeschritten als hierzulande: konservative Rebellen und progressive Besitzstandswahrer sind eine Selbstverständlichkeit. Die »Volatilität«, die Sprunghaftigkeit der Wähler, steigt rapide an, und damit werden politische Optionen immer schwerer vorhersagbar.

Wir haben es im Parteiensystem mit einer typischen Systemlage der Vortransformation zu tun: Wachsende Instabilitäten können nur noch durch »resets« aufgefangen werden, durch Rückfälle und Regressionen. Durch das Verheizen von »Führungspersönlichkeiten« – siehe SPD – läßt sich die Sache noch eine Weile herauszögern. Das alte Denken und die vertrauten Gesichter halten die Positionen noch besetzt, aber längst weiß man, daß etwas grundlegend *anderes* kommen muß. *Das System muß springen, damit es wieder funktionieren kann.*

Issue Politics. Bevor ein System auf eine höhere Ebene springt, entwickeln sich zeitweilig ungewöhnliche Synthesen. Öffentliche Forderungen, Kampagnen und Koalitionen, die quer durch die ideologischen Lager verlaufen, sind typisch für einen Komplexitätssprung im politischen System: Für familienfreundliche Mediengesetze, ein neues Bildungssystem, die ökologische Steuerreform – wirkliche Neuerungen der Zukunft werden zunächst quer, ja *gegen* die künstlichen Ordnungen der Parteien von heute verlaufen.

Zunächst ein US-Beispiel: Einer großen Bürgerinitiative, eine »issue-Koalition« unter Leitung von DeLores Tucker gelang es dort in den Jahren 1994 und 1995, die Vorstandsvorsitzenden der größten Medienkonzerne der Welt in die großen Talk-Shows zu zwingen und sich mit einem Thema auseinanderzusetzen, das 70 Prozent der Amerikaner als eines der dringendsten Gegenwartsprobleme bezeichnen. Es ging um das »kommerzielle Marketing des Bösen« – Gewaltdarstellung in den Medien, Aufhänger war die Vermarktung von »Gangsta-Rap« durch die Plattenfirma Warner Brothers – eines Musikstils, der mit sexistischen und gewaltverherrlichenden Inhalten arbeitet. Die Argumentation war weder »rechts« noch »links«, sondern, wenn man so will, »vorne«: Durch die Verbreitung würden gerade die schwarzen Subkulturen diffamiert und in ihrer Würde gekränkt, Gangsta-Rap demoralisiere die Ghettobewohner noch mehr – so argumentierten diejenigen in der Allianz, die sich in der Tradition der schwarzen Bürgerrechtsbewegung sahen, während die anderen, die den Republikanern nahestanden, mehr auf den »moralischen« Schutz der Jugend vor primitiver Gewalt abzielten.

Auch in den deutschsprachigen Ländern lassen sich Anzeichen von *Issue-politics* bereits ausmachen. Die stillschweigende Übereinkunft über die Steuerreform (und das hektische Vermeidungsritual dagegen), die Zusammenarbeit der Modernisierer aus allen Parteien in der Kommunalpolitik, die Kantinenallianz zwischen jungen Grünen und jungen CDUlern («Pizza-Connection«): Überall werden die Grenzen überschritten. Beim Bürger verstärkt das zunächst das verdrossene Gefühl, daß »das da in Bonn ein und dieselbe Soße« ist. In Wirklichkeit erhöht das System »Politik« allmählich, unter unsäglichen Mühen, seinen Intelligenzgrad. Man könnte auch sagen: *Komplexes Denken findet zu komplexem Denken.*

Option »schwarzgrüne« Zukunft. Besonders für die Grünen, die einzige wirkliche Erfolgspartei der letzten 15 Jahre, wird der Komplexitätsdruck der nächsten Jahre existentiell werden. Die große weltanschauliche Vereinfachung, die diese Partei ihren Wählern angeboten hat, wird zunehmend als Regression deutlich. Kaum kommen die Grünen im Rahmen einer Landesregierung an die Macht, schon offenbart sich das grüne Herz als das einer unbedarften Lehrerin, die ihre spirituellen und sonstigen Neurosen in obskuren Minderheitenförderprogrammen materialisiert sehen möchte. Und das Parteiprogramm entlarvt sich als moralisch getarnter Katalog von Subventionen für die eigene Klientel. Zu den wesentlichen Fragen der Zukunft – Informationstechnologie, Medien etwa – fällt den Grünen zumeist recht wenig ein.

Krampf und Peinlichkeit bleibt der grünen Partei gerade deshalb nicht erspart, weil sie ihr zentrales und im Grunde einziges Thema unglaublich penetrieren konnte: Grün ist heute alles, vom ADAC bis zur Mittelstandsvereinigung, von der Stromwirtschaft bis zum Verein zur Förderung der Kaninchenzucht. Ökologie ist zum breiten, alles überwölbenden Thema geworden, es hat sich in unser Selbstverständnis, unsere Weltbilder und kulturellen Identitäten eingewoben. Die Grünen haben sich also zu Tode gesiegt, ihnen bleibt, wenn sie im eigentlichen Sinne »grün« bleiben wollen, nur der fundamentalistische Teil dieses Begriffes, seine ideologische Konsequenz, sein regressiver Anteil. Und dafür sind sie und ihre Klientel nicht mehr jung genug.

Dieses Problem ändert aber nicht das geringste an der Tatsache, daß das Thema »Ökologie« – als erweiterter Begriff jenseits von Naturromantik, als »Öko-Optimismus« nämlich – das *zentrale Thema der Jahrtausendwende* sein wird. Gerade die von den Grünen vielgescholtene Globalisierung führt ja zu der entscheidenden Frage, wie im 21. Jahrhundert zwei Milliarden Menschen des fernöstlichen Raumes ihren Eintritt in die Industriegesellschaft abwickeln sollen, ohne unsere Biosphäre zu zerstören.

In der nächsten Stufe wird Ökologie mit den grünen Mittelstands-Idyllen der 70er und 80er Jahren nicht mehr viel zu tun haben. Die Ära der Biowindeln, Jute statt Plastik und Naturschwärmerei neigt sich dem Ende zu. Ökologie wandelt sich zur Prozeßlogik. Politik in der Jahrtausendwende wird auf diesen *beiden* Säulen basieren: Ökologie und Wirtschaftsdynamik. Denn das eine ist ohne das andere nicht nur unverkäuflich, sondern auch sinnlos: Ein ergrüntes, aber wirtschaftlich geschwächtes Europa kann sich in den globalen Prozessen nicht behaupten. Am Ende führt kein Weg daran vorbei: Die Zukunft wird »schwarzgrün«. Aber »schwarzgrün« ist nur die Metapher für eine politische Komplexität, die derzeit immer noch am besten von der CDU, und besonders deutlich von deren bayerischer Schwesterpartei, ausgedrückt wird. (Allerdings muß man zugestehen: Von den Grünen stammen einige der spannendsten Konzepte in Sachen Steuer- und Bildungspolitik.) Die Nachkriegsgeschichte der CSU legt Zeugnis ab von der Möglichkeit, Tradition und Moderne auf hoher Komplexitätsebene zu einem Erfolgsmodell zu verbinden. Dabei gehören die vierstufige Kläranlage und das Kruzifix im Schulraum in Bayern durchaus zusammen – erst dieser (scheinbare) Spagat öffnet Modernität und damit der Wirtschaftsdynamik die Pforten.

In einer Gesellschaft, in der das Individuum die Klassenbindung löst, in der die Globalisierung die »Milieus« brüchig macht, muß Politik, wie Anthony Giddens, Tony Blairs Berater, es formuliert hat, »jenseits von rechts und links« ansetzen. Die Frage kann nicht mehr sein, was sich gegen den »politischen Gegner« und mit den »eigenen Reihen« *durchsetzen* läßt, sondern wie man die Funktionen des *gesamten* Systems auf eine neue Ebene heben kann. Neue politische Paradigmen entstehen, die bis heute kein anerkanntes Etikett gefunden haben: »Politik der Ressourcen« – »Politik der Lebensstile« – »Systemische Politik«, »Zweite Moderne«.

»MODERNIZE OR DIE«

Clinton *verteidigt den Wohlfahrtsstaat, verspricht sichere Renten und Gesundheitsfürsorge. Die Frauen bindet er mit einer liberalen Abtreibungspolitik, die jüngere Linke mit einem ambitionierten Ökoprogramm,* wundert sich Josef Joffe in einem Kommentar zur amerikanischen Präsidentschaftswahl von 1996 in der SÜDDEUTSCHEN mit dem Titel »Bill Clinton, der postmoderne Igel«. *Dann hat er einen weiten Bogen nach rechts geschlagen. Er predigt »Familienwerte«, innere Sicherheit, Entregulierung und Eigeninitiative. Stolz verweist er auf vier Jahre Defizitverringerung und brüstet sich mit stetem Schrumpfen der Bundesbürokratie ... Wo immer Dole auch keuchend auftauchte, war der Igel schon da.«*[1]

Die Siege Bill Clintons, Tony Blairs, der Triumph des Bündnisses »Ulivo« in Italien, sie weisen bereits den Weg in diese höhere Komplexitätsebene einer systemischen Politik: Gewinnen wird in Zukunft, wer es vermag, die heterogenen weltanschaulichen Strömungen zu einer scheinbar paradoxen, posttraditionalen Allianz zusammenzubinden – und dabei die ideologischen Grenzen souverän und *ohne Polarisierung der Bevölkerung* zu überschreiten.

1 SÜDDEUTSCHE ZEITUNG Nr. 253/1996

»Wir haben keine Interessen zu verteidigen«, sagte der Interimspräsident Italiens, Romano Prodi, nach seinem Wahlsieg. Sein Wahlbündnis »Ulivo« benutzte als Symbol den Olivenzweig. Welche einfache, tiefgründige Symbolik! Ulivo erzeugte ein flexibles, anpassungsfähiges Bündnis aus Parteien und Strömungen, die sich noch wenige Jahre vorher spinnefeind und ideologisch frontal gegenüberstanden. Das Ziel ist die Modernisierung der italienischen Gesellschaft, nicht mehr, nicht weniger. Die Alternative dazu hat Italien schon einmal in jüngster Zeit kurzfristig erfahren: einen rapiden und – für die gesamte Gesellschaft – dramatischen Zerfall der politischen Sphäre.

Die bislang konsequenteste Umsetzung einer Politik jenseits von Links und Rechts ist »New Labour« in England. Tony Blair hat die Grundregeln der neuen politischen Ära auf den Punkt gebracht. Sein Sieg zeigt nicht, wie viele immer noch meinen, daß eine »modernisierte Sozialdemokratie immer noch (und wieder) machtfähig ist«. Das Besondere und Entscheidende an New Labour ist auch nicht der »Marsch in die Mitte« (er ist kein Helmut Schmidt, der dies schließlich auch tat). Tony Blair, dessen politische Schlagkraft sich auch einem hochintellektuellen Think-Tank verdankt, brachte den neuen Kontrakt zwischen Politik und Gesellschaft auf eine simple Formel, als er den versammelten Sozialisten Europas zurief: *We will modernize or die!*

Die Erkenntnis, die hinter diesem Satz liegt, ist so einfach wie einleuchtend: Für eine Welt der Individualisierung, Globalisierung und Information gibt es keine Politik mehr, die aus dem ideologischen Rohstoff der alten Parteiprogramme zu schürfen wäre. Das, was früher zum *Antagonismus* geriet, muß unter den neuen Bedingungen zu einem neuen *Ganzen* zusammengefügt werden. Konsequente Privatisierung *und* mehr Staat (etwa in Bildungsoffensiven oder in der Inneren Sicherheit). Mehr Bürgerrechte *und Entstaatlichung* (Rückzug des Staates aus der Wirtschaft). Mehr soziale Initiativen, aber *dennoch* weniger Geld für den Sozialbereich (durch sinnvolle Rationalisierung). Eine aktive Sicherheitspolitik und sozialarbeiterische Angebote in den Metropolen. Mit anderen Worten: Erst, wer Maggie Thatcher mit Biedenkopf, Stoiber und Joschka Fischer im Boot rechts *und* links überholen kann, wird in Zukunft Wahlen und Herzen gewinnen.

Die neue Beliebigkeit. Am Ende hat also das populäre Gefühl, daß »die in der Politik im Grunde alle dasselbe machen« einen ironischen Hintersinn. »Beliebig« ist nicht die Politik, die unsere politischen Kontrakte im 21. Jahrhundert erneuern kann. Aber »beliebig« ist in gewisser Weise, welche Parteienkonfiguration diese neue Allianz schmiedet. Eine »schwarzgrüne« Politik könnte also auch von einer konsequent modernisierten («verschröderten«) SPD durchgezogen werden. Wenn die CDU ihre »Querdenker« am Ruder läßt, könnte sie ihren Niedergang nach der Kohl-Ära auffangen. Vielleicht lösen sich auch Parteien auf oder nennen sich um. Und ich gehe jede Wette ein, daß irgendwann ein grüner Bürgermeister die erste gelungene «law and order«-Politik in einer deutschen Großstadt beginnt – eine Politik nach der amerikanischen Methode der »no tolerance«. Verwahrlosung stoppen, bevor sie zur Epidemie wird. Ganz im Sinne des grünen Sozialarbeiterethos, nur eben: konsequent, nachdrücklich und nachhaltig.

Einige Paradigmen einer erfolgreichen Posttraditionalen Politik

① Primat der Wirtschaft. Im Zentrum muß im Zeitalter der Globalisierung und der Information das »Flottmachen« der Innovationspotenz des jeweiligen Landes stehen. Konsequente Deregulierung von Märkten und staatlichen Dienstleistungen (bislang eher ein FDP-Thema) sind deshalb unerläßlich. Förderung der Strukturen, in denen Information als Rohstoff produktiv wird, »Zulassen« (nicht Fördern) von Arbeit in all ihren neuen Formen sind die zentralen Elemente.

② Bildungsoffensive im Sinne der Triade von Teamwork, neuen Kulturtechniken (Informationskompetenz) und Selbst-Management. In Deutschland benötigt man dafür zunächst eine konsequente »Zerschlagung« der alten universitären Pfründenstrukturen (dieser Punkt ist bis jetzt politisch verwaist, weil sich keine der Parteien an den eigentlichen Kern, die Privilegien und Verkrustungen der pädagogischen Provinz, herantraut).

③ Eine »dreibeinige« oder »rückgekoppelte Sozialpolitik«. Die Sozialpolitik kann sich nicht mehr entlang ideologischer und idealistischer Zielvorgaben bewegen. Sozialpolitik muß sich vielmehr als eine »policy of resources« Kriterien erarbeiten, wie sie die Kräfte der Gesellschaft und des einzelnen wieder mobilisieren kann. Reine geldliche Umverteilung muß einer Philosophie der »Förderung plus Forderung« weichen (»Job-Fitness-Training« von Arbeitslosen anstatt simpler Überweisung von Arbeitslosenhilfe; entsprechender Umbau der Arbeitsämter in Jobtrainingsinstitute). Ressourcen im Selbsthilfebereich, in den Gemeinden, in der Nachbarschaft müssen aktiv ins Sozialsystem integriert werden (am ehesten heute durch den Geißler- und Biedenkopf-Flügel der CDU repräsentiert).

④ Stützung des Neuen-Selbständigen-Milieus und konsequente Deregulierung von Arbeit. In der Gesellschaft des nächsten Jahrhunderts müssen alle Wochenarbeitszeiten von 0 bis 60 Stunden frei wähl- und verhandelbar sein. Dies bedeutet Machtverlust für die Gewerkschaften bzw. deren »Umbau« in Dienstleistungsorganisationen, die sich für ihre Klientel mehr und mehr als Lobbyisten und »Trainingspartner« verstehen.

⑤ Integration integrationswilliger und -fähiger Zuwanderer. Die Staatsangehörigkeit nach »Blut« muß fallen. Daher geht es auch um die Öffnung der Gesellschaft nach außen: In Metropolen, in denen es nur Deutsche gibt (allenfalls unterprivilegierte, in die Illegalität gezwungene Ausländer), werden sich ausländische Manager oder Banker kaum wohl fühlen. Dies erzwingt ein umsichtiges Einwanderungsgesetz, denn die Einwanderungsfrage ist für die Frage des Standorts im globalen System von zentraler Bedeutung (gegenwärtig politisch irgendwo bei Grünen und FDP angesiedelt, gesellschaftlich eher ein Un-Thema).

⑥ Familienpolitik jenseits von Ideologien. Das bedeutet zuallererst: Wahlfreiheit für die Frauen, ob sie am Berufsleben teilnehmen wollen oder nicht. In Deutschland: Ganztagsschulen und Kindergärten, Ausbau eines familiären Dienstleistungsnetzes sind überfällig. Aber auch: Betonung von »Entschleunigung« in der kulturellen Sphäre der Familie. Wo die ökonomische Modernisierung lebenswichtige Alltagsstrukturen der Menschen wie z. B. die Familie attackiert, gilt es, diese hartnäckig zu verteidigen (bislang eher ein CDU/CSU-Issue).

⑦ Urbane Sicherheitspolitik entlang den Erfahrungen der »no-tolerance«-Kampagnen in den USA, allerdings ergänzt um präventive und sozialarbeiterische Angebote. Im Zentrum steht eine entschlossene, den legitimen Sicherheitsbedürfnissen der Bürger verpflichtete Polizei, die sich der »broken-window«-Theorie verpflichtet fühlt (nach der die Toleranz gegen Schmierereien, Verwahrlosung und zerschlagene Fensterscheiben ein Milieu der Kriminalität ausbrüten).

2. KAPITEL

SOZIALSTAAT REVISITED

Der neue Kontrakt zwischen Bürger, Staat und Gemeinschaft

Der Sozialstaat läßt sich nicht »eliminieren«, »verstümmeln« oder »zerschlagen«, wie es der Sozialpopulismus immer wieder an die Wand malt. Unser europäisches Wertesystem ist durchdrungen von historischen Erfahrungen, die dem Staat auch auf Sicht eine solide und konstante Mittellage einräumen. Das heißt auch: Ohne breiten gesellschaftlichen Konsens kann in Zentraleuropa keine Modernisierung Erfolg haben. Und der Sozialstaat ist *gerade* für die Wissensgesellschaft der Zukunft ein ökonomisches Plus. (Wie es der englische Sozialminister neulich ausdrückte: »Nichts ist auf Dauer teurer als das Zulassen einer Unterschicht.«)

Unser Sozialstaat leidet aber unter einer systemischen Fehlsteuerung, die ihn so, wie er konstruiert ist, nicht überleben lassen wird. Er ist schlichtweg ein Monstrum, weil er keine sinnvollen *inneren Regelkreise* und Rückkoppelungen entwickelt hat. Kurzum: Er ist *zu primitiv* für die Welt der Individualität, der Information und der Globalisierung.

Die Debatten über die Zukunft des Sozialstaats werden heute auf einer völlig falschen Ebene geführt: der des Sparens. Aber das Problem des Sozialstaats besteht nicht darin, daß er viel Geld verbraucht – das sollten wir uns leisten, wenn immer es sinnvoll angelegt ist –, sondern darin, daß er *in der Gesellschaft falsche Reflexe trainiert.*

Ohne weiter darüber nachzudenken, gehen wir davon aus, daß wir soziale Probleme lösen, indem wir Menschen, die in Notlagen geraten, Geld geben.

Das klingt auf den ersten Blick ehrenwert und edel, eben »sozial«, ist aber im Grunde nur faul. Wir vernichten nämlich damit auf doppelte Weise Ressourcen. Das Geld des Steuerzahler und die Kreativität und Würde derer, die wir abschieben vor die Glotze, Eckkneipe, plus Aldi, und vielleicht noch zu Billigflügen nach Mallorca. Wir setzen nicht auf die Kräfte des einzelnen, sondern betrachten und bestätigen ihn in der Rolle des Opfers. Als Empfänger von Transferleistungen, die ihn ruhigstellen sollen.

In unseren Wohlstandsgesellschaften ist nicht mehr das Verhungern das Problem. Obdachlose, arbeitslose Jugend, Gebrechlichkeit im Alter: Armut bedeutet hier vor allem die Gefahr der Verwahrlosung. Wir sind reich genug, um selbst die Hälfte der Bevölkerung gratis mit Grundnahrungsmitteln, Wohnung und Kleidung zu versorgen. Aber in der Welt der Individualität werden andere Dinge zum Mangel: Selbstrespekt und Respekt für andere, die Möglichkeit, die Achtung der Umwelt zu erlangen, sich auszudrücken, in Beruf und Tätigkeit zu verwirklichen, das alles sind gleichrangige Grundbedürfnisse der Menschen geworden. Genau dies aber sind Ressourcen, die wir mit unserem Sozialsystem eher *vernichten* als freisetzen.

Im »1. Deutschen Kommunitaristischen Manifest« heißt es:

Bei den Klagen über Partei- und Politikverdrossenheit wird oft die Schuld an den Verhältnissen einseitig den Politikern zugewiesen. Aber auch die Bürgerinnen und Bürger unseres Staates geben Anlaß zur Verdrossenheit, da viele von ihnen ihre politischen Rechte stillschweigend aufgegeben zu haben scheinen und ihren Pflichen gegenüber nicht nachkommen.

Wir brauchen eine neue Arbeitsteilung zwischen Politik, Gesellschaft und den einzelnen ... Wir müssen zu einem lebendigen Verständnis aktiver Demokratie gelangen als einer Gesellschaft freier Menschen, die ihre Angelegenheiten zunächst einmal selbstverantwortlich und in freiwilligen Zusammenschlüssen mit Gleichgesinnten regeln.[1]

FÖRDERUNG DURCH FORDERUNG

Ein Sozialstaat der Zukunft muß nach dem Gesetz der Komplexitätssteigerung also mehrere Paradoxa in sich vereinen: Er muß den Armen *geben,* aber sie auch gleichzeitig

1 Das »Deutsche Kommunitaristische Manifest« ist erhältlich über Dr. Werner Peters, c/o Hotel Chelsea, Jülicher Str. 1, 50674 Köln

herausfordern, aus ihrer »Armutsrolle« herauszutreten. Er muß *umverteilen,* aber auch gleichzeitig *ökonomisch produktiv sein.* Er darf die Kräfte der Individualisierung nicht behindern, sondern *sie sich zunutze machen. Er muß fördern, indem er fordert.*

Unmöglich? Ein Widerspruch in sich? Bewegen wir uns einmal durch folgende Beispiele – und versuchen wir, sie systemisch zu erfassen und zu verstehen.

Das Modell Neuseeland. Man muß sich hüten, das »neuseeländische Wunder« im Maßstab eins zu eins auf unseren Kulturkreis zu übertragen. Die neuseeländische Ökonomie ist historisch durch ihre agrarische Struktur, ihre geographische Randlage und die Teilhabe am Commonwealth gekennzeichnet. Immer noch leben 10 Prozent der Bevölkerung von der Landwirtschaft. Und trotzdem sprechen die Zahlen für sich: Eine radikale Deregulierungspolitik in den letzten zehn Jahren rettete die Neuseeländer vor dem Ruin. Sie reduzierte die Arbeitslosigkeit von 11,1 auf 6,2 Prozent. Der Steuersatz fiel auf 24 Prozent, die Staatsverschuldung ging von 53 auf 37 Prozent zurück.[1]

Das Beispiel Neuseeland hat mit drei Botschaften aufzuwarten:

Erstens zeigt es, wie wenig realistisch unsere Ängste vor dem Zusammenbruch von Wirtschaftssektoren sind, die plötzlich mit weniger oder gar ohne Subventionen auskommen müssen. Die neuseeländische Landwirtschaft ging aus dem radikalen Subventionsabbau der Jahre 1990/91 (Kürzung der Landwirtschaftssubvention auf faktisch Null) gestärkt hervor: Seitdem setzt sie verstärkt auf Qualität statt Quantität, eigene, kreative Marken wurden geschaffen, neue Produkte ausprobiert und am Markt durchgesetzt, neue Absatzmärkte erschlossen.

Zweitens zeigt der neuseeländische Weg, daß eine Radikal-

1 SPIEGEL 36/1996: »Experiment Neuseeland«

reform des Beamtenapparates (in diesem Falle: Reduzierung der Beamten auf 40%) möglich ist, ohne eine Revolution oder Schlimmeres befürchten zu müssen: Das Land hat heute eine moderne, effektive Behördenstruktur und so gut wie keine Korruption.

Drittens zeigt Neuseeland, daß man Reformen, die den Hebel an zementierte Privilegien setzten, *schnell* exekutieren muß. »Schnell und blutig«, wie der neuseeländische Ministerpräsident einmal sagte. Sonst können sich die Lobbys sammeln, die Medien das Problem zerreden, die Politiker intrigieren und gegen einander punkten. Sonst bleibt das Trägheitsmoment der alten Mechanismen übermächtig.

Modell Kanada. Anfang der neunziger Jahre war die kanadische Wirtschaft am Ende – ähnlich der deutschen litt sie unter einem überkomplex gewordenen Sozialstaat und einer ganz speziellen »Globalisierungsfalle« – dem mächtigen Nachbarn USA, der mit billigen Löhnen und niedrigen Steuern Investitionen anlockte. Doch auch die Kanadier haben es geschafft: Steigendes Wirtschaftswachstum, sinkende Arbeitslosigkeit, eine neue Gründungswelle, Handelsbilanzüberschuß, abnehmende Gewaltkriminalität und, vor allem, eine intelligente Bildungsreform.[1]

Die Rezepte waren auch hier im Grunde einfach: Radikale Rationalisierung des Staats- und Beamtenapparates (so hat etwa der Außenminister viele teure Botschaften durch »mobile diplomatische Teams« ersetzt), konsequente Zinssenkung, Entmachtung der alten Privilegien der Notenbanken. Der »Katalog der Grausamkeiten« richtete sich vor allem gegen Lehrer und Beamte. Aber ein ganz besonderes Kunststück ist den Kanadiern gelungen: Sie haben Einsparungen mit Gestaltungsvisionen verbunden, und sie haben neo-liberalen Ideologien eine Absage erteilt. Entscheidend war, daß der Nerv

1 DIE ZEIT 45/1996: Der etwas andere amerikanische Weg

des Selbstverständnisses der Kanadier nicht verletzt wurde: Kanada versteht sich als Sozialstaat, seine Identität stammt auch aus einem Selbstverständnis als Gegenentwurf zu den USA. »Gute, straffe Sozialpolitik ist gleichzeitig Wirtschaftspolitik«, lautete die Parole.

Modell Holland. Dies gilt natürlich um so mehr für ein Land, das uns weitaus näher und doch auf eigenartige Weise fremd ist: Die durch und durch sozialdemokratischen Niederlande leben uns vor, wie man die sozialen Systeme so umsteuert, daß sie zu regelrechten »Emanzipationsgeneratoren« werden. In Holland, das mit einem völlig überzüchteten Sozialstaat in den 80ern auf den Abgrund zufuhr, werden Jahr für Jahr weniger Sozialhilfeempfänger registriert, die Zahl der Arbeitsplätze steigt, das Defizit sinkt.[1]

Der Platzvorteil der Holländer besteht gerade in ihrer »Spießigkeit«. Das Konsensprinzip regiert. Im kulturellen Wertesystem sind, wie in den skandinavischen Ländern, Ungleichheit, Luxus, Repräsentiergehabe eher negativ besetzt. In einer konzertierten Aktion zwischen Gewerkschaften, Arbeitgebern und Staat wurden Überstunden abgebaut und die Teilzeitarbeit zum Lebensmodell erhoben. Manche Auswüchse, wie etwa die Invalidenrente, die sich zu einer für die Ökonomie tödlichen Frührente entwickelte (15% der arbeitsfähigen Niederländer waren 1989 gutbezahlte Invaliden), wurden schlicht abgeschafft, das Rentensystem selbst den veränderten Verhältnissen einer alternden Gesellschaft angepaßt: Das Cappucino-Prinzip garantiert jedem Staatsbürger nur eine Rente in Höhe von 80 Prozent des Mindestlohns (»der Kaffee«), fördert aber private Zusatzversicherungen in den unterschiedlichsten Konstruktionen («die Sahne«).

Rinnoy Kan, der holländische Arbeitgeberpräsident, verteidigte kürzlich in einem großen WIRTSCHAFTSWOCHE-Interview

1 DIE ZEIT 3/1997: »Genesung auf holländisch«

das reformierte holländische Sozialsystem vehement gegen seine Kritiker: Gelungen sei hier eine Umverteilung der Lasten auf mehrere gesellschaftliche Gruppen, Einbau von marktwirtschaftlichen Regelkreisen in Transfersysteme, Förderung von Eigenfürsorge bei den Pensionen. Kurz: Der Sozialstaat ist offenbar erfolgreich mit der Logik der »sustainability«, der Nachhaltigkeit, konfrontiert worden.

Modell Chile. Natürlich ist Privatisierung von allem und jedem genauso primitiv wie eine überkommene staatlich regulierte Wirtschaft. Bei den britischen Eisenbahnen zeigte sich, daß bestimmte Sektoren im freien Markt eher untergehen als sich weiterzuentwickeln – Maggie Thatchers brutale Privatisierung führte zu chaotischen Verhältnissen mit unterschiedlichen Spurweiten und Fahrkartensystemen. Aber warum soll man nicht Sozialleistungen »ver-markten« können?

Die Chilenen etwa sind bemerkenswert für ihren Mut, im Rentensystem ungewohnte Wege zu bahnen. Jeder Chilene zahlt Pflichtbeiträge in einen Pensionsfonds. Jedes Jahr erhält der Chilene einen Auszug über sein erreichtes »Altersvermögen« – eine Kombination von Lebensversicherung und klassischem Alterssicherungssystem, das aber dreimal so effektiv arbeitet wie unser Rentensystem.

Modell USA. Eines des beliebtesten Gesellschaftsspiele des alten Denkens ist derzeit wieder einmal der Antiamerikanismus. Jeder Versuch, Anregungen für einen Umbau des Sozialsystems aus den USA zu beziehen, wird mit dem Totschlags-Argument: *Wollt ihr etwa, daß es bei uns zugeht wie in Amerika* beantwortet.

Das Problem ist, daß sich im Zuge dieser Verweigerung ein ungeordneter Haufen Fehlinformationen durchgesetzt hat, von denen ich zumindest einige der gröbsten hier richtigstellen möchte:

Das »McJob-Gerücht«. Immer wieder hören wir die Mär, in

den USA wären in den letzten Jahren nur Billigjobs für Billiglöhne entstanden, als Tatsachenbehauptung. In Wahrheit entstanden die Millionen neuen Jobs der letzten Jahre zu gleichen Teilen bei Billigjobs, gutbezahlten neuen Dienstleistungen und hochbezahlten Wissensberufen. Die Zahl der Hamburgerbrater, die von 1983 bis 1993 um 1,4 Millionen gestiegen war, ist dagegen um etliche zehntausend geschrumpft, ebenso wie die Zahl der Handlanger und Haushaltshilfen.[1] Und: Gegen das Problem der »working poor«, der Wenigverdiener in Billigjobs, hat sich der amerikanische Staat schon seit langer Zeit zu einer Maßnahme durchgerungen, die eher aus dem Instrumentarium strammer Sozialdemokratie zu stammen scheint: negative Einkommenssteuer. Verheiratete Paare mit geringem Einkommen (»working poor«) etwa bekommen in den Vereinigten Staaten bis zu 6000 Dollar pro Jahr vom Fiskus *dazu.*

Das Soziale-Kälte-Gerücht. Natürlich haben die USA mit ihrer Geschichte als Einwanderungsland niemals ein flächendeckendes Sozialsystem wie das unsere entwickelt (wie hätte dies bei Millionen und Abermillionen armer und ärmster Einwanderer aus den agrarischen Regionen Europas finanzierbar sein sollen?). Aber wer jemals in einer amerikanischen *suburb* gelebt hat, weiß, daß »soziale Kälte« eher durch die Geldtransferlogik unseres deutschen Systems gefördert wird. *Community, social care, neighbourhood* sind im ach so »kalten« Amerika viel tiefer in der Alltagsmentalität verwurzelt als in unseren Fürsorgegesellschaften. Deutschland erreicht (pro Kopf gerechnet) kaum ein Zwölftel der Summe des amerikanischen Spendenaufkommens für wohltätige Zwecke[2]. Die amerikanische »Wolfsgesellschaft« hat gelernt, soziale Belange als *gesellschaftliche* (und nicht als staatliche)

---

1 Siehe z. B. WIRTSCHAFTSWOCHE 22/96 Seite 26: »Überholte Klischees«
2 1993 stifteten Amerikas Privatleute 126 Milliarden Dollar (im Durchschnitt 900 Dollar pro Wohltäterfamilie) für karitative Zwecke, das war fast ein Zehntel des Washingtoner Staatshaushaltes. Die Bundesbürger haben 1994 rund 4,1 Milliarden Mark für hunamitäre Zwecke ausgegeben (WIRTSCHAFTSWOCHE 44 vom 26. 10. 1995).

Angelegenheiten zu sehen. Das trägt auch dazu bei, daß soziale Krisen breiter und öffentlicher in *Handlungsoptionen* diskutiert und als Herausforderung betrachtet werden, der man mit Pragmatismus (nicht mit »Betroffenheit«) zu Leibe rücken muß. Das Thema »neue Bildung« etwa ist in den USA nicht nur ein Feuilletondiskurs, sondern ein nationales Programm, ein »Feldzug«, in den die Privatwirtschaft – von McDonald's bis zu ITT – Milliarden von Dollar investiert.

Und auch die folgenden Zahlen passen nicht recht in das Vorurteil von der »Wolfsgesellschaft«: 80 Millionen Amerikaner, 45 Prozent der über 18 jährigen, engagieren sich Woche für Woche fünf Stunden und mehr für freiwillige Hilfeleistungen – auf diese Weise kamen im vergangenen Jahr mehr als 20 Milliarden Stunden zusammen. Diese Zahl entspricht den Arbeitsstunden von neun Millionen Vollzeitangestellten, Geldwert: 176 Milliarden Dollar. Die Aktiva des Nonprofitsektors belaufen sich insgesamt auf 500 Milliarden Dollar, die durch private Stiftungen und Spenden aufgebracht werden. Für 75 Prozent der amerikanischen Bürger nehmen Solidarität, Hilfbereitschaft und Gemeinwohlorientierung den gleichen Rang ein wie Motive der Selbstverwirklichung, beruflicher Erfolg oder die Erfüllung beruflicher Freiheitsträume.[1]

Work houses. Nichts wirkt nachhaltiger für das soziale Klima einer Gesellschaft als die Möglichkeit der Menschen, sich ihr eigenes Geld zu verdienen. Die neue amerikanische Sozialpolitik basiert auf der Idee des »Jobtrainings statt Geldzahlung« – *Workfare statt welfare.* Grundsätzlich bedeutet dies, daß jedem Bedürftigen, jedem, der Sozialhilfe empfängt, zunächst ungern Geld gegeben wird. Die Grundphilosophie brachte Clinton bei seiner Rede anläßlich der Sozialhilfe-Reform mit folgenden Worten auf den Punkt: *Grundsätzlich*

1 Sozialstudie Deutschland, M. Stolz, München, 2/97

muß Sozialhilfe als zweite Chance und nicht als Lebensstil gesehen werden. Wir wollen, daß Arbeitsethik und soziale Redlichkeit, Eigenverantwortlichkeit und Selbständigkeit die Abhängigkeit von staatlichen Almosen ersetzen.

Bevor wir uns lauthals über die »Härte« einer solchen Denkweise – die es zweifellos gibt – beschweren, sollten wir erst noch einen Blick auf die geübte Praxis werfen. In vielen Städten der USA, in denen sich hohe Sockelarbeitslosigkeit eingeschlichen hat, errichtet man mit erheblichen staatlichen Investitionen seit Jahren sogenannte *Work houses,* in denen man mit ziemlich ruppigen Methoden Arbeitslose in Selbständigkeit trainiert. Sie werden geschult, auch in sozialem Verhalten, in Kleiderordnung, höflichem Auftreten, Verhalten im Verkehr. Man fragt den einzelnen: Was kannst du? Was willst du? Wie können wir dir helfen? Wie können wir dich voranbringen dabei, daß du für dich selbst sorgen kannst? Welche Ressourcen hast du? Was sind deine Interessen? Wie können wir deine Fähigkeit, dich auf dem Arbeitsmarkt selbst zu verkaufen, schulen?

In der Tat benötigt dieses System Sanktionen – wer über längere Zeit nicht erscheint, muß mit Kürzung der Arbeitslosenhilfe rechnen. Der Proband erfährt auf der einen Seite Zuneigung, Aufmerksamkeit, ihm wird aber auch unmißverständlich klargemacht, daß es *an ihm liegt,* ob er jobmäßig wieder auf die Beine kommt.

Die Erfolge des Programmes sprechen eine etwas andere Sprache als das Gerücht: Selbst in den schlimmsten innerstädtischen Slums steigt die Zahl der Beschäftigten, nimmt die Zahl der Fürsorgeklientel ab. Auch wenn man die gute Arbeits-Konjunktur der USA Mitte der 90er abzieht: 70 Prozent der ehemaligen Fürsorgeempfänger sind nach 6 Monaten, 65 Prozent nach 2 Jahren noch in ihren neuen Jobs.[1] Teilweise

---

1 Diese Zahlen gelten für Wisconsin. Aus: FAZ, Dienstag, 27. Mai 97, Seite 16, »Wenn der Autoreifen über eine Anstellung entscheidet«

sind diese Institutionen bereits privatisiert. So hat etwa die Organisation »*America Works*« im Großraum New York gut 5000 früheren Sozialhilfeempfängern zu festen Anstellungen verholfen. Die Firma vermittelt Firmen Arbeitskräfte, die sie zunächst einmal vier Wochen für den Job trainieren. In der ersten Zeit erhalten die Klienten nur den Mindestlohn. Nach Ablauf von vier Monaten muß sich der Arbeitgeber entscheiden, ob er den Beschäftigten fest anstellen will oder nicht. 80 bis 90 Prozent der America-Works-Kunden sind auch nach einem Jahr und mehr noch in ihren Jobs.[1]

Der Grundgedanke dieses Modells ist übrigens so »amerikanisch« nicht. Auch in ur-sozialdemokratischen Ländern wie Norwegen oder Dänemark[2] gibt es diesen Stil der »Herausforderung« im Umgang mit der Arbeitslosigkeit. Auch in Blairs Großbritannien führt man eine Sozialpolitik fort, in der »Armut als Lebensstil« auf der schwarzen Liste steht. Im Gegensatz zum Autonomieindividualismus wird überall dort Humanität nicht nur als Scheck buchstabiert. Auch in Deutschland gibt es die ersten Experimente in diese Richtung. Dafür benötigen wir bezeichnenderweise noch ausländische Hilfe. Etwa die Arbeitsvermittler der niederländischen Agentur »Maatwerk« (Maßarbeit), die in Hamburg mit enormem Erfolg gezielt nach Arbeitsplätzen für Sozialhilfeempfänger suchen – und dabei genau die Hobbys, Leidenschaf-

1 »Die Zeit 20/97, »Profite mit der Armut – Der Staat will mit dem Experiment viel Geld sparen, den Betroffenen soll besser geholfen werden« – S. 25.

2 Seit zwei Jahren konfrontiert Per Larsen jeden Arbeitslosen mit einfachen Fragen: Was können Sie? Was wollen Sie gern tun? Stellt sich dann heraus, daß der Jobsucher für den normalen Arbeitsmarkt nicht in Frage kommt, ist Kreativität gefragt: Wer keine Berufsausbildung hat, liest älteren Leuten aus der Zeitung vor oder hilft beim Einkauf. Andere kümmern sich um kranke Kinder, um die arbeitenden Eltern zu entlasten. (Aus »Zur Probe unter Tarif« – Modelle mit dem Zweiten Arbeitsmarkt in Dänemark, Focus 43/1993).

ten und Wünsche dieser Klientel achten. »Arbeitsplatzdesign« könnte man das nennen, oder »Talentshaping«.[1]

Um den Simplifizierungen vorzubeugen: Solche Modelle mögen unzureichend umgesetzt und fehlerhaft, zu kurz gegriffen oder für unseren Kontext ungeeignet sein. Aber darum geht es gar nicht, sondern um den »Geist«, den »Spirit« dieser Konzeptionen. Es liegt an dem Willen, denjenigen, die aus dem alten Beruf unwiederbringlich herausgefallen sind, nicht nur ein Gnadenbrot zuzugestehen, sondern sie für eine nächste Runde zu befähigen.

Wer dazu wirklich nicht in der Lage ist, der hat selbstverständlich weiterhin Anspruch auf Obdach und Ernährung. Der Skandal besteht jedoch darin, daß wir Menschen, die sich mit unserer Unterstützung selbst helfen könnten, die Hilfe dazu verweigern. Statt der Konditionierung zur Passivität müssen Gegenimpulse gesetzt werden. Dem Drang zur Trägheit, das jedes System schüren muß, das nur Gelder verteilt, muß mit einer Logik gegengesteuert werden, die das Individuelle der Biographie nutzt. Also das Gegenteil der populistischen Phantasien: Sozialhilfeempfänger zum Straßenkehren zu zwingen. Der wesentliche Lernschritt muß auf der Ebene des Bewußtseins stattfinden – die Bürger zu einer anderen Auseinandersetzung mit dem Sozialen zu bringen, und die Frage des Sozialen als Emanzipationsfrage – nicht als pures Umverteilungsproblem – zu sehen.

»NEW CHARITY« – SOZIALPOLITIK ALS INDIVIDUELLES ENGAGEMENT

Wenn die Sozialpolitik der Zukunft eine neue *Balance* zwischen Bürgern, Gesellschaft und Staat herstellen will, muß sie die Ressourcen nutzbar machen, die in Selbsthilfe, Charity,

1 Im SPIEGEL 22/1997 wird dieses Projekt geschildert: Seite 58, Arbeit am Ego, Deutsche Großstädte folgen neuen Ideen beim Kampf gegen die Arbeitslosigkeit – Professionelle Vermittler suchen und finden Jobs für Sozialhilfeempfänger.

Nachbarschaften schlummern. *Von einer Politik der Ruhigstellung zu einer Politik der Aktivierung der humanen Energien:* Das heißt, nicht gegen, sondern *für* den Individualismus zu votieren, ihn aber um das soziale Element zu erweitern. Selbsterfahrung – das kann durchaus auch heißen, sich mit dem Gesellschaftlichen zu konfrontieren. Matthias Greffrath in der ZEIT:

Was ist – wenn man sie in einem solchen Kontext sieht – eigentlich so peinigend an dem Gedanken, junge Männer und Frauen würden, vom Staat bezahlt, von arbeitslosen Lehrern oder Ingenieuren organisiert, den Brocken aufforsten, die Innenstadt von Görlitz restaurieren, Bäche ökologisch zurückbauen? Und, Spaten beiseite: Warum sollen technikbegeisterte Abiturienten, statt in der Warteschleife bei McDonald's zu jobben, nicht kommunale Informationszentren aufbauen, in denen sie für Computeranalphabeten im Internet recherchieren? Warum sollte man mit dem Einsatz von Sozialdienstlern nicht die Öffnungszeiten von Bädern, Bibliotheken und Museen ausweiten? Junge Menschen kämen in Bewegung, Allgäuerinnen nach Berlin und Frankfurter in die Uckermark. Ein solcher Dienst könnte den »Charakter der Republik« verändern.[2]

Der Staat hat hierzulande, in trauter Allianz mit den Kirchen, die Gesellschaft zur Delegierung sozialer Aufgaben erzogen. Behinderte leben in relativ komfortablen Gettos, die von der Kirche verwaltet werden – in der Öffentlichkeit sind sie kaum sichtbar. Soziales Elend gilt vor allem deshalb als »Skandal«, weil es aus der Wirklichkeit abgeschoben wird. Der Hang der Deutschen, soziale Probleme zu *delegieren*, führt geradewegs in den Betroffenheitskult. Betroffenheit aber funktioniert nicht als Lösungsansatz, sondern immer nach der Grundregel: *Das stört mich. Es macht mir schlechte Gefühle.*

In der Zukunft wird diese Logik für die Sozialpolitik zu

---

2 Matthias Greffrath in der ZEIT

billig und zu teuer zugleich. Um es in den Worten des Publizisten Warnfried Dettling auszudrücken:

Soziales Wachstum läßt sich in vielen Bereichen trennen vom Wachstum an Geld und Bürokratien. Die gesellschaftliche Wohlfahrt wird weiter wachsen, aber sie wird künftig in anderen Währungen (mehr Zeit und weniger Geld) verteilt werden. ZEITPOLITIK, *eine kluge Mischung von Arbeitszeiten, Bildungszeiten und Freizeiten, wird zu einem wichtigen Schlüssel für eine wirtschaftlich und sozial erfolgreiche Gesellschaft.*

Es gibt längst spürbare Trends in der deutschen Gesellschaft, die den Wandel unumgänglich machen. Das Spendenaufkommen der deutschen Bevölkerung stagniert, alte Bastionen der Caritas erodieren. Die Ehrenamtlichkeit in solchen Traditionsbereichen geht – im Gegensatz zu Umwelt- und Kinder- oder Sport- und Freizeit-Issues – zurück. Doch gleichzeitig entwickeln sich Formen von »New Charity«, die der individualisierten Gesellschaft entsprechen. Die anonyme Spende an die kirchliche Großorganisiation (*Die Brasilieros und die Negerlein, werden euch ewig dankbar sein* – Spruch zur Kollekte der katholischen Kirche zum Dreikönigstag) weicht einer Vorstellung von sozialem Engagement, das die Haltungen der Erlebniskultur aufnimmt.

In der Individualgesellschaft wird die – scheinbar egoistische – Frage »Was bringt mir das?« lauter. Im negativen Bilanzbereich erzeugt sie Steuerflucht, Absentismus, Zynismus gegenüber sozialen Fragen. Aber die Sache hat auch eine positive Kehrseite. Modelle wie die »Berliner Küche«, die als Kleininitiative begann und deren Nachahmer sich heute in allen bundesdeutschen Großstädten ausgebreitet haben, neue Organisationen wie das »Spendenparlament« in Hamburg, in dem die Spender über die Verwendung ihrer Gelder abstimmen können, die zahlreichen Aidsinitiativen der Republik, die neuen Hilfsassoziationen, die, ein weiteres Beispiel, sich im Zusammenhang mit dem Krieg in Bosnien bildeten, zeigen, daß »New Charity« im Begriff ist, eine Bewegung zu werden, die unser Verständnis des »Sozialen« verändern kann. »Das Soziale« findet nicht mehr in grauen Behördengängen oder Haushaltausschüssen statt. Das Soziale ist unsere Welt – eine Welt, in der Kommunikation und Vernetzung, Kreativität und Engagement die Leitideen werden.

Diese neue soziale »fraternitas« entwickelt dabei eine eigene Ökonomie, deren Geschäftsbedingungen wir heute bereits lesen können.

Zeitbanking. In Amsterdam mit seinen 800 000 Einwohnern sind 150 000 Menschen in den Freiwilligenzentren registriert. Solche Zentren, in denen man nicht Geld, sondern Zeit für soziale Zwecke zur Verfügung stellt, entstehen derzeit auch überall in der Bundesrepublik. Sie dienen weit mehr als der neuen Caritas: Sie sind gleichzeitig »tools« gegen die Vereinzelung der individualisierten Städte.

Social banking. In den armen Entwicklungsländern hat sich das Prinzip des »Mikrobanking«[1] durchgesetzt. Kleinkredite, besonders für Frauen, haben inzwischen 16 Millionen Menschen weltweit einen Weg in die Selbständigkeit ermöglicht. In Großbritannien und den USA hat man dasselbe Prinzip nun auf urbane Krisenregionen übersetzt – »Mikrobanken« unterstützen kleine Gewerbetreibende, semikommerzielle Nachbarschaftsprojekte etwa in Liverpool, der Bronx und in Harlem, wo ganze Straßenzüge in ansehnliche Nachbarschaf-

---

1 Pionier war der Ökonom Professor Mohammad Yunus, der mit seiner »Grameen-Bank« in Bangladesh für Furore sorgte. Er wurde für seine Arbeit 1997 mit dem »Planetary Consciousness Award« des »Club of Budapest« ausgezeichnet. Richard von Weizsäcker und Lothar Späth hielten unter anderen die Ehrenreden. Heute hat das Modell, gefördert von vielen Regierungen und der Weltbank, zu 16 Millionen Neugründungen im kleingewerblichen Bereich beigetragen. Allein in Europa hat Social banking 5000 Projekte mit einer Gesamtsumme von 2,5 Milliarden Mark ermöglicht. (Siehe u. a. GUARDIAN vom 29. 1. 1997)

ten verwandelt wurden. Gesamtsumme inzwischen 2,5 Milliarden Mark. Das sind die Chancen einer Sozialpolitik im nächsten Jahrhundert, in einer zivilen Bürgergesellschaft.

Das Seattle-Prinzip. Man stelle sich vor: Der Gesundheitsminister einer Stadt sagt zum Bürgermeister: Wir haben ein doppeltes Problem. Erstens sind Herzinfarkte und Schlaganfälle in unserem Gesundheitswesen zum Kostenfaktor Nummer 1 geworden – die Pflege der Patienten wird immer teurer, die Menschen werden immer älter, und deshalb häufen sich die Fälle, in denen man einen Menschen zehn, zwanzig Jahre lang gelähmt oder invalid pflegen muß. Zweitens aber wäre das über weite Strecken vermeidbar, denn neue medizinische Erkenntnisse sagen uns: Wer das Leben und die Gesundheit von Menschen mit Herzattacken oder Schlaganfällen retten will, muß dafür sorgen, daß sie innerhalb von vier Minuten in einer spezialisierten *intensive care unit* gesundheitlich versorgt werden. Dann sinken die Folgeschäden gegen Null, die meisten Infarkte, die nicht sofort tödlich verlaufen, sind dann »heilbar«.

In unserer Versorgungs- und Sparlogik wäre ein solches Problem sofort als unfinanzierbar vom Tisch. Mit der Folge, daß die Gesundheitskosten weiter explodieren und das Problem weiter eskaliert, auch kostenmäßig. Es geht aber auch anders. Die Stadt Seattle hat 400 000 Bürger in spezieller Erster Hilfe ausbilden lassen und »Stroke Centers« an verkehrstechnisch gut erreichbaren Stellen aufgebaut. Jeder Bürger ist also in der Lage, die nötigen Sofortmaßnahmen einzuleiten, wenn jemand zu Hause oder auf der Straße einen Infarkt erleidet – und ihn mit dem eigenen Auto in die nächste Intensivstation zu fahren. Seitdem sind die Todesraten und Behinderungsraten nach Hirn- oder Herzattacken rapide gesunken. Die Einsparungen im Gesundheitswesen sind gewaltig. Nebeneffekt: eine deutliche Verbesserung nachbarschaftlichen Denkens und ein Sinken der Kriminalitätsrate.

Dieses Beispiel zeigt im kleinen die komplexe Logik eines zukünftigen Sozialsystems. Es geht in Zukunft eben nicht um einen *Rückzug des* Staates, um das, was man gemeinhin »Neoliberalismus« nennt. Im Gegenteil: Der Staat muß *mehr* agieren als zuvor – er muß es nur komplexer, intelligenter tun! Das »Seattle-Beispiel« hat die Stadt etwas gekostet, aber es hat ihr noch mehr gespart. Sie hat die Bürger beteiligt, ohne ihnen das ganze Problem zuzuschieben. Sie hat Bewußtsein erzeugt und die Mentalität des »Handeln statt Zahlen« gefördert.

Die neuen Kontrakte des Sozialen

① Staatliche Transferleistungen können nicht alle Risiken und Versorgungsprobleme des Lebens abfedern. Es werden deshalb private Sicherungssysteme steuerlich und mit anderen Methoden gefördert. Vom Bürger wird verlangt, daß er sich entsprechend verhält.

② Im Gegenzug verpflichtet sich der Staat, soziale Probleme mit nachhaltigeren Programmen anzugehen, die den Bürger weniger Steuergeld kosten, aber dennoch zu verbesserten Ergebnissen führen. Diese bestehen insbesondere in verstärkten Bildungsprogrammen gegen Arbeitslosigkeit und Armutskulturen, aber auch in Infrastrukturmaßnahmen, die jedwede Form der Selbständigkeit fördern. Ein konsequenter Abbau von Sozialbürokratien hin zu »task forces« und mobilen Diensten ist vorzunehmen.

③ Das weite Feld der Verbände, Vereine, Initiativgruppen. Selbsthilfegruppen spielt in der Sozialpolitik eine zentrale Rolle. Den sozialen Privatinitiativen ist Vorrang zu gewährleisten. Vorzuziehen sind hier Formen des sozialen Engagement, die auch der Selbstverwirklichung des einzelnen dienen.

④ Die »tertiären Sektoren« der Ökonomie sind in den Kreislauf der Transferleistungen einzurechnen. Tauschhandel, soziale Dienste und bestimmte neue Formen des Subsistenzarbeit dürfen nicht durch Steuergesetzgebungen blockiert werden, weil sie ▶

einen wichtigen Beitrag zur Selbstregulation der sozialen Systeme darstellen.

⑤ Die Kernbereiche der Arbeitslosenpolitik müssen das Prinzip der »inclusivity« verfolgen – Einschluß statt Ausschluß aus dem produktiven Teil der Gesellschaft. Denn das zentrale Ziel ist die Vermeidung und Verhinderung einer neuen »Unterklasse« in den europäischen Gesellschaften. Das bedeutet, daß man z. B. arbeitslosen Jugendlichen immer wieder massive Angebote macht, wie sie sich weiterbilden, nützlich machen, Praxis erleben oder direkt ihr eigenes Geld verdienen können. Förderung durch Forderung – das heißt auch, daß man ab einer gewissen Angebotsdichte Sanktionen androhen kann, nach dem englischen Vorbild, wo Jugendliche zwischen vier Modellen wählen können (Sozialdienst, zweiter Arbeitsmarkt, weitere Ausbildung, Job), aber Kürzungen der Arbeitslosenhilfe hinnehmen müssen, wenn sie nach einer angemessenen Frist gar nichts tun.

3. KAPITEL

DER NEUE KONTRAKT DER ARBEIT

Wenn Arbeit »flüssig« wird.

Jede Zeit hat ihre »Leitthemen«. War es in den 70er Jahren das Thema »Demokratisierung«, das Köpfe und Herzen bewegte, in den 80er Jahren dann die »Ökologie«, so lassen sich die 90er Jahre geradewegs auf das Wort »Arbeit« fokussieren. An »Arbeit« hängt alles – unser ökonomischer Erfolg, unser Wertesystem, unser psychologisches Wohlergehen. Und die Arbeit ist das System, das sich am deutlichsten unter Evolutionsdruck befindet.

Wir alle sind abhängig von Arbeitplätzen, von »Jobs«, schreibt William Bridges in seinem Buch »Ich & Co.« *Aber diese Abhängigkeit ist historisch erst sehr jung. Jetzt verändert der globale Markt die Welt der Arbeit, und wir müssen uns von den Gewohnheiten des Jobsystems verabschieden ... Wir werden bald spüren, daß Arbeitsplätze nicht zur natürlichen Umwelt gehören wie Bäume oder Wasser.*

Was Bridges hier fast schüchtern formuliert, könnte man so übersetzen:

① Die Lebensform der »Arbeitsplätze« ist ein historisches Unikat des vergangenen Jahrhunderts. Noch um die Jahrhundertwende waren kaum 20 Prozent aller arbeitsfähigen Menschen in »Lohn und Brot« – 1975 waren, das andere Extrem dieses Jahrhunderts, 90 Prozent aller Arbeitskräfte von Organisationen beschäftigt.[1]

② Die »Arbeitsplätze«, die derzeit überall in unserer Gesellschaft verlorengehen, kommen niemals wieder zurück. Sie werden auch so nicht an anderer Stelle wieder erstehen, weil eine Wirtschaft, die auf der Akkumulation von Wissen beruht, weitaus flexiblere Arbeitskontrakte benötigt, als sie in »Plätzen« zu organisieren sind. Die Vorstellung, lebenslang in einem Beruf Karriere zu machen, hat sich – für die überwiegende Mehrheit der jungen Generation zumindest – überlebt.

Unser gesellschaftlicher Diskurs ist noch lange nicht soweit, daß er sich dieser Erkenntnis auch nur annähern würde.

1 Siehe Charles Handy, »Die Fortschrittsfalle«, Seite 167

Wer die Zeitungen aufschlägt und die Talkrunden belauscht, für den ist die alte Welt immer noch in Ordnung – jedenfalls im Kopfe. Da geht es um »Arbeitsplatzsicherheit« und um »Schaffung von neuen Arbeitsplätzen« und so fort.

Dabei ist alles ganz simpel. »Arbeitsplätze« – physische Räume, Positionen, auf denen man sein Leben – oder wenigstens einen großen Teil – verbringen konnte, gehörten zum industriellen Zeitalter, das hinter uns liegt. Damals war es für die Organisation von Produktionsprozessen sinnvoll, eine Person dauerhaft auf eine relativ gleichbleibende Tätigkeit zu fixieren, ihr einen Platz zu verschaffen und sie möglichst lebenslang an ein Unternehmen zu binden. Damals – weil eine recht geringe Anzahl relativ normierter Produkte einem relativ uniformierten »Markt« gegenübertrat.

Was aber geschieht in einer Welt, in der Produkte immer individueller, differenzierter und komplexer werden? In der Wissen statt Stahl, Eisen oder Ingenieurskunst zum »Rohstoff« wird? In der Dienstleistung, Beratung, Problemlösung, *Software,* den Mehrwert erzeugen? In der wir von einer anderen Art von Produktion, dem Speichern, der Verdichtung und der Veräußerung von Wissen leben?

- Der koreanische Autoproduzent Daewoo hat mit 2000 britischen Arbeitern Null-Stunden-Arbeitsverträge abgeschlossen: Sie haben keine garantiert bezahlte Arbeit mehr, sondern werden nur für die Zeit bezahlt, in der sie tatsächlich angefordert wurden.
- Beim Zusammenbruch von Zeiss haben sich 200 Beschäftigte »ausgegründet«: Sie haben neue Firmen mit 2 bis 200 Mitarbeitern etabliert. Lothar Späth nennt sie die »Insekten, die die Entwicklungsgeschichte überstehen werden«.
- Die Anzahl der Vollzeitjobs sinkt rapide: In Deutschland waren es 1970 noch 83,6%, 1995 nur noch 68 Prozent – in England ging in der gleichen Zeit die Quote von 82 auf 26 Prozent zurück. Die Zunahme der Teilarbeitsverträge im Jahre

1995: Niederlande: 70 Prozent, Deutschland 60, Norwegen 20 Prozent.

- Millionen Bürger der EU haben bereits Zweitjobs. Wobei die Deutschen hier weit hinterherhinken: nur 2,7 Prozent der Deutschen, aber 8,3 Prozent der Schweden beziehen Geld von zwei oder mehr Arbeitgebern.[1]

DAS GERÜCHT VON DER AUSGEHENDEN ARBEIT

Die Wirklichkeit unserer Arbeitswelt ist bizarr und widersprüchlich – und sie spiegelt unseren krampfhaften Versuch, »Arbeitsplätze« als zentrales Fundament unserer Kultur nicht in Frage stellen zu lassen. 60 (!) Prozent der deutschen Fertigungsindustrien erhalten irgendeine Art von Subvention, sei es durch günstige staatliche Kredite, kostenlose Infrastrukturmaßnahmen oder direkte Zuschüsse aus den diversen Töpfen des Staates oder der europäischen Institutionen. In den Tageszeitungen häufen sich derweil die Anzeigen, in denen nach Haushaltshilfen gesucht wird – meist ohne Erfolg, selbst bei einer Bezahlung von 4000 DM monatlich. In einer Stadt wie Berlin arbeiten Hunderttausende illegale Immigranten aus östlichen Ländern für Stundenlöhne zwischen 2 und 10 Mark (in der Prostitution oder beim Zigarettenschmuggel kann es etwas mehr werden). Währenddessen suchen Hunderttausende von kleinen und großen Firmen, in der Landwirtschaft, aber auch in der produzierenden Industrie, händeringend nach Personal – meistens nach Leuten, die für eine gewisse Zeit einfach ordentlich »zulangen« können, aber auch nach selbstverantwortungsfähigen Mitarbeitern, die, wenn sie nur wollen, schnell Karriere machen könnten. Und die höchste Nachfrage

1 Laut einer Studie des Instituts der deutschen Wirtschaft. Dabei handelt es sich keineswegs über »Überlebensjobs« oder geringfügige Beschäftigungen. Mehr als 80 Prozent der Frauen mit Mehrfach-Teilzeitjobs wählen diese Beschäftigung nach eigenen Angaben aus freien Stücken. Nur ein Zehntel davon würde lieber in einem Vollzeitjob arbeiten (IMD-Informationsdienst 49/Jg. 22. Dezember 1996)

auf dem Arbeitsmarkt besteht nach einer Berufsqualifikation, die offensichtlich in diesem Land nicht gelehrt wird: In den nächsten zehn Jahren fehlen in diesem Land zwischen 500 000 und 800 000 Unternehmer! So viele wären allein nötig, um bestehende Betriebe zu übernehmen.

Aus diesen Disparitäten entwickelt sich eine neue Logik des Arbeitsmarktes, die vor allem die *kulturellen* Fundamente unserer Arbeitswelt unterspült. Noch steht auf der einen Seite das riesige Heer der Angestellten und Beamten, deren Lebensentwurf auf *Sicherheiten* aufgebaut ist – auf anweisbarer Arbeit, auf staatlich garantierten, mehr oder minder lebenslangen Verträgen, auf Bausparmentalitäten, auf Ansprüche automatischer Beförderung beim Absitzen von Dienstjahren, endgültiger Rangeinstufungen aufgrund einmal abgeschlossener Qualifikationen. Doch die Millionen unproduktiver Nischen, die sich die Gesellschaft bislang leistete, werden zunehmend zu Inseln. Der Wettbewerb um Kapital und Innovationswissen bringt alles unter ökonomischen Druck, was unkomplex, aber teuer ist: unkreativer Umgang mit Humanressourcen, Beharrung auf dem Ewiggleichen, Hierarchien, lange Befehlswege, geistige Trägheit.

Auf der anderen Seite wächst ebenfalls ein Heer: das der Schattenwirtschaft, der neuen, mobilen, nomadischen Arbeit, eines Sektors, in dem die Dinge anders erledigt werden: durch Handschlag, Nachtarbeit, schnelle Deals jenseits der komplizierten Welt der Verträge und Absicherungen, schließlich auch durch Korruption, gelegentlich durch Hinterziehung und Gewalt.

Beide Prozesse wirken aufeinander ein – und verändern unsere Produktionswelt bis tief in die Details hinein.

Das berühmte Fabrikkapitel im »Kapital« von Karl Marx oder Charlie Chaplins Film »Moderne Zeiten« beschreiben eine Epoche der Fabrikarbeit, die der Vergangenheit angehört. Was sich in den fortgeschrittensten Betrieben zeigt, ist nicht nur technischer Wandel: neue Maschinen, gewiß, auch neue

Kombinationen von Menschen und Maschinen – aber vor allem eine Veränderung der Arbeitskultur. Modernisieren heißt heute vor allem informieren und motivieren. Neue Einsichten in das delikate Zusammenspiel von Menschen und Maschinen bestimmen das Bild. Die Fabrik ist ein politischer Ort. Hier wird die Gesellschaft mitgestaltet ...[1]

Wie sagte neulich ein Toyota-Manager? »Vor wem ich wirklich als Konkurrenz Angst habe, sind die Deutschen, wenn sie jemals lernen, wie sie miteinander sprechen sollen.«

DIE STRUKTUREN VON »NEW WORK«

In Zukunft werden im Grunde nur zwei Typen von »Arbeitern« gebraucht. Einmal Leute, die »ranklotzen« können und damit die Produktivität erhöhen. Wenn man so will: ein neues Proletariat. Aber einem weitverbreiteten Vorurteil zum Trotz kann man diese Leute gerade in einer Ökonomie, deren Produktivität enorm gestiegen ist, gut bezahlen, und ihre Arbeit ist keineswegs immer nur stupide und gesundheitsschädlich (stupide und gesundheitsschädliche Arbeiten sind zunehmend automatisierbar). Auf der anderen Seite erhöht sich auf dem Arbeitsmarkt der Zukunft die Nachfrage nach »komplexer Wissensarbeit«, nach geistiger und »einmaliger« Arbeit. Nach Leuten also, die in der Lage sind, höhere Komplexitäten *als produktive Prozesse zu organisieren*. Diejenigen also, die der ehemalige amerikanische Arbeitsminister als »Symbolanalytiker« bezeichnet hat.

»Komplexe Wissensarbeit« oder auch »New Work« ist, zunächst, *selbstlernende* Arbeit. Kein Meister, kein Vorgesetzter, zeigt dem »New Worker«, was er ein für allemal, womöglich sein Leben lang, zu tun hat.

«New Work« ist, zweitens, *interdisziplinäre Arbeit*. Der Spezialist, der über exklusives Teilwissen verfügt, wird zwar

---

1 DIE ZEIT 14/97, Wissen Spezial, Mensch, Maschine, Kultur

nach wie vor vom Arbeitsmarkt nachgefragt, es droht ihm aber das evolutionäre Abseits. Sein Wissen veraltet schnell. Das »Ineinandergreifen des Verschiedenen«, das Wesen der Komplexität, bildet sich vor allem in Grenzüberschreitungen aus: Ein Gärtner kann und muß Ökologe, ein Koch sollte Philosoph sein, ohne Systemwissen ist Teilwissen nur noch eine leere Hülse. Ein Mediziner kann auch morgen noch ein Spezialist auf einem bestimmten Bereich sein, aber ohne Psychologie, Naturkenntnis, ein Schuß Heilmagie, ist selbst der berühmte Internist mit dem teuren Equipment bald am Ende.

Komplexe Arbeit bedeutet also – drittens – in der sozialen Konsequenz die *Auflösung der klassischen Berufsbiographien.* Wer gut verdienen will, muß in der Lage sein, Wechsel zu verkraften, zu managen. Er benötigt, egal, ob er in einem festen oder freien Arbeitsverhältnis arbeitet, eine »entrepreneur«-Mentalität. Er muß seine Fähigkeiten chamäleonhaft den wechselnden Entwicklungen anpassen können. Dies führt, zwangsläufig, zu biographischen Brüchen, zu Bäumchenwechsel-dich-Spielen, die es zunehmend schwieriger machen, die »Konstanten des Lebens« verläßlich zu planen.

Die vier »Arbeitskulturen« der Zukunft

① Der High-Skill-Worker

Beim neuen »High-Skill-Worker« steht nicht mehr die Fach-Qualifikation im Vordergrund, sondern Flexibilität und Teamworkfähigkeit, dazu ein identifikatorischer Leistungswille, gepaart mit der Fähigkeit, schnell zu lernen

In den Fabriken neuen Typs kann man diesen Protagonisten heute schon beobachten, etwa in Eisenach bei Opel oder bei manchen sehr modernen Stahlwerken, die es geschafft haben, durch High-Tech und eine extrem hohe Arbeitsproduktivität den brutalen Wettbewerb gegen die Dritte Welt zu überleben.

High-Skill-Worker haben ein relativ hohes Einkommen. Sie sind, wenn man so will, die Antwort der ersten Welt auf die ▶

Arbeitsoffensive der Dritten – der massive Einsatz von Kapital und der von ihm eingesetzten Hochtechnologie (inkorporiertes Wissen!) erhöht die Produktivität derart, daß hohe Löhne weiter gezahlt werden können. Manche Ökonomen gehen davon aus, daß Unternehmer in kapital- und wissensintensiven Bereichen überdurchschnittliche Löhne bezahlen *müssen,* um die kalkulierte Arbeitseffizienz auch zu erreichen.

② Der absteigende Angestellte

Das Gros unserer arbeitenden Bevölkerung wird weiter auf dem »Recht« einer lebenslangen Arbeitsbiographie beharren. Aber diese Gruppe gerät immer weiter unter Druck

- durch schleichende Kürzungen sozialer Garantien
- durch neuen Leistungsdruck
- durch Entlassungen auf breiter Front.

Der klassische Mittelschichtsangestellte, der tut, was man von ihm erwartet, der Gewinner des Booms nach dem Krieg, wird in Zukunft der Verlierer sein. Er wird unaufhaltsam absteigen – allerdings in einer sehr langen, fast unmerklich absinkenden Parabel.

③ Der soziale Couch Potatoe

Unsere Gesellschaft wird sich daneben den Luxus von 20 Prozent Ausrangierten leisten, die ihr Leben vor 35 Fernsehprogrammen fristen, sich auskömmlich bei Aldi, Hofer und Penny versorgen können. Bei haushälterischem Sinn reicht es sogar gelegentlich zu Billigflügen nach Mallorca. Schon heute liegt der Anteil der »ökonomisch Randständigen« in Deutschland bei fast 20 Prozent.

In England spricht man inzwischen von einer neuen Klasse der »ökonomisch Inaktiven«. Ältere Männer, die von der Sozialhilfe leben, Jüngere, die gar nicht erst den Einstieg schaffen, verabschieden sich aus den Statistiken. Sie bilden einen eigenen Lebensstil aus Resignation und Schwarzarbeit, eine »Schattengesellschaft« der Randständigen.

④ Der neue Selbständige

Dieser Gruppe gehört die Zukunft. Man findet sie heute schon als rasch wachsendes Milieu in den großen Städten. »Neue Selbständigkeit« bezieht sich allerdings nicht auf den konkreten Arbeitsvertrag, sondern auf ein ganzes Bündel von Phänomenen:

- interdisziplinäre Berufe gewinnen an Einfluß
- Erst-, Zweit- und Drittberufe gehören zur Normalität
- Wir dienen mehreren Arbeitgebern
- Hobbys werden zu Berufen – und umgekehrt –
- Lebensabschnitte mit viel Arbeit und Verdienst wechseln mit Lebensphase der Muße
- Jeder von uns wird ein sogenanntes Arbeitsportfolio haben.
  Eine ganz bestimmte und spezifische Mischung von Qualifikationen und Erfahrungen.

MOBILITÄT ALS PRODUKTIONSMITTEL

Die Veränderung der Arbeit erzeugt einen Evolutionsdruck in Richtung innerer und äußerer Mobilität, Flexibilität, Selbstverantwortung. Sie erzwingt höhere Komplexität in der Selbstvermarktung jedes einzelnen. Jeder, ob Angestellter oder Beamter, Arbeiter oder Manager, muß eine andere Landkarte verinnerlichen, auf der die »Straßen« seiner Qualifikation abgebildet sind. Zunehmend sind charakterliche Eigenschaften (»emotionale Intelligenz«) Teil des Arbeitsportfolio eines jeden. Teamworkfähigkeit, sprachliche Ausdrucksfähigkeit, ja sogar Charme gehören zum Kernbereich der Qualifikation. Der »New Worker« ist ein Arbeitsguerillero, der seine Fähigkeiten flexibel den Topographien der Märkte und Ideen anpassen kann.

Dabei sind die Gefahren nicht zu leugnen. Der »New Worker« wird es schwerhaben, sein Privatleben zu organisieren. Er ist eher ein Nomade als ein Seßhafter, eher ein Künstler als ein Familienvater. Familien benötigen Rhythmus, Berechenbarkeit. Neue Jobs erfordern Aufbruch, Lust an durchgearbeiteten Nächten. Die Gefahr besteht, daß der »New Worker« seine Familien wie »Campingmöbel« mit sich herumschleppt (Francis Fukuyama). Die Gesellschaft benötigt aber gleichzeitig, um einen höheren Komplexitätsgrad zu erreichen, neue Formen sozialer Verbindlichkeiten: mehr Gemeinschaften, mehr Nachbarschaften. Aber auch Firmen benötigen, trotz aller Flexibilisierung, Kontinuität. Hier muß sich eine neuere, komplexere Arbeitskultur entwickeln. Einige Beispiele:

»Working couples« reduzieren die übergroße Komplexität des modernen Lebens, indem sie eine »Arbeitsidentität« zwischen Partnern ausbilden. Familie und Firma wird auf diese Weise wieder »in eins« gebracht.

»Familienfirmen« nach amerikanisch/skandinavischem Muster kümmern sich auch um die privaten Angelegenheiten ihrer Mitarbeiter. Wir leben zwar momentan in Zeiten, in denen große Firmen sich vor allem um die Frage kümmern, wie sie Personal, Mitarbeiter, möglichst schnell und unkompliziert loswerden können. Aber die ersten Zeichen für eine Trendwende kündigen sich längst an: Firmen, die konsequent auf Optimierungsprozesse im rein Ökonomischen vertrauten, leiden unter einer ganz spezifischen Form von Auszehrung. Sie verlieren gleichsam ihre *Seele.* Sie wirken nicht mehr attraktiv auf diejenigen, die die kommende Runde höherer Komplexität bestreiten sollen. In der nächsten Runde werden sich die Machtverhältnisse wieder umkehren. In der komplexeren Arbeitsgesellschaft kommt es entscheidend darauf an, wie eine Firma die richtigen »Symbolanalytiker« anziehen kann. Und denen müssen sie etwas bieten: emotionale Bindungen, Komplexitätsreduzierungen in Sachen Familie, flexible Arbeitspläne, Sabbaticals.

Das Milieu der Bastelbiographien. In den großen Städten hat »neue Selbständigkeit« längst ein rasch wachsendes Milieu geprägt. Besonders die Jugend hat die Flaschenpost, die ihnen die Generation der Älteren geschickt hat, längst verstanden. »Wir sitzen auf den (wenigen) lukrativen Jobs, und wir werden so lange darauf sitzenbleiben, solange wir können«, lautet die Botschaft.

Christoph Clermont von der Agentur »New Sign« drückte in einem Papier für die Millennium-Tage 1997 die Gegenreaktion der Jüngeren so aus.

Die 18- bis 28jährigen haben etwas entdeckt, was man »Tugend der Orientierungslosigkeit« nennen könnte. Ins Zentrum gerückt ist das Gesamtkunstwerk ICH, *die Konstruktion einer nach ästhetischen Kriterien gestalteten eigenen Biographie. Wir müssen den Abschied von der Idee des sozialen Abstiegs konstatieren, angesichts immer unklarerer Berufsprestiges und Tätigkeitscluster ist der gesellschaftliche Standort des einzelnen, vor dessen Hintergrund er Auf- oder Abstieg messen könnte, so vage wie nie zuvor. Tatsächlich zeichnen sich im »arbeitslosen« Milieu von Teilzeitselbständigen, McJobbern oder langzeitstudierenden Lebenskünstlern die Umrisse einer zivilen Arbeitsgesellschaft der Zukunft ab.*

Der Armutsmythos. Wie sehr »Arbeitsmobilität« die inneren Strukturen einer Gesellschaft zum Positiven beeinflußt, können wir am Beispiel USA sehen. Dort ziehen 17 Prozent der Bevölkerung jährlich um[1] – ein Wert, der fünf- bis zehnmal so hoch liegt wie in der Bundesrepublik. Die meisten dieser Umzüge haben etwas mit beruflichen Entscheidungen und Optionen zu tun: Während der jüngsten kalifornischen Wirtschaftskrise zwischen 1990 und 1994 verließen 1,2 Millionen Menschen diesen Bundesstaat und zogen »der Arbeit nach«.

---

1 Siehe Lawrence Lindsay, Governor der US-Notenbank. Deutscher Kommentar in WIRTSCHAFTSWOCHE 50/96, Seite 190

Diese mobile Struktur wirkt sich unmittelbar auf die »upward mobility« der Bevölkerung aus – und sie berührt unsere Grundüberzeugung, daß vor allem in »brutal kapitalistischen« Gesellschaften wie den USA »die Armen immer ärmer und die Reichen immer reicher werden«. Nach einer Untersuchung der Universität Michigan und der Alexander-Toqueville-Institution gehörten

- Weniger als 10 Prozent der Bevölkerung 1995 zu den »sehr armen«, 1991 war diese Zahl praktisch gleich hoch
- aber nur 0,5 Prozent dieser Personen waren identisch.
- 15 Prozent der Armen von 1975 waren in das Fünftel mit dem zweitniedrigsten Einkommen aufgestiegen, 21 in das mittlere, 30 Prozent in das Zweithöchste und 29 Prozent gehörten zum höchsten Einkommensfünftel mit mehr als 70 000 Dollar. Das heißt: Die Wahrscheinlichkeit, aufzusteigen, war fünfmal so hoch wie der Verbleib in der Armut.
- Das Durchschnittseinkommen des oberen Einkommensfünftels betrug 1975 49 700 Dollar, 1991 inflationsbereinigt 49 678 Dollar.

Reiche und Arme sind in der amerikanischen Gesellschaft also keine statischen Gruppen. Wohlstand hat weniger etwas mit »Börse« und »Kapital« zu tun, sondern mit der Frage, wie eine Gesellschaft ihre »upward mobility« organisiert oder blockiert. Ein zäher Bodensatz an Entmündigten und Entrechteten entsteht besonders dann, wenn sich alle anderen Schichten nach unten hin absichern und abschotten – das aber ist genau das deutsche Modell.

DIE GEWERKSCHAFTEN: DAS »ADAC«-MODELL

Noch einmal: Wird der »neue Selbständige« nicht erbarmungslos isoliert dem atomisierten Arbeitsmarkt der Zukunft ausgeliefert sein – ein moderner Tagelöhner ohne Schutz vor Sklaventreibern, ein Fraß für die Ausbeuter der schlimmsten Sorte?

Kein Zweifel: Es wird in der neuen Arbeitskultur »Tagelöhnerei« geben. Aber es gibt sie heute schon, und zwar in einem Ausmaß, das wir gerne verdrängen. Schwarzarbeit ist nichts anderes als die logische Reaktion überregulierter Märkte wie des Arbeitsmarktes; ein Versuch der Selbstorganisation des Systems. Niemand ist so schutzlos wie die Illegalen auf den Baustellen in Berlin, in den Küchen der Millionen Restaurants und Hotels, in den Putz-, Renovierungs- oder Erntearbeiterkolonien gewisser Leiharbeitsvermittler. Und niemand, auch ein Polizeistaat nicht, wird dieses Phänomen verbieten können, denn es entsteht aus den systemischen Zwängen einer Arbeitsgesellschaft, die ihre Arbeitplätze mit Zähnen und Klauen gegen diejenigen verteidigt, die keine Arbeit haben und auch keine – auf legalem Wege – bekommen werden.

Die Umdrehung der Nachfragerichtung in einem offenen Arbeitsmarkt wird diese modernen Tagelöhner aber an Zahl stark beschränken. *Wenn* unser Arbeitsmarkt eines Tages tatsächlich ein Markt sein sollte, werden die neuen Firmen sehr schnell lernen, daß komplexe Arbeit nur von Herren, nicht von »Sklaven« erledigt werden kann. Tagelöhner und Arbeitssklaven sind vielleicht gut für das Putzen von Toiletten – Computersoftware oder komplexe technische Produkte stellt man mit ihnen auf Dauer nicht her.

Die Gewerkschaften der Zukunft werden also Traditionen aufgeben müssen. Sie werden sich von monolithischen Massenorganisationen, die sich an gleichförmigen Massenbedürfnissen orientieren, zu filigranen Netzwerken entwickeln – damit teilen sie das »Schicksal« (die Evolution) aller unserer gesellschaftlichen Institutionen, von den Behörden über die Kirche bis zum Tennisverein. Die Gewerkschaften der »neuen Selbständigen« werden viel von den Issue-Bewegungen lernen, von Verbraucherschutzorganisationen bis zu Greenpeace. Sie werden – wie etwa die kalifornische Landarbeiterunion gezeigt hat – erfolgreiche Kampagnen gegen sich sittenwidrig verhaltende Firmen organisieren, professionelle

PR-, Marketing- und Werbemethoden einsetzen, um die Interessen ihrer Mitglieder zu fördern. Firmen, die schlechte Löhne zahlen oder miserable Arbeitsbedingungen bieten, werden nicht mit Streik angegriffen, sondern mit den Mitteln der modernen Medienwelt. Wo Image zum entscheidenden Marketingfaktor wird, ist »Moralcampaigning« eine scharfe Waffe. Wenn die Kult-Turnschuh-Firma Nike ihr mexikanischen Arbeiter gnadenlos ausbeutet, dann kann die Information darüber in den Medien auf den »Hipness-Charakter« dieser Schuhe bei amerikanischen Mittelstandskids negativ abfärben. Diese Sprache verstehen die Unternehmen – es ist die Sprache des Marktes.

Die Gewerkschaften der Zukunft werden ihre »Kunden« durch Bildungsangebote und Mobilitätstraining locken, sie werden »Full-Service-Pakete« anbieten; das Spektrum reicht vom Rechtsschutz, Jobvermittlung, über die Anbindung an eine private Arbeitslosenversicherung bis zur »ADAC-Gewerkschaft«, die ihren Mitgliedern bei »Jobpannen« mit Umschulungs-Crash-Kursen und Übergangsgeldern aus dem Straßengraben hilft. Sie wird gesellschaftliche Diskurse anzetteln und sich, so ist zu hoffen, »an die Spitze der Bewegung« stellen – einer Bewegung weg von den angeblichen Idyllen des lebenslangen Jobs hin zu menschlichen Biographien, in denen Lernen und Arbeiten, Familienarbeit und Muße in ein besseres Gleichgewicht gebracht werden kann.

EIN »BÜNDNIS FÜR NEW WORK«?

Wir müssen uns natürlich fragen: Woher stammen die enormen Beharrungskräfte, mit denen wir uns dem Zug der Zeit entgegenstemmen? Wer hat überhaupt ein Interesse daran, daß Arbeit in Zukunft jenseits von »Plätzen« stattfindet? Wer will, daß unsere Arbeitswelt kreativer, kommunikativer, dynamischer, spannender, und, ja doch, für den einzelnen auch unsicherer, »abenteuerlicher« wird?

Zunächst wissen wir sehr gut, wer das *nicht* will. Die Beamten, deren Status zum Vorbild für unsere Berufswelt wurde. Die beamtenähnlich arbeitenden Angestellten – also ein großer Teil der Mittelhierarchien in den großen Betrieben. Auch die Politiker nicht, die keinen Ärger mit der Straße wollen. Die Intellektuellen sind schon deshalb dagegen, weil sie unter Umständen ihre Privilegien als professionelle Betroffenheitsträger verlieren würden – sie schlagen sich lieber auf die Seite der Stahlarbeiter und Bergleute, obwohl sie mit denen nicht das geringste zu tun haben. Die Gewerkschaften, weil sie noch in der Welt von gestern leben. Die Banken, die ihr Einkommen aus geringen Dienstleistungen, hohen Sicherheiten und wenig Kreativität beziehen. Wieviel einfacher ist es doch, Unternehmen nach Fabrikhallen und Grundbesitz zu kreditieren als mit »Kreativkapital« womöglich neue Wege zu gehen! Wieviel einfacher ist es, einem Beamten hübsche Häuschen im Grünen als einem Wissensarbeiter ein Projekt zu finanzieren, der zwar durchschnittlich 250 000 verdient, in diesem Jahr eine halbe Million und im nächsten Jahr gar nichts. (Vielleicht weil er in ein Kloster in den Bergen fährt, um sich selbst zu finden und der eigenen Kreativität wieder auf die Sprünge zu helfen.)

Wir haben es also mit einer äußerst soliden Blockadefront zu tun, deren Macht wir heute in Form von (alles in allem) 5 Millionen Arbeitslosen in Deutschland erleben können. Für das Projekt »neue Arbeit«, für eine neue Kultur der Tätigkeit, kommen meiner Meinung nach zunächst folgende »peer groups« in Frage.

Die Frauen. Frauen sind, man darf es heute sogar als Mann wieder schreiben, ohne gevierteilt zu werden, anders als die Männer. Weil bei ihnen eine andere biologische Uhr tickt, weil sie weniger linear denken, ist ihr Zugang zum Arbeitsmarkt immer ein anderer gewesen als der von Männern. Das kann jeder aus seiner persönlichen Erfahrung bestätigen, es läßt sich aber auch in Zahlen ausdrücken:

- Die Zahl der weiblichen Selbständigen in Deutschland stieg von 1991 bis 1994 um 10,5 Prozent, die der männlichen lediglich um 7,5 Prozent.[1]
- In allen Ländern übersteigt der Anteil der weiblichen Teilzeitarbeiterinnen den der männlichen massiv – das gilt besonders dort, wo Teilzeitarbeit nicht sehr weit entwickelt ist.[2]

Die Familien. Es mag auf den ersten Blick verwundern. Brauchen Familien nicht den festen Halt von zumindest *einem* berechenbaren Einkommen, auf dem sie ihr Überleben und ihre langfristige Lebensplanung aufbauen können? Vielleicht. Aber sie brauchen auch *und in Zukunft immer mehr* Möglichkeiten der Zeitsouveränität. Um Räume zu finden, in denen das, was Familie sein kann, überhaupt noch stattfinden kann, müssen wir lernen, anders mit Karriereverläufen umzugehen.

Wer heute, meist um die Dreißig, Familien gründet, erlebt immer den gleichen Realitätsschock. Über Nacht ist die Welt von Zeitmangel und komplexen Organisationsnotwendigkeiten geprägt. Man rennt ständig der Zeit hinterher und hat ständig ein schlechtes Gewissen. Männer entfremden sich von den Familien, Frauen flüchten um so mehr in den Beruf.

Ich glaube, daß Familien im Grunde die geborenen »Anwärter« für die neue Arbeitskultur sind. Die Möglichkeit, flexible Zeiten zu arbeiten, Sabbaticals zu nehmen, Rollen zu tauschen, Zeitkontrakte wahrzunehmen sind mehr als Korrekturen. Die Arbeitswelt der Zukunft ermöglicht auch konsequentere Schritte. Auf dem Lande leben und *on line* arbeiten – das kann, wenn es illusionslos und konsequent angegangen wird, Kindern und Familien guttun. Biographie *phasenweise* leben – Karriere konsequent in den späten

---

1 AMICA 8/96, S. 207
2 Beispiele: Australien: 75% (bei 25 Prozent Gesamt), Deutschland 89 Prozent (bei 16 Prozent gesamt) Quelle OECD, in THE ECONOMIST, 5. März 1994, Seite 80)

Zwanzigern, dann Familienpause, mit spätestens 50 eine »zweite Karriere,« in der andere Qualifikationen zählen als die Verfügbarkeit rund um die Uhr – das wird einer Gesellschaft, die sich der »Kultur der Wahl« verschrieben hat, ein Herzensanliegen sein. Anderenfalls darf sie sich nicht wundern, wenn ihr der Nachwuchs ausgeht, wenn die Familie ein Ort von Streß und Entfremdung wird, *when work becomes home and home becomes work,* wie es in der derzeitigen amerikanischen Family-value-Debatte kritisch formuliert wird.

Ich sage nicht, daß das Projekt »neue Selbständigkeit« automatisch familienfreundlich ist. Aber Erfahrungen anderer Länder – vor allem Skandinavien, Holland, der USA, zeigen, daß sich, wenn die gesellschaftlichen Institutionen, die Politik und die Wertesysteme mitziehen, die Flexibilisierung der Arbeit ein wichtiger Teil von Emanzipation sein kann. In Norwegen trifft man allerorts Männer mit Kinderwagen, die ihre Frauen im Betrieb besuchen. Nicht, weil die norwegischen Männer Softie-Mutanten sind, sondern weil die norwegischen Firmen *child care* als Selbstverständlichkeit, als *Wesen des sozialen Organismus Firma* begriffen haben.

DIE UTOPIE EINER ANDEREN ARBEITSKULTUR

Am Ende könnte sich also die Krise, in die wir heute mit steigenden Arbeitslosenzahlen und einem großen Katzenjammer hineinschliddern, eine äußerst reinigende Wirkung haben. Wenn wir sensibel und realitätsnah reagieren, könnte sie am Ende dazu führen, daß wir einen weiteren Prozeß der »Arbeitsemanzipation« erleben – weg von der sklavischen Abhängigkeit von »Zeit gegen Geld«, hin zu mehr Selbstbestimmung des eigenen Lebens. Unsere Arbeit wird durch Globalisierung und Rationalisierungstechniken, gewissermaßen »nach oben« gezwungen. Immer mehr Profit wird mit Ideen, Konzepten, Informationen und deren Verdichtung gemacht – immer weniger mit der Herstellung gleichförmiger Massenprodukte.

Immer mehr muß die moderne Ökonomie dafür »den ganzen Menschen fordern« – geistige, emotionale, visionäre Energien und Kräfte statt Muskelkraft, Fleiß und Ausdauer. Für denjenigen, der in der alten Welt der Paradoxie verfangen sind, ist dies natürlich eine ganz besondere Horrorvorstellung: Die Wirtschaft der Wissensära will, gefräßig, wie sie ist, *den ganzen Menschen für den Profit.* Aber man kann es ja auch anders sehen, so, wie ein vernünftiger und ganzheitlich denkender Unternehmer es sieht: Die *human resources* sind das Entscheidende im Wirtschaftsprozeß der Zukunft, deshalb muß man sparsam, nachhaltig, ökologisch mit ihnen umgehen. Firmen von heute und morgen sind Familien, Verbünde, Allianzen, in denen der Mehrwert des Geistes erzeugt wird, und die ihren Mitarbeitern Platz zum mentalen Wachstum geben müssen. Firmen von morgen müssen, um die »richtigen Leute« anzuziehen, ein *»biographisches Angebot«* machen. Und spätestens hier dreht sich die Nachfragerichtung auf dem Arbeitsmarkt wieder um: Neue Selbständigkeit, das heißt ja auch, daß der einzelne mehr Macht, mehr Verfügung über seine Fähigkeiten erhält. Wenn er die dafür notwendigen Fähigkeiten und Qualifikationen (dazu mehr im Kapitel »neues Lernen«) erringt, gewinnt er an Souveränität gegenüber den großen Systemen des Arbeitsmarktes und der Kapitalverwertung: Arbeit wird wieder eingesetzt in den ihr zustehenden Rang.

Warum könnte es in Sachen »New Work« im Jahre 2020 nicht so zugehen, wie es die Schweizer Kulturzeitschrift »Du« in ihrem Themenheft über Arbeit formulierte?

Würde jemand aus dem Jahre 1997 zu uns ins Jahr 2020 katapultiert, so würde er sich trotzdem leicht zurechtfinden. Es gibt alles noch, was es damals gab. Nur ist heute klein, was damals groß war, groß, was klein war, und einiges ist dazugekommen. Er würde auch Vertrautes wie Fabriken finden, Aktiengesellschaften, Profite. Aber er würde keine Fabrikarbeiter mehr antreffen, das heißt niemanden, der sich so definiert. Die Arbeit ist nicht verschwunden, schon gar nicht die Handarbeit. Schöne Tische und Stühle lassen sich nur von Hand herstellen. Was passiert ist eine große Auffächerung von Arbeitsarten, Entschädigungssystemen, Arbeitszeiten, Arbeitssorten. Die »Arbeit« als lebenslängliche Verknüpfung einer Tätigkeit mit einem Lohn gibt es nicht mehr. Zum Beispiel ist Hausarbeit voll anerkannt und Teil eines individuellen Kontos. Hingegen sind die Arbeitsplätze in dem, was früher Wirtschaft hieß, auf ein Fünftel geschrumpft – keine Gesellschaft könnte mehr davon leben. Und würde man die Verrechnungsmodi dieser Restwirtschaft auf alle andere Arbeit anwenden, so wäre das Leben unbezahlbar. Das sah auswegslos aus, doch wir schafften das ohne Probleme.

Die neuen Kontrakte der Arbeit

① Firmen können ihren Mitarbeitern nicht mehr lebenslange Beschäftigung bieten. Sie müssen auch von ihren Mitarbeitern weitaus höhere Grade an Flexibilität, Wissenszuwachs und »mentalem Wachstum« fordern. Im Ausgleich schließen sie mit ihren Mitarbeitern einen neuen »Ausbildungspakt«: Sie verpflichten sich, Weiterbildung in jeder Form so in den Betriebsablauf zu integrieren, daß die Mitarbeiter sich jederzeit auch in anderen Sektoren der Wirtschaft bewähren könnten. Hierbei sind besonders die neuen Kernkompetenzen – im Rahmen emotionaler Intelligenz – zu fördern, um zu hohe Spezialisierung zu vermeiden.

② Der Prototypus der neuen Arbeit ist die neue Selbständigkeit. Deshalb fördern die staatlichen und sonstigen Institutionen konsequent alle Formen der Portfolioarbeit. Das reicht von neuen »Arbeitsämtern«, die in Selbständigkeit schulen, über die allgemeine Entbürokratisierung der Gesellschaft und eine konsequente Schul- und Bildungsreform bis zu den neuen »zünftigen« Gewerkschaften, die neue »Assoziationen von Einzelkämpfern« schaffen. Individualisierte Renten- und Versicherungsmodelle ▶

müssen den Portfolioarbeitern die Möglichkeit geben, ihre Sozialversicherung günstig selbst zu finanzieren.

③ Moderne Firmen wissen, daß ihre Führungskräfte und Mitarbeiter nur dann Leistung bringen und dazulernen können, wenn sie ihr Privatleben ausbalancieren können. Sie werden also Abstand nehmen von einer »Politik des Auspressens.« Sie werden die Faktoren Zeit, Familie und Lebensqualität als Mehrwertfaktoren ernstnehmen und ihre Mitarbeiter dazu anhalten, lieber weniger, aber dafür besser und nachhaltiger zu arbeiten. Und sie werden die Arbeitspolitik der Firma flexibel und familienfreundlich gestalten. Und schließlich auch ihren Mitarbeitern als wesentlichen Leistungsanreiz die Beteiligung am Produktivkapital anbieten.

4. KAPITEL

DER NEUE KONTRAKT DER PRODUKTIVITÄT

Vom »Shareholder Value« zum »Workholder Value«

Zeitenwenden bringen es mit sich, daß wir unsere Dichter und Denker noch einmal recyceln. Und zu den Wiederentdeckten wird in den nächsten Jahren auch einer gehören, der jüngst erst die tiefste Verdammnis erfuhr: Karl Marx.

Man muß nur die Feuilletons aufschlagen oder den Fernseher anstellen, um den guten, alten *Sound* des Klassenkampfes zu vernehmen. Brechtzitate begleiten inzwischen wie Jagdhornsignale, jede Parlamentsdebatte, jede Talk-Show, jede Podiumsdiskussion. Armut! Elend! Soziale Kälte! Kapitalismus pur! Ist es nicht absurd? In einer Gesellschaft, die so individualisiert ist wie nie, in der Informationstechnologie Zugang zu den Produktionsmitteln der Zukunft für jeden ermöglicht, in der das gewaltige Pro-Kopf-Vermögen der großen Mehrheit stetig wächst, von der immer zunehmenden Zahl von Gütern ganz zu schweigen, in der man morgen pleite und übermorgen reich sein kann, in diese ganz und gar unklassenhafte Gesellschaft kehrt der alte Klassenkampf mit seinen schnarrenden Parolen zurück!

Nicht Rohstoffe, Grund und Boden verschaffen auf Dauer Wohlstand, sondern die Aspekte der Arbeit: Fleiß, Erfindungsgeist, Wendigkeit. Die großen Winner der letzten Jahrzehnte waren Kulturen, die nicht auf reiche natürliche Ressourcen zurückgreifen konnten: Hongkong, Singapur, Japan, Südkorea, in Europa die Iren und Portugiesen, Slowenen und Ungarn. Was die Nostalgiemarxianer allerdings übersehen, ist der Gestaltwandel der Arbeit, der ganzen Produktionsverhältnisse. Im Zentrum liegt eine ganz simple Frage: Wenn Globalisierung und Wissensgesellschaft eine Wirtschaftsform erzeugen, in der dem einzelnen mehr Kreativität, Selbstverantwortung und Wandelfähigkeit abverlangt werden – wie kann man diese Prozesse befördern? Aus Unternehmersicht: Wie kann man die Belegschaft *motivieren, die ungeheuren Produktivitätssteigerungen zu leisten, die nötig sind, um in der Zukunft mitzuhalten?* Mit Sicherheit geht dies nicht durch Kürzungen, Druck und Entlassungen.

Einige nüchterne Zahlen können uns den Weg ins Herz dieses Problems weisen: In Deutschland sind Mitte der Neunziger 5,5 Prozent des Aktienvermögens in der Hand »normaler Leute«, also der Mittelschichten. In den USA sind es 22 Prozent.

Zu jedem Topf gehört ein Deckel, und so gehört natürlich zur passiven Mentalität der »Arbeitnehmer« auch ein korrespondierendes, patriarchalisch geprägten Unternehmertum.

Günther Faltin und Jürgen Zimmer schreiben in »Reichtum von unten«:

Unternehmer der alten Art sind am liebsten Feudalfürsten. Ihr »Markt« gleicht einer territorialen Aufteilung mit der Tendenz zur Vergrößerung oder wenigstens Verfestigung des eigenen Einflußbereichs. Konkurrenten werden behindert, aus dem Markt gedrückt oder aufgekauft. Man heiratet unter sich und strickt an neuen Marktstrukturen. Deutsche Firmen, resümiert die INTERNATIONAL HERALD TRIBUNE, *gehören nicht privaten Anteilseignern, sondern besitzen sich untereinander … Die Allianz mischt bei der Dresdner mit, die Dresdner bei der Allianz, beide kontrollieren viele Firmen, diese Firmen kontrollieren sich untereinander, sie über- und unterschichten sich, entwerfen Irrgärten, verbergen sich hinter vorgeschobenen Namen und künstlichen Gebilden.*

WIRTSCHAFTSDEMOKRATIE IN DER INDIVIDUALGESELLSCHAFT

Wirtschafts-Demokratie hat mehrere Bedingungen. Zu dem, was Faltin und Zimmer das *level playing field* nennen – ein Marktspielfeld, das nicht in eine Richtung schief geneigt sein darf –, kommen subtile Prozesse bei den Spielbeteiligten. Sie müssen sich mit einiger Legitimität als *Spieler* empfinden. Als Konsumenten wie als Produzenten müssen sie ihre Macht erfahren.

Und erst, wenn die Firma, in der wir arbeiten, in irgendeinem manifesten Sinne uns am Erfolg beteiligt, werden wir uns mit ihr identifizieren und die entsprechende Leistung bringen.

Klingt nach Marxismus, ist aber keiner. Denn der entscheidende Unterschied zu dem, was man vor nicht allzulanger Zeit »dritter Weg« nannte ist, daß es sich nicht um eine abgemilderte und getarnte Form des Sozialismus handelt, sondern um *einen Kapitalismus mit neuen, dynamischen Spielregeln.*

Die Gewerkschaften haben das Spiel auf ihre Weise betrieben: Sie haben mit ihren Systemen und Denkweisen das Arbeitgeber-Arbeitnehmer-Spiel nicht in Frage gestellt, sondern perfektioniert. Noch 1984 lehnte die IG Metall Mitarbeiterbeteiligungen kategorisch ab:

Arbeitnehmern über das existentielle Arbeitsplatzrisiko hinaus zusätzliche finanzielle Risiken aufzubürden, etwa durch Verfügungstellung von Ersparnissen oder Sozialplangeldern ist grundsätzlich abzulehnen.[1]

Ein neuer Kontrakt muß hier ganz andere Antworten finden. Neben einem breiten Milieu neuer Selbständiger etwa die Beteiligung der Mitarbeiter am Produktivvermögen der Gesellschaft durch Aktien oder Aktienoptionen. So könnte »Shareholder Value« eine ganz andere Bedeutung bekommen – »Workholder Value«.

In einer Umfrage unter Wirtschaftswissenschaftsstudenten an deutschen Universitäten bekundeten im Jahre 1995 80 Prozent (!) der Befragten, daß ihnen ein sicherer, aber mäßig bezahlter Job bei einer großen Firma (Siemens! Benz! Allianz!) lieber sei als die Existenz in der Selbständigkeit. Begründung unter anderem: der befürchtete gesellschaftliche Prestigeverlust durch Unternehmertum! Im Überbrücken dieses tiefen Grabens zwischen den ökonomischen und den kulturellen Kreislaufsystemen der Gesellschaft – hin zu einer höheren Komplexität des wirtschaftlichen Lebens – liegt die zentrale Herausforderung an unsere mitteleuropäische Kultur, ein wahres Nonplusultra für die nächste Runde in der globalen

---

1 WIRTSCHAFTSWOCHE 50/96

Gesellschaft. Wenn Kreativität und Geld, der einzelne und die ökonomische Macht nicht näher aneinander heranrücken, wird unsere Gesellschaft in ein Meer von Entitäten zerfallen: ein Heer von Einzelkämpfern, Lobbies, Besitzstandswahrern, Querulanten, Kritikern, eine Gesellschaft der Opfer, der »Freigesetzten«, der Pseudoklassenkämpfe.

Wenn der Kapitalismus tatsächlich gesiegt hat, kann er das Wachsen seiner Komplexität nicht mehr im Systemantagonismus begrenzen. Er muß seine steigenden Ressourcen von Individualität auch ökonomisch binden. Dabei kann es keinen Königsweg geben, denn jeder Betrieb hat eine andere Kultur. Laßt tausend Modelle blühen; Betriebe gehen an die Börse oder verkaufen ihr Produktivkapital an die Belegschaft. Stille Beteiligungsoptionen werden geschaffen. VW-Mitarbeiter können jährlich Kaufoptionen auf 10 Aktien zum aktuellen Kurs erwerben, die frühestens nach zwei Jahren ausgeübt werden können. Bei Daimler bevorzugt man ein Ausschüttungsmodell: Wenn der Gewinn der Fahrzeugsparte im Jahr 1,5 Milliarden Mark übersteigt, werden bestimmte Summen für jeden Mitarbeiter fällig. Traditionen und Mentalitäten sind hier oft hinderlich, und deshalb sind in den »neuen Industrien« die Modelle gewagter: Bei der Computerfirma SAP können Mitarbeiter heute bereits bis zu 10 Prozent ihres Einkommens in einen Aktiensparplan einzahlen. Genußscheine, Genossenschaftsanteile, Mitarbeiterdarlehnen, betriebliche Investmentfonds – all diese Modelle verbinden die ökonomische Identität auf höherer Ebene mit der Produktivität. Sie synchronisieren den Individualismus mit den Notwendigkeiten der Produktionsgesellschaft. Wenn das Management seinerseits die Konsequenzen zieht und seine Leistungen nicht mehr durch monströse Fixgehälter, sondern durch Erfolgsbeteiligungen oder »fringe benefits« bezahlt werden, können sich die starren Hierarchien auflösen, und die Leistungsunterschiede kommen erst wirklich zum Tragen. Der höchstbezahlte Manager der USA, Andy Grove, bezieht nur 2% seines Jahreseinkommens aus dem Festgehalt, den Rest durch Optionen auf den Aktienkurs seiner Firma. Selbst der »Menschenfresser des Kapitalismus«, General-Electronic-Chef Jack Welch, äußerte sich neulich in einem SPIEGEL-Interview[1] zum »Shareholder Value« so:

Frage: Selbst europäische Manager finden es pervers, daß Unternehmer in Amerika nur ankündigen müssen, ein paar tausend Leute zu entlassen, und schon schießt der Aktienkurs nach oben.

Jack Welch: *Das hat es gegeben. Auf Dauer hat aber niemand damit Erfolg. Wenn sie Shareholder Value schaffen wollen, müssen sie vor allem zufriedene und motivierte Arbeiter haben. Vergessen sie nicht, daß unter den Shareholdern unseres Konzerns auch die Mitarbeiter sind. Im Schnitt besitzen sie Aktien im Wert von 75 000 Dollar, das sind neun Milliarden Dollar Vermögen, dreimal soviel wie vor zehn Jahren.*

In der Bundesrepublik sind heute von 100 000 Unternehmen bereits 2500 zumindest teilweise in »Arbeitnehmerhand«. In den USA befinden sich bereits 5000, in der Bundesrepublik gute 10 Betriebe zu 100 Prozent in der Kapitalhand der Mitarbeiter.[2] Modelle der Mitarbeiterbeteiligung sind eine Antwort einer »emanzipierten« Gesellschaft auf die Herausforderungen der Weltmärkte. Sie diffenzieren und integrieren gleichzeitig. Mit andern Worten: Sie *erlösen Komplexität.* Sie sind die einzig moderne Antwort auf die Tatsachen des Marktes, des Individualismus und der Demokratie[3] in den entwikkelten Industriegesellschaften.

---

1 SPIEGEL 29/97, S. 84
2 Die Zahlen stammen von Michael Lezius von der Arbeitsgemeinschaft Partnerschaft in der Wirtschaft (AGP)
3 Wie das Beispiel Tschechische Republik zeigt, wo zwar gewaltige Aktienpakete an die Belegschaften umverteilt, aber die Betriebe kaum modernisiert wurden, ist dieses Modell nur in »fitten« Betrieben und unter den Voraussetzungen einer gelungenen Modernisierung der gesamten Gesellschaft funktionsfähig. Man kann niemanden mit Beteiligungen abspeisen.

Hier einige Beispiele für erfolgreiche Modelle der neuen Art:

- Die Fluggesellschaft United Airlines, die kurz vor dem Konkurs stand, hat im Jahre 1995 60 Prozent ihrer Aktien auf ihre 4000 Mitarbeiter übertragen und die Löhne um 15 Prozent gekürzt. Die Produktivität von United Airlines hat sich innerhalb kürzester Zeit verdoppelt. Die Mitarbeiter sind bereit, mal mehr, mal weniger zu arbeiten, je nachdem, wie die Marktverhältnisse sich entwickeln.
- Mitarbeiter des DASA-Flugzeugwerks in Speyer haben ihren Betrieb übernommen. Sie werden in den nächsten Jahren mehr arbeiten und – nominell – weniger verdienen, aber schon heute steht fest, daß aufgrund der gestiegenen Nachfrage nach Airbussen die Firma als Ganzes ein »Erfolg« sein wird.
- Die *Ditec,* eine Softwarefirma mit 1000 Mitarbeitern, hat an ihre Mitarbeiter zwischen 7 und 46 Aktien zu Vorzugspreisen verkauft. Hier wird auch das Topmanagement am Konzept beteiligt – relativ geringe Managergehälter werden durch Aktienpakete ergänzt.

5. KAPITEL

DER KONTRAKT DES NEUEN LERNENS

Die Grundlage der Wissensgesellschaft

Bevor wir uns der Frage annähern, wie ein Bildungskontrakt unter den neuen Bedingungen der Arbeit aussehen sollte, müssen wir ein entscheidendes sprachliches Mißverständnis ausräumen. Es rankt sich um die pathetische Vokabel von der »Informationsgesellschaft«.

Stanislaw Lem, einer der wenigen Futurologen, dessen Voraussagen bis jetzt in der Regel zutrafen, schrieb in einem Essay im SPIEGEL:

Die Menschheit hat bis jetzt 10 hoch 15 Bits an Information gespeichert. Bis zum Jahr 2000 wird sich die Menge etwa verdoppeln. Dabei gilt für die Infosintflut folgendes: Etwa drei Fünftel sind Unsinn und »vermischter Unsinn«; den ich »Trübkunde« nenne; ein Fünftel ist zwar sinnvoll, aber vergängliche Info, und kaum ein Fünftel besteht aus ernsten Denkfrüchten. Sogar die Forschungsanstalten werden in der Flut versinken, weil sie nicht Information, sondern deren Selektion benötigen, um weiter agieren zu können.

Man könnte noch einige Zahlen addieren:

- 1985 wurden von allen Menschen der Welt 15 Milliarden Minuten zum Telefonieren, Faxen oder Datenübertragen gebraucht. 1995 waren es 60 Milliarden Minuten, im Jahr 2000 werden es 100 Milliarden sein.[1]
- Jeden Tag werden 20 Millionen Wörter im Bereich technischer Informationen aufgenommen. Ein Leser, der 1000 Wörter pro Minute lesen könnte, benötigte 1,5 Monate und acht Stunden am Tag, um sich auch nur für einen Tag zu informieren – am Ende dieser Periode wäre er 5 Jahre hinter die Informationslawine zurückgefallen.[2]
- Eine normale Wochenausgabe der NEW YORK TIMES bietet mehr Informationen, als eine durchschnittliche Person

1 The BT/MCI Global Communications Report 96/97
2 Hubert Murray, »Methods for Satisfying the Needs of the Scientist«

im 17. Jahrhundert in England an Informationen während ihres Lebens erhielt.[1]

15 Jahre Homecomputer, 13 Jahre Privatfernsehen und drei Jahre Internet sollten uns eigentlich gezeigt haben: »Information« ist nichts anderes als weißes Rauschen. Von Peter Glaser stammt der schöne Satz, Datenschutz würde sich in Zukunft vor allem als »Schutz vor Daten« buchstabieren. John Naisbitt hat einmal gesagt: *Wir ertrinken in Information und hungern nach Wissen.*

Das größte Zivilisationsproblem unserer Tage lautet: Wie, zum Teufel, unterscheide ich zwischen wahren und wichtigen Informationen und dem Rest? Auch hier bedarf es einer notwendigen Klärung der verbreiteten Verwirrung. Ein Gerücht besagt, daß sich *das Wissen der Menschheit alle fünf Jahre verdoppelt.*

Whow! Eine solche Multiplikation macht es im Grunde unmöglich, sich mit »dem ganzen Zeug da draußen« zu beschäftigen – also klappen wir beruhigt die Aktendeckel zu. Aber worauf basieren solche Rechnungen? Auf Zahlenmaterial? Natürlich: Allein der gigantische Strom der Daten, die im Rahmen von Kreditzahlungen und Telefonverbindungen, von wissenschaftlichen Experimenten mit Computern (man denke an die Teilchenphysik!) weltweit erhoben werden, erzeugt Billiarden von neuen »Informationen« täglich. Aber erhöht dies das Wissen der Menschheit?

Jeder, der einmal versucht hat, das Datennetz nach einer bestimmten Information zu durchkämmen, weiß, daß Information und Wissen zwei äußerst verschiedenartige Sachverhalte sind. Unser Wissen wird in der elektronischen Welt unaufhörlich verdünnt. In Wirklichkeit aber ist der Zuwachs subtantiellen *Wissens* heute wie damals ein äußerst mühsamer Prozeß. Er hängt nämlich nicht von der Fülle der Daten ab, sondern von der Qualität und Komplexität des

---

1 Richard Saul Wurman, »Information Anxiety«

»Zentralprozessors«, der »verarbeitenden Einheit« – sprich: der Intelligenz.

Ich denke, *Wissensgesellschaft* ist für das, wohin die Reise geht, ein sehr viel nützlicherer und präziserer Begriff als Informationsgesellschaft.

Wissen bedeutet: *Das, was an Information Sinn macht.*

Wissen bedeutet: Information, die *zu höherer integrierter Komplexität* verarbeitet wird. Wissen besteht aus der Fähigkeit, viele verschiedene Dinge zu verdichten und sie unter den Hut eines einzigen Sachverhalts zu bringen – *ihnen einen Sinn zu geben.* Wissenschaftstheoretiker würden von einer lebensweltlich gestützten Syntheseleistung sprechen. Das heißt: Wer *wissen* will, muß geistige Leistungen wie Kombinieren, Assoziieren, Einordnen, Strukturieren, Analysieren, Kommunizieren, Ahnen zu einer Gesamtsicht integrieren können – und all das auf einmal ist etwas, was ein Computer eben *nicht* kann.

Wissen ist ein kultureller, kein technischer Akt.

MEDIENANALPHABETISMUS

Längst lassen sich die Abdrücke einer neuen kulturellen Polarisierung erkennen. Es scheiden sich zwei Kasten, die sich unrettbar voneinander fortentwickeln: Passive und aktive Mediennutzer, Medienkompetente und sekundäre Analphabeten.

Auch passive Mediennutzer sind der Medienflut keineswegs hilflos ausgeliefert. Das »Zapping« als Technik, sich unerwünschte Information vom Leib zu halten, Information gleichsam zu *rationalisieren,* ist heute ein Volkssport geworden und treibt nicht nur die Werbestrategen in die Verzweiflung. Humanistische Eltern, deren eigene TV-Sehgewohnheiten noch in der Zeit der drei Kanäle erworben wurden, betrachten ihre souverän zappenden Sechsjährigen mit Panik: »Wie sollen die sich einmal konzentrieren können, wenn sie es jetzt schon nicht länger als eine halbe Minute in einem Kanal aushalten?« Für passive Mediennutzer ist es im Prinzip ziemlich egal, welche Information sie sich »reinziehen«. Es geht vor allem um Reizstärke; das Medium muß unterhalten, es muß Komplexität verläßlich reduzieren.

Aktive Mediennutzer gehen mit Information anders um: Sie benutzen sie zur Erhöhung ihrer inneren Komplexität. Dies geht nur, wenn man den Informationszufluß kontrolliert und dosiert, wenn man Kategorien von »wichtig« und »unwichtig« entwickelt...

Alle Untersuchungen des modernen Medienverhaltens kennen diese Unterscheidung: Wer viel liest, sieht durchaus auch viel fern und ist überdurchschnittlich *computer literate*, er nutzt im Grunde *alle* Medien selektiv im Sinne eines selbstgesetzten Selektionsplans, eines »learning systems«. Das heißt im Umkehrschluß: Auch jemand, der täglich 12 Stunden auf dem Information highway unterwegs ist, kann ein Medienanalphabet sein! Sein Informationsverhalten kann primitiv im Sinne eines rein quantitativen Reinschaufelns sein. Er kann den Computer benutzen wie eine Kinderrassel – zur Beruhigung, zur ewigen Wiederholung, zur Regression.

In Zukunft wird nicht unbedingt derjenige »das Spiel gewinnen«, der wie selbstverständlich mit Maus und Internet umgeht. Das ist eine bisweilen notwendige, aber keine hinreichende Bedingung für die Qualifikation von morgen. Der Internetsurfer ist nichts anderes als der Freak unserer Tage, und er kann leicht zum »mouse potatoe« werden (analog zum »couch potatoe«, dem passiven Mediennutzer). Früher hätte er sich mit blauen Blumen oder Haschisch oder Motorrädern beschäftigt, heute berauscht er sich an der online-Kommunikation, und all dies kostet viel Zeit und innere Fitneß.

Für komplexes Wissen ist der Computer ein *tool*, mehr nicht. Ein mächtiges, gewiß. Aber nicht das welterlösende, alleinseligmachende. Es gibt Aufgaben, Herausforderungen und Probleme, die man ohne den Computer weitaus besser erledigen kann als mit ihm. Denken wir nur an die Humandienstleistungen. Die Künste. Das Management. Das Heilen. Auf einer gewissen Ebene der Komplexität *stören* sogar Informations- und Kommunikationsströme. Wer wirklich kreativ sein will, benötigt nicht ratternde Faxe und piepende Handys, sondern die leeren Räume der Kontemplation.

Computer können humane Kommunikation erleichtern und verdichten, können produktive Prozesse beschleunigen, rationalisieren und intensivieren. Eines können sie nicht: Uns von alleine jene ganz spezifische komplexe Intelligenz vermitteln, die wir in der Welt der Zukunft dringend benötigen. Die Fähigkeit, *lernend im Fluß zu bleiben, ohne uns zu überfordern. Die Fähigkeit, zu wachsen und unsere innere Komplexität – Intelligenz – zu erhöhen.*

DAS NEUE LERNEN: BILDUNG ALS ZENTRALER GESELLSCHAFTSVERTRAG DES 21. JAHRHUNDERTS

Wenn »Arbeit« die (scheinbar) knappe Ressource unserer Zeit ist, dann wird »Bildung« der Schlüssel für die Zukunft. So lapidar könnte man eine Erkenntnis ausdrücken, die in den Programmen der »posttraditionalen« Politiker der Gegenwart, allen voran Bill Clinton und Tony Blair, heute aufscheint. Kein Zweifel: Das Thema Bildung wird zum Megathema der Jahrtausendwende. Aber wir können Bildung nicht mehr nur im Sinne einer tradierten, staatlichen Bildungspolitik denken. Sie verändert ihre Farbe und ihre Funktion. Sie formt unser *Menschen- und Selbstbild um.* Und sie gerät ins Zentrum einer neuen *Umverteilungsdebatte.*

Zunächst müssen wir verstehen, wie sich die Parameter von »Lernen« in der individualisierten Wissensgesellschaft verschieben. Dabei stoßen wir zwangläufig auf den verharzten Untergrund der Bildungsdebatte in Deutschland seit dem 19. Jahrhundert. »Bildung« hat in Deutschland immer noch den Hautgout des elitären bürgerlichen Herrschaftswissens. Noch heute ist gebildet, wer »seinen Goethe« gelesen hat – nicht wer sinnvolle Dinge mit dem Internet tun kann oder begreift, worin das Wesen der Technokultur besteht. Bildungsstatus und akademische Respektabilität werden immer noch an der Länge der Fußnoten gemessen. Hartmut von Hentig schreibt: *Wir pflegen eine Denkart, an deren Sklerose die Theologie und die Juristerei, die Kameralistik und die Philologie jahrhundertelang mitgewirkt haben – eine Denkart, in der es um Vergewisserung durch Ordnung geht.*[1]

Noch immer erhalten Zeitungen wie die ZEIT, wenn sie etwa einen Artikel über die Jahrtausendwende veröffentlichen, keinen einzigen Brief zum Thema, dafür waschkörbeweise Post von Zahnärzten und sonstigen Gebildeten, die eine falsche Rechtschreibung mokieren oder belehrend vorrechnen, daß das neue Jahrtausend erst am 1. 1. 2001 beginnt – Wissen heißt hierzulande *Besserwissen.* Wissen ist hierzulande dazu da, daß man es hortet wie die Kartoffeln im Keller, daß man niemanden heranläßt, schon gar nicht die Realität. *Theoretical Fitting* ist wichtiger als Anwendbarkeit und Lebensnähe: Stimmt die Theorie in sich selbst? Dann setzen, eins!

Gewiß – auch die Deutschen hatten ihren Wyneken, Bernstein, ihre Montessori, ihre reformerischen Bewegungen, die in Bildung etwas anderes sahen als Eintrichterung und »Belehrung«. Aber was die Sache doppelt kompliziert macht: Jede Debatte über Bildung, Pädagogik und Lernen ist *immer* verbunden mit den tiefen Gräben zwischen den deutschen Generationen seit 1968. Die Studentenrevolte setzte sich vor allem als Bewegung der Lehrer und Pädagogen fort, zumindest ging sie in diesen Sektoren ungebremst weiter, bis sie sich institutionell verhärtete.

»Der heute noch vorherrschende Lehrertyp«, schreibt Peter Struck in seinem neuen Buch »Erziehung von Gestern –

1 Hartmut von Hentig, zitiert nach »Lehrer lernen das Falsche«, ZEIT 7/97

Schule von Morgen«, *»ist vergleichbar mit einem schiffbrüchigen Ingenieur, der auf einem Floß in tobender See treibend mit einem beschwörenden Redeschwall versucht, einem um ihn herum schwimmenden Delphin zu erklären, wie ein Computer funktioniert.«*

Das Antiautoritäre ist mit dem Autoritären eine unheilige Allianz eingegangen, und beides hat unsere »Bildungslandschaft« in eine Wüste verwandelt, auf der kein richtiges Kraut mehr gedeihen will. In der deutschen Pädagogikdebatte werden immer noch die Schlachten von gestern geschlagen – mit Vorliebe die von 33 und von 68. Aber die *neuen* Fragen – die Fragen des 21. Jahrhunderts – werden noch nicht einmal *verstanden.* Ein deutscher Pädagoge würde lieber – und sei es nach Kuba – auswandern, als mit seinen Schülern Qualifikationen zu entwickeln, die *die Wirtschaft in Zukunft benötigt* (daß er seinen Schülern damit Zukunft verbaut, ist nicht sein Problem, sondern, wie gehabt, das »Problem der Gesellschaft«).

Und über die Lage an den Unis schreibt der Hamburger Professor Dietrich Schwanitz, der mit seinem Roman »Der Campus« berühmt wurde: *Die Universität ist durch die Revolte einigermaßen ruiniert worden. Das hat damit zu tun, daß die 68er Revolte die Universität karnevalisiert hat. Aber der Karneval ist eine vorübergehende Erscheinung, ist sozusagen parasitär. Der Karneval lebt so lange, wie er sich noch vom Kompost der zerstörten Formen ernähren kann. Danach werden diese parasitären Formen zur Beute von Fanatikern und Ideologen.*[1]

Was besonders auffällt, nach all den Jahren der »Reformpädagogik«, ist die bleierne Schwere der Bildungsdebatte – ob sie nun über die »Krise der Universität« oder die »Krise der Schulen« geht. Es gibt nichts Deprimierenderes als die

---

1 Aus einem Interview mit Dietrich Schwanitz in den FRANKFURTER HEFTEN 12/96

deprimierten Gemüter der »kritischen Pädagogen«, die doch alles besser machen wollten und heute ohne jede Vision dastehen. Deutsche Lehrer, so ist das Gefühl, *glauben* nicht an ihre Schüler. Professoren schon gar nicht an ihre Studenten. Fragt man sie nach ihren Zielen, fällt ihnen immer nur müde das »kritische Bewußtsein« ein, das die ihnen anvertrauten Köpfe haben sollen. Doch sie haben keine Vision. Sie wollen ihre Schüler nicht »nach vorne bringen«, herausfordern, fit machen, *coachen.* Sie haben es nie geschafft, Begriffe wie »Leistung« und »Verantwortung« aus ihrem wilhelminischen Kontexten zu lösen und ihnen einen *emanzipatorischen Sinn* zu verleihen. Weil sie die Welt, für die sie ihn fitmachen sollen, im Grunde für »böse« halten. Die Konsequenz ist das allgemeine Hängen und Würgen, die Un-Inspiriertheit, die sich heute wie ein feuchter Nebel über unsere Bildungsinstitutionen gesenkt hat, die Konsequenz ist aber auch die innere Emigration der Schüler und Studenten, die diesen Mangel an Vitalität spüren. Hier ist sie wieder: die alte deutsche Spaltung zwischen Geist und Geld, Wirtschaft und Gesellschaft. Hier, im wichtigsten Energiewerk der Gesellschaft, spielt sich das alte deutsche Reaktionsschema zwischen »Idealen« und »Verrat« aufs neue ab. Ergebnis: Blockade, Stromausfall – für eine Zeit halten noch die Notstromaggregate. Das alles geht auf Kosten einer jungen Generation, die in die individualisierte Wissensgesellschaft hineinwachsen möchte, aber niemanden findet, der sie dabei trainiert.

Die Schlüsselqualifikationen der Zukunft

Fachkönnen statt Fachwissen. Es wäre ein Irrtum, die Fachqualifikation einfach als unwichtig abzuschreiben. Ein freundliches Wesen haben, ein guter Mensch sein – das reicht nicht. »Fachkönnen« ist die Fähigkeit, das eigene Wissen innerhalb eines Betriebes in die Lösung praktischer Aufgaben umsetzen zu können, also ein **systemisches Spezialistenwissen.** ▶

Emotionale Intelligenz. Dieser Begriff hat sich in der modernen Debatte weitgehend durchgesetzt. Geprägt von Daniel Goleman, der mit seinem gleichnamigen Buch einen Bestseller landete, umfaßt er ein weites Feld an Fähigkeiten des einzelnen, sich selbst zu organisieren und zu steuern, wobei im Unterschied zu den Intelligenzmodellen der Vergangenheit kommunikative, kooperative und psychologische Fähigkeiten des einzelnen zunehmend in den Vordergrund rücken. In diesen Bereich gehören auch »Intelligenzen«, die man bisher vernachlässigt hat – »körperliche oder psychomotorische Intelligenz« etwa oder »räumliche Intelligenz« (die Fähigkeit, sich räumlich zu orientieren).

Informationsintelligenz: Die Fähigkeit, im Meer der Informationen das Wichtige auszusuchen und zu filtern. Die Fähigkeit, seinen Medienkonsum sinn- und maßvoll zu steuern und »Hype« von Realität zu unterscheiden. Im englischen auch **computer literacy** – die Fähigkeit, mit den neuen Informationstechnologien und Medien kreativ und sinnvoll umzugehen,

Selbstmanagement-Intelligenz: Die Fähigkeit, sich selbst »zu managen«, ist in den flexibleren, aber auch unsicheren Arbeits- und Lebenslandschaften der Zukunft von existentiellem Belang. Das verlangt nach der Qualifikation, sich selbst »von oben zu betrachten« und die eigenen Fähigkeiten vernünftig und ohne narzißtische Überhöhung oder Erniedrigung einzuschätzen. Dazu gehört sowohl Selbstrespekt als auch der Respekt vor dem anderen, vor allem jene Fähigkeit, an der es auch den »Ewachsenen« heute mangelt: Zwischen den eigenen Bedürfnissen und der Welt mit ihrer Überfülle an Konsum- und Sinnesreizen eine vernünftige Balance zu finden.

DIE INDIVIDUALISIERUNG DER BILDUNG

Die Bildungskrise ist letztlich das Resultat des ersten individualpsychologischen Hauptsatzes*: Ein größeres Ich fordert mehr Eigensinn.* Der Schweizer Medienpädagoge Doelker sagt: *Schulen und Universitäten bleiben Häuser des Lernens. Darin*

wird es allerdings anders zugehen als heute. Die neuen Techniken brechen den Klassenverband auf, weil jeder sein Lerntempo selber bestimmen kann. Nicht mehr der Dümmste gibt das Tempo vor, jeder einzelne muß individuell betreut werden

Hier wird natürlich schon mit dem ersten Hauptsatz von 1968: *Alle Schüler sind gleich und haben gleich zu bleiben* gebrochen. Und wird hier nicht Unmögliches gefordert?

Wer soll Schüler individuell betreuen, die passiv vor einem sitzen und warten, was passiert. Ein Unding, wenn man jeden Stein allein den Berg hochrollen muß und das zentrale Thema Disziplinmangel ist. Sinn machen diese Parameter nur in einem völlig veränderten Lernklima, in dem nicht die Langeweile, der Frust und das Kaugummikauen regieren. Individualität in der Schule setzt die Aktivität der Schüler voraus. Und ein anderes Rollenempfinden der Lehrer: *Vom Vermittler von Wissen zum »Katalysator«. Vom Lehrer zum Begleiter. Vom »Agenten des kritischen Bewußtseins« zum Coach.*

Daß man solche Überlegungen auch administrativ in neue Schulmodelle umsetzen kann – und nicht nur in Eliteschulen –, das soll hier, stellvertretend, ein Beispiel zeigen, das wie kein anderes die Schule der Zukunft vorangebracht hat: Das *Durham Board of Education* in Kanada ist der weltweit wohl größte und erfolgreichste Versuch in Sachen neue Bildung. Eine »Kammer«, die es in Zeiten starker Mittelkürzungen des kanadischen Staates dennoch vermochte, an 100 Schulen alle Stufen auf die neuen Parameter umzustellen.

Zunächst wurden die Lernziele neu definiert. Und zwar nicht nur »programmatisch«, sondern als überprüfbare und benotete Lernfächer. Man führte eine neues »Kleeblatt« von Lernzielen ein, das strikten *Qualitätskontrollen* unterliegt.

① *Academics:* Wissen und Kulturtechniken im herkömmlichen Sinn; Lesen, Schreiben und Rechnen, ergänzt durch den wesentlichen Punkt *computer literacy – Computervertraut-*

heit, Umgang mit Wissensbeschaffung und Wissenstechnologie, und das auch bereits bei den Sechsjährigen!

② *Teamwork:* Die Fähigkeit, selbstständig in der Gruppe zu arbeiten – auch *ohne* Anleitung –, ist nicht nur ein »soft scill« der neuen Schulen, sondern steht im Zentrum aller Programme. Es wird geprüft, trainiert und überall gefördert. Aus vielen Lern- und Erarbeitungsprozessen ziehen sich die Lehrer ganz zurück, benotet wird nicht die *richtige,* sondern die *angemessene Lösung eines Problems in der Gruppe.*

③ *Self-Management:* Die Fähigkeit, sich selbst einzuschätzen, zu kontrollieren, herauszufordern und zu steuern rückt, je älter die Schüler werden, immer mehr in den Mittelpunkt. Hierzu zählen Unterrichtsfächer wie Selbstdarstellung, Rhetorik, »Diet«, aber auch, bei den sozial Schwachen, merkwürdige themenzentrierte Lerneinheiten wie »Respect and Self-Respect« – Unterrichtsstunden, in denen *Selbstwertgefühl gelernt wird.* Denn Selbstwertgefühl, so weiß man in der neuen kanadischen Pädagogik, ist das Zentrum der Persönlichkeitsentwicklung.

④ *Das lernende Lehrerteam:* In den Schulen des DURHAM BOARD ist die Lehrerausbildung nicht mit der Verbeamtung (die es kaum noch gibt) zu Ende. Im Gegenteil. Der wichtigste Schüler in der Schule ist der Lehrer. »Fortbildung«, das heißt nicht, einmal im Jahr zu einem Kursus in die Lüneburger Heide (die Rocky Mountains) zu fahren, sondern *Implementierung der Lehrerfortbildung in die Schule selbst.* Schule wird zu einer »Zweigstelle der Universität«. Lehrer üben Computer, neue Lehrmethoden, tauschen sich aus, wechseln in den Schulen hin und her.

Damit wandeln sich auch die inneren Bilder der Pädagogik. Co-Evolution als Prinzip des Lernens wird für die Schüler mehr als ein hohles Wort. Er sieht, wie die Lehrer sich verändern, Fragen stellen, Lösungen suchen – genauso, wie es von ihm selbst verlangt wird, und analog dazu, wie die Arbeitswelt um sie herum sich verändert. Das alles wäre treffend in die Leitidee zu fassen, die bestimmend sein wird für die Bildung im 21. Jahrhundert: *Von der belehrten zur lernenden Gesellschaft.*

DER »GRÜNDER« ALS NEUES LEITBILD DES UNIVERSITÄREN LERNENS

Wenn meine Schüler trotz Blaumachens die nächste Klausur schaffen, beglückwünsche ich sie, schrieb neulich ein erleuchteter Lehrer in der ZEIT. *Fallen sie wegen häufigen Fehlens durch, so widerfährt ihnen das als Konsequenz ihrer eigenen freien Entscheidung. Mein Unterricht ist ein Service, den sie aus freien Stücken annehmen oder ablehnen. Sein Wert bemißt sich als Funktion der Bedürfnisse und Lebensplanung seiner Abnehmer. Weder erstere noch letztere stehen zur Disposition pädagogischer Missionare oder sind Gegenstand geselllschaftlicher Vereinbarungen ... Ein freiheitlich-demokratischer Staat hat die Aufgabe, seinen Bürgern Brücken zu bauen. Wer sie nicht begehen will, hat sich frei und selbstbestimmt anders entschieden. Zur Emanzipation gehört auch das Recht auf die eigene Katastrophe.*

Die Mängel an den staatlichen Unis sind seit Jahrzehnten bekannt: *Wissenschaft im Elfenbeinturm, Lehre im Massenbetrieb, unklare Zielsetzungen, Ressourcenverschwendung, Konformismus, Kreativitätsdefizit.* Wie in keinem anderen Land sind Universitäten bei uns gleichzeitig verludert, aber auch obendrein noch elitär. Man hütet hier auf der einen Seite das, was man früher die Bildung als höchstes Gut nannte – Bildung als *hardware!* –, auf der anderen Seite den Geist, die Ideale einer verflossenen Rebellion. Häufig sind die Fronten der Debatte vollkommen verzerrt. Wer zum Beispiel für ein schnelleres Studium plädiert, *muß* automatisch für eine geringere Bildungsqualität, für Verschulung und »Leistungsterror« sein. Muß er? Noch immer steigen in Deutschland die Studienzeiten heftig an – auf im Weltmaßstab geradezu absurde Werte. Von 1985 bis 1995 bei den Wirtschaftswissenschaften von 5,6 auf 6,2 Jahre, Informatik 6,3 auf 7,1, Theologie 6,3 auf 8,3, Erziehungswissenschaften 5,6 auf 7,6.[1] Liegt es da nicht nahe, sich Gedanken darüber zu machen, wie man die explodierenden Bildungskosten sinnvoller verteilt? Man muß das »Studium als Selbstfindung« ja nicht abschaffen oder verbieten. Aber wer ein 18semestriges Philosophiestudium durchzieht, um sich dem Wahren, Schönen und Guten von möglichst vielen Gipfeln aus zu nähern, sollte zumindest als Privatgelehrter im reiferen Alter irgend etwas der Gesellschaft zurückgeben können.

Hier setzt etwa der Vorschlag des 24jährigen grünen Bundestagsabgeordneten Berninger an: Alle Studenten, unabhängig vom Einkommen der Eltern, erhalten das staatliche Stipendium (Bafög). Es wird nicht durch Prüfungserfolge abbezahlt, sondern auf Kreditbasis gewährt. Das verändert die Realitätssicht: Wer weiß, daß er in seinen Berufsjahren 60 000 bis 100 000 DM zurückzahlen muß, geht verantwortlicher mit seinen Chancen um. Es würde ihn trotzdem niemand daran hindern, sich dem Studium so lange zu widmen, wie er will. Er würde nur deutlich spüren, daß er etwas bekommt, was die Gesellschaft finanzieren muß.

Prinzipiell stimmen die Leitbilder nicht mehr: Das höchste Ziel des Normalstudenten ist noch viel zu oft die Verbeamtung oder eine vergleichbare Position mit Pensionsanspruch im Gesundheits-, Rechts- oder Bildungswesen. Den Wirtschaftsstudenten hingegen zieht es zum Großbetrieb, wo er seine Laufbahn garantiert haben möchte – nach sechs, sieben, acht Jahren Studium hat er, seiner Meinung nach, ein Anrecht darauf. 62 Prozent aller jungen Amerikaner dagegen träumen davon, ihr eigener Chef zu sein. Jeder zehnte zwischen 25 und 35 ist an einer Firmengründung beteiligt.[2] Nach einer Jugend-Studie in Deutschland lag der Prozentsatz derjenigen

---

1 Quellen: IW, Wissenschaftsrat, Statistisches Bundesamt
2 SPIEGEL 17/1997

männlichen Studienanfänger, die gerne Unternehmer werden möchten, in Deutschland bei 3,1 Prozent![1] Bei der STERN-Umfrage unter Abiturienten vom April 97 lag der Prozentsatz, die Unternehmertum als Berufsziel angaben, bei ganzen 2 Prozent![2] (Umgekehrt zeigen die neuesten Jugendstudien, etwa der Shell, daß man, fragt man umgekehrt nach dem Bedürfnis »Selbstständigkeit«, immerhin 50 Prozent der Jugend so arbeiten möchte. Meinen sie »Selbstständigkeit« in diesem Sinne nicht eher als »frei von Streß«?).

Wenn wir die Universität in der Gesellschaft »zurechtrücken« wollen, müssen wir ein neues Bildungsideal, eine »Bildungsvision« finden, an der sich alle gesellschaftlichen und kulturellen Instanzen in Zukunft orientieren können. Was mit Goethe die »Persönlichkeit« für das Bildungsbürgertum (»Das höchste Glück der Menschenkinder ist doch die Persönlichkeit«), was der »Spezialist« für die Industriegesellschaft, könnte für unsere Zeit, die Zeit der Jahrtausendwende, der »Gründer« werden. Ein Typus, in dem sich Erfinder, Überlebenskünstler und Unternehmer mischen, der den Innovationsprozeß in die Gesellschaft hinein vorantreiben kann.

Unser Bildungssystem hat mit seiner Akademisierung zu einer »Mandarin-Mentalität« beigetragen, die auch das gesellschaftliche Werteempfinden gefährlich stört. Handarbeit, unternehmerische Tugend, praktischer Einfallsreichtum, taktisches Geschick gelten nichts in einer auf akademischem Privileg und Beamtenidealen fußenden Kultur. Auch dagegen könnte das »Lernziel Gründermentalität« ein wirksames Gegenmittel sein. Die Schulen gelten nicht mehr als Zubringer zur Uni und Hochschule: Wer heute da nicht anlangt, ist aller Beteuerung zum Trotz nicht ganz voll zu nehmen. Schule schafft künftig das Bewußtsein, daß jeder soziale oder

---

1 Nach HIS-Studienanfängerbefragung 95/96. Architekt: 10,5; Lehrer 7,6; Anwalt 4%

2 Nach einer Befragung von IFEP im März/April 1927 bei 1003 Abiturienten in West und Ost

wirtschaftliche Ort Chancen zu persönlicher Vervollkommnung, zur Realisierung von Eigensinn, zur Erlangung von Eigentum, Glück und Wohlstand enthält. Ein geschickter Schneider, ein wendiger Kaufmann, ein passionierter Koch oder ein weitsichtiger Bauer sind gesellschaftlich wertvoller als depressive Uniassistenten oder mißgünstige Liegenschaftsamtsräte. Die Universitäten werden nicht mehr daran gemessen, welche Mengen an Fußnoten und akademischen Würden sie produzieren, sondern wieviel »Gründereuphorie« sie zu erzeugen vermögen.

Da das Mandarindenken nicht kampflos aufgeben wird, sind Attacken von seiten der Wirtschaft und der Politik notwendig und sinnvoll.

Es ist nicht schwer, die Prognose zu wagen, daß wir in den nächsten Jahren eine Gründerwelle auf dem Lernsektor erleben werden, die den Universitäten Konkurrenz macht. Die Firmen und Konzerne werden, nach der ersten Rationalisierungswelle, das Thema wiedentdecken. Sie werden verstehen, daß »Bildung« ein erstklassiges Sponsoringthema ist – wie in den USA, wo die größten Konzerne Millionen darin investieren.[1] Sie werden eigene Lerninstitutionen gründen oder fortschrittliche Bildungsmodelle unterstützen. »Bildung wird sexy«, könnte man es auf den Punkt bringen.

Vielleicht läßt sich ein neuer Gesellschaftsvertrag auf folgender Ebene abschließen: Lebenslange Beschäftigung und steigende Löhne kann kein Unternehmen mehr garantieren.

---

1 In den USA beginnt der äußerst beliebte Colin Powell 1997 mit einer »Education Campaign«, eine Freiwilligenkampagne zur Unterstützung gefährdeter Jugendlicher. In den »20 Committments« der größten US-Firmen, in denen sie ihr moralisches Engagement begründen, tauchen fast immer »Mentorenmodelle« auf; das Thema Bildung ist in der amerikanischen Sozialdebatte ins Zentrum gerückt. Einige Beispiele: Coca-Cola: Ab 1998 100 Millionen Dollar für Erziehungs- und Bildungsprogramme in Krisenregionen; Bank of Boston: Ausbildung von 5 000 Freiwilligen als »Jugendmentoren«; McDonald's: 100 Millionen für »Ronald McDonald-Häuser« – Nachbarschaftszentren für gefährdete Jugendliche mit Bildungscharakter

Das Unternehmen kann sich aber sehr wohl verpflichten, dem Mitarbeiter während seiner Beschäftigungszeit die Möglichkeit zur beruflichen Weiterqualifizierung zu bieten. Mit diesen erweiterten Qualifikationen kann der Mitarbeiter anschließend bei einer anderen Firma ein höheres Gehalt verdienen. An die Stelle lebenslanger Beschäftigung tritt lebenslange Beschäftigbarkeit – so beschreibt Lester Thurow in »Die Zukunft des Kapitalismus« den *New Deal* zwischen Staat, Gesellschaft und Firmen. Und McKinsey-Chef Herbert Henzler skizziert in einem Interview im MANAGER-MAGAZIN[1] die Lern-Biographien und Wissenskulturen der Zukunft so: *Warum entlassen wir die Leute nicht mit 22 in die Praxis? Mit 30 müssen die Berufsanfänger für ein Jahr an der Uni freigestellt werden. Mit 38 brauchen sie ein zweites Sabbatical, um neues Wissen aufzutanken, zehn Jahre später wäre das dritte fällig. Und vielleicht gibt es dann Mitte 50 nochmal eins.*

VON DER BELEHRTEN ZUR LERNENDEN GESELLSCHAFT

Wir müssen die Frage der »Bildung« in der Zukunft noch ein Stück radikaler denken. Wenn es mehr und mehr um emotionale und kommunikative Kompetenzen geht, wenn die Fähigkeiten, die der Individualismus und die Informationsgesellschaft von uns fordern, nicht mehr Wissensaneignung, sondern eigenständige »Sinnproduktion« ist, dann nähern wir uns im Kern wieder der alten »Charakterbildung« an. Wo aber »bildet man den Charakter«?

- Junge Menschen lernen heute für die Zukunft am Computer – nicht, indem sie Englischvokabeln pauken (das ist eine alte Illusion der traditionellen Bildungspolitiker), sondern indem sie sich mit dem Computer als Medium, im Sinne »medialer Welteroberung« auseinandersetzen.

1 MANAGER-MAGAZIN Juni 1997

- Junge Menschen lernen, indem sie so viel reisen wie keine ihre Vorgängergenerationen. Bildung heißt Reisen, heißt unterwegs sein, im Kopfe wie mit dem Körper.
- Junge Menschen lernen durch »trial and error« in frühen Geschäftsversuchen.

Wir lernen 20 Prozent aus dem, was wir sehen, 40 Prozent aus dem, was wir sehen und hören – und 70 Prozent aus dem, was wir sehen, hören und selber tun.

William Bridges bringt in seinem fulminanten Buch über die neue Selbständigenkultur[1] diesen Selbstausbildungsprozeß in ein Vier-Punkte-Raster.

① *Was will ich? Wo möchte ich in einigen Jahren sein? Was sind meine Wünsche und Träume*

② *Was kann ich? Was sind meine spezifischen Fähigkeiten? Was sollte ich demnächst fördern oder lernen?*

③ *Wie ist mein Charakter? Was sind meine Eigenheiten, die ich kaum verändern kann?*

④ *Was sind meine Ressourcen? Habe ich ein ganz bestimmtes Hobby, in dem ich mich auskenne? Privatvermögen?*

In der Vielfalt der städtischen Patchwork- und »Bastel«-Identitäten bildet sich heute eine andere Art von Universität heraus: eine Lebenswelt von *trial and error,* von Krise und Erfolg, von verzichtsbereiter Ökonomie (»Wozu brauch ich ein Auto«?), schnellen Erfolgen und schnellen, aber verkraftbaren Abstürzen, von Schwarzarbeit und neuer Selbständigkeit, Selbsthilfe und Do-it-yourself-Mentalitäten. Die Bohemien-Milieus der großen Städte sind die eigentlichen Universitäten geworden. Der philosophische Taxifahrer, die Geschichtsstudentin, die nebenbei schon NLP-Trainerin ist, der Bauernsohn, der sich am Theater vom Kulissenschieber bis in die zweite Hauptrolle vorkämpft, die alleinerziehende Mutter um die 25, die Wirtschaftswissenschaft studiert und einen Reizwäschela-

---

1 William Bridges, »Ich & Co«, Hoffmann und Campe, Hamburg, 1996

den nur für Frauen mitbesitzt, der 24jährige, der mit ordentlich Kohle von den Eltern offiziell Jura studiert, in Wirklichkeit aber eine leidenschaftliche und riskante Kunstgalerie mit russischen Malern managt – diese Halbexistenzen sind eben keine Ausnahmen mehr, sondern nichts anderes als unsere neuen Akademien des Lebens.

Die Konsequenz hieße: *Entinstitutionalisierung der Bildung.* Bildung bricht aus der Logik des Sender-Empfänger-Schemas heraus. Die Schule ist die Welt. Formale Abschlüsse, selbst der Doktortitel, verlieren in der Wissensgesellschaft zunehmend an Wert oder werden völlig anders definiert. (Etwa nach dem Modell der Kunstakademien, an die anerkannte Künstler, Designer, Modemacher oder Architekten als »Professoren« berufen werden können.) Bildung wird zu einem pluralisierten, amorphen Prozeß, sie findet an vielen Orten statt wie die Arbeit: zu Hause, auf Reisen, im Freundeskreis, in der Praxis, beim Überleben üben. Bildung geht über in Techniken psychologischer Selbstveränderung. Das Ganze wird ergänzt durch neue Formen: Fernuniversitäten, Online-Ausbildungen, Akademien für Querdenker, Stiftungen philanthropischer oder weltanschaulicher Provenienz, Bildungszirkel, Elitenetzwerke großer internationaler Konzerne, *future academies, Chaos-piloternen,* die Renaissance des Internats im Internet.

»NEW LEARNING« – WEITERE TRENDS IN DER BILDUNG DER ZUKUNFT

Die Rückkehr der Mentoren. Gerade bei steigenden Komplexitätsgraden des Wissens gibt es keine Alternative zur persönlichen Vermittlung von Wissensgut. Die »Internet«-Schule ohne Lehrer ist ein falscher Denkansatz: Je höher die Informations-Komplexität, desto wichtiger werden Menschen, von denen man lernen kann, wie man all dies sinnvoll zusammenfügt. Die alte Institution des »Bildungsmentors« wird deshalb wieder aufleben: Kluge Ältere werden ihre Hand schützend auf junge Talente legen. PC *und Internetanschluß allein werden den Schulunterricht nicht revolutionieren. Doch die können dazu führen, daß ein Lehrerkollegium andere Formen des Unterrichts wagt. Der Lehrer verliert dabei als Bezugsperson keineswegs an Wichtigkeit – nur seine Bedeutung ändert sich. Vom Wissensvermittler* wird er zum Wissens*moderator.*[1]

Diätetische Bildung. In einer Kultur des Überflusses wird es zur entscheidenden Frage, wie ich mich von dem allgemeinen »Zuviel« an Wissen und Ablenkungen abgrenzen kann. »Diätetik« als umgreifender Begriff bezieht sich auf die Fähigkeit, den eigenen Geist/Körper/die Seele im Gleichgewicht mit der Umwelt zu halten – und in der Lage zu sein, »nein« zu sagen. Im 18. und 19. Jahrhundert war Bildung stets auch charakterliche Bildung. Dorthin werden wir, zum Teil zumindest, zurückkehren. Die Fähigkeit zu Formen von Askese werden zu einem der wichtigsten lebensethischen Elemente. Das begünstigt Internate, in denen eine gewisse Abschottung von Außenimpulsen stattfinden kann.

Multikulturelle Bildung. Die Bildung ist in Zukunft multikulturell. Und zwar an beiden Enden der sozialen Pyramide: In der Grundschule erleben Schüler und Schülerinnen heute immer mehr andere Hautfarben, fremde Kulturen. Und in der höheren Bildung ist die Globalisierung längst eine Realität und ein Lebensgefühl geworden: Eine gute Universität ist ohne ausländische Schüler nicht denkbar. Ein Gebildeter von heute muß reisen und mit verschiedenen Mentalitäten umgehen lernen.

Multikulturalität heißt nicht Vermischung, sondern, wie ein Manager *von Digital Equipment* es neulich ausdrückte: *Wir wollen nicht farbenblind werden, sondern Farben erkennen.*

---

1 Ulrich Schnabel in der ZEIT 17/97

BILDUNG ALS SOZIALPOLITIK: DAS ZENTRUM EINES NEUEN UMVERTEILUNGSKONSENSES

Wenn Jugendlichen in den letzten Jahrzehnten ein Rat für ihr künftiges Leben gegeben wurde, dann lautete er in etwa: *Studiere so lange und so viel wie möglich, und suche dir dann einen sicheren und erfolgversprechenden Arbeitsplatz.* Das war in der Welt der planbaren Biographien und programmierten Aufstiege richtig. Und hatte den Vorteil historischer Erfahrungen und Emotionen auf seiner Seite. Meine Großmutter, eine sächsische Liberale, redete stets begeistert davon, wie die Möglichkeiten der Schulbildung die Perspektiven der Frauen seit der Jahrhundertwende radikal verändert hätten; sie kannte noch die Welt der Hausmädchen, der verborgenen Prostitution, der Zwangsheirat. Bildung war, und darin begründete sich ihre Überzeugung, fast eine Garantie für den Klassenaufstieg, war die wichtigste Möglichkeit, dem Elened zu entfliehen. Daß die Sozialdemokraten leidenschaftlich um Schulbildung für Proletarierkinder fochten, spürte man sogar noch in den großen Reformen der 60er und 70er Jahre.

Im Grunde hat sich an der Grundaussage – Bildung ist die Voraussetzung für *upward mobility* – nicht viel geändert. Doch es wandelt sich das *Verhältnis zwischen der Welt der Bildung und der Welt der Arbeit.* Da *Arbeit* immer mehr von *Wissensverdichtung* lebt – wir verdienen Geld mit Ideen, Prozessen, Logistiken –, da Bildung immer weniger aus Faktenwissen und immer mehr aus »Komplexitätstechniken« besteht, sind beruflicher Werdegang und Bildungswerdegang nicht mehr »hintereinander weg« denkbar. Weil sich unser Leben verändert, unsere Biographien, unsere Werte, wenn die Selbständigkeit – als Realität und Metapher – die Welt der Arbeit prägen wird, dann lautet der Rat, den wir heute unseren Kindern geben müssen: *Du solltest so früh wie möglich Erfahrungen sammeln, Geld verdienen, dich nicht an eine Firma binden und immer wieder aus Berufen aus- und einsteigen, dich weiterbilden, bis du dein individuelles Portfolio sortieren kannst. Dann solltest du lange auf Weltreise gehen.*

Ein solcher Rat treibt den meisten Eltern heute immer noch den Angstschweiß auf die Stirn – was, wenn das Kind als Tagelöhner auf dem Bau landet, als Fahrradverkäufer in Indien oder Bühnenarbeiter bei einer Wandertruppe? *Es soll doch etwas aus ihm/ihr werden!* Ja, eben! Aber aus denen, die sich heute lustlos und resigniert durch die konventionellen Ausbildungen schleifen, wird immer seltener etwas. Im Gegensatz dazu sind die »genialen Versager« von einst immer häufiger die Gewinner in der zweiten Runde der Karriere – dem Teil, im dem tatsächlich die eigene Kreativität das wichtigste Kapital wird. Tagelöhner auf dem Bau und Fahrradverkäufer in Indien, Bühnenarbeiter – das wären für die Portfolio-Perspektive erstklassige Examina!

Und was sollen wir mit all den Ungebildeten in unserer Gesellschaft machen, den »Unbildbaren«, denen, die die schöne neue Welt der sozialen und digitalen Kompetenz nicht erreichen können? Es kann nur eine hartnäckige Antwort geben: indem wie sie *bilden!* Die Zahl der Einfacharbeitsplätze wird sich bis 2010 im Vergleich zu heute halbieren und nur noch ca. 10 Prozent aller Arbeitsplätze betragen. 80 Prozent aller Beschäftigten benötigen 2010 eine Fachausbildung. (ca $^2/_3$ im Dienstleistungssektor, $^1/_3$ im Produktionssektor, 2 Prozent in der Landwirtschaft)[1].

Hier schließt sich der Kreis. Das Projekt der Vitalisierung unseres Bildungssystems ist deshalb von so existentieller Bedeutung, weil es sowohl die soziale Frage als auch die Frage der Arbeit und der internationalen Konkurrenzfähigkeit berührt. Wenn die Dynamik der Individualisierung, der Informationsgesellschaft und der Globalisierung unsere Gesellschaft nicht spalten soll, dann brauchen wir in der Tat eine

1 Statistisches Bundesamt

neue, radikale Umverteilungsdebatte. Aber wir sollten sie nicht mehr primitiv über die Umverteilung von Geld führen, sondern über die einzig entscheidende Ressource: Wissen. Wie bekommen wir mehr Ressourcen komplexer Intelligenz in unsere Eliten? Wie schaffen wir mehr Zugang zu den Quellen des Wissens? Wie aktivieren wir den einzelnen, seiner Persönlichkeit *Lernfähigkeit* zu verleihen. *Das* sind die entscheidenden Umverteilungsfragen des frühen 21. Jahrhunderts.

Bildung ist also beides: Ein gemeinsames »Projekt«, das uns als Bürger, Arbeitende, Familienmenschen auf dem Weg in die Zukunft verbindet. Und das zentrale Element einer zukünftigen, intelligenten Sozialpolitik. Bildung, im Sinn von »Neuem Lernen«, schlägt zwei Fliegen mit einer Klappe: Die Frage nach dem evolutionären Sinn der Gesellschaft. Und die Frage, wie wir uns in den Märkten des kommenden Jahrhunderts positionieren können.

Der Kontrakt des »neuen Lernens«

① Der Staat garantiert seinen Bürgern nicht mehr Versorgung in jeder (Not)Situation, sondern zuallererst Zugang zu Qualifikation jedweder Art. Sozialtransfer und Arbeitslosengeld kann auch in »Qualifikationskapital« gezahlt werden.

② Die Parameter der Schul- und Bildungssystems werden auf die Basis einer wissensgeführten Ökonomie neu definiert: Zu den klassischen Kulturtechniken, die um Computer/Medienkompetenz ergänzt werden müssen, kommen die beiden Säulen »Teamwork-Kompetenz« und »Selbst-Management-Kompetenz«.

③ Die Universitäten werden zur Wirtschaft und zur Gesellschaft hin geöffnet. Forschungsprojekte unterliegen einer öffentlichen Kontrolle. Die Konkurrenz zwischen verschiedenen Schul- und Ausbildungsmodellen wird bewußt gefördert, Sponsorentum ebenfalls.

④ Das neue Leitbild für die Universitäten ist nicht mehr der »Akademiker«, sondern der »Gründer«. Selbständigkeit und wirt- ▶

schaftliche Fähigkeiten sind unabdingbares Element jedes zukünftigen Ausbildungsgangs.

⑤ Die Bildungsinstitutionen werden entsprechend eines »gesellschaftlichen Coaching« reformiert. Ziel der diversen Ausbildungen sind nicht »Abschlüsse«, sondern »Wiederkehrungen«, nicht »Ausbildungen«, sondern lebenslange Lernbiographien. Jeder Bürger hat das Recht, alle fünf Jahre ein Semester auf einer Universität zu belegen.

6. KAPITEL

DER KONTRAKT DER INNOVATION

Auf dem Weg in eine neue »Erfindungskultur«

Jedesmal, wenn einer unserer auswärtigen Freunde und Kollegen aus Amerika uns besucht, stellt er dieselbe, schon symbolische Frage:

Warum haben Deutsche keine E-Mail?

Ja, warum? Natürlich haben inzwischen viele Deutsche eine E-Mail-Adresse. Natürlich rennt auch bei uns inzwischen die halbe Welt mit Handys in der Aktentasche herum. Die Absatzzahlen für PCs sind im deutschsprachigen Raum nicht viel anders als in der restlichen Welt. Aber immer noch scheint es, als ob die neuen Segnungen des technisch-mobilen Zeitalters auf Mißtrauen stoßen. *Irgend etwas an der Idee E-Mail mag uns einfach nicht gefallen.*

Anstatt an dieser Stelle wie üblich in den Chor derer einzustimmen, die uns als fanatische Technikverweigerer und Gegner der Innovation brandmarken, möchte ich zunächst die Dinge etwas relativieren.

DIGITAL BACKLASH: DIE GRENZEN DER COMPUTERISIERUNG

Aus Sicht der Trendforschung können wir seit einiger Zeit eine wachsende Ernüchterung in bezug auf den *Information Highway* ausmachen. Die Amerikaner haben bereits einen Namen für diesen Gegentrend: COMPUTER BACKLASH oder DIGITAL BACKLASH.

• Das Internet wächst nicht mehr so, wie es eigentlich sollte. Zwar kursieren immer noch gewaltige Zuwachsraten von »online-usern«, aber mehr und mehr häufen sich die Anzeichen, daß das Internet nicht jenes neue »Massenmedium« wird, als das es vor kurzem noch verkauft wurde.[1]

• Der Multimedia-Computer, diese eierlegende Wollmilchsau der Computerbranche, die endlich die Haushalte

1 Zum Beispiel: Nach der neuesten Internet-Studie des Georgia Institute of Technology ist die Neubenutzerrate des Internets im Jahre 1997 von 60 auf 36 Prozent gefallen (nach: THE FUTURIST, May/Juni 97)

erobern sollte, erweist sich eher als zähgängig. Der Zeitpunkt, an dem in jedem Haushalt so viele Computer stehen wie Waschmaschinen, wurde nach oben korrigiert – ins Jahr 2030 (zum Vergleich: Die Waschmaschine setzte sich von 1959 bis 1970 in über 70 Prozent aller deutschen Haushalte durch; das ist wesentlich schneller als der PC). *Es gibt immer noch keinen erdenklichen Grund, weshalb jemand einen Computer für zu Hause haben sollte,* sagte neulich Ken Olsen, Präsident und Gründer von DIGITAL EQUIPMENT.

• Die Branche erleidet an der »homefront« inzwischen herbe Hardware-Absatzeinbrüche – schon mußte ein Discounter wie ESCOM aufgeben. Das liegt *auch* an der Schnäppchenmentalität und Dienstleistungsunkultur der Deutschen. Die Formel für unsere alltägliche Begegnung mit der Zukunftstechnik lautet: *Das Ding kann Sonnenprotuberanzen ausrechnen und war echt preiswert – nur weiß ich nicht, wer es repariert, und wie ich es bedienen kann, ist mir auch schleierhaft.* Aber es hat auch andere Gründe.

• Nach einer Umfrage unter EDV-Fachleuten in den USA sagen 40 Prozent, daß sich ihr Vertrauen in die Technikberichterstattung verringert hat, 55 Prozent glauben, daß der tatsächliche Nutzen des Internets fürs Geschäft zu hoch eingeschätzt wird, 73 Prozent meinen, daß die Vorteile neuer Technologien von den Medien weit überzogen werden.[1]

Der Trendbüro-Korrespondent in New York schreibt bereits in einem Trendreport des Jahre 1996:

Die große Ernüchterung nach dem Sturm kündigt sich an. 20 Prozent aller Unternehmen wollen ihre Web-Präsenz im Laufe dieses Jahres aufgeben. Kaum einer macht Kohle, mit Ausnahme von Sex (eine Wiederholung des VHS-Syndroms, wo sich das schlechtere System wegen mehr Pornos durchgesetzt hat).

Eine ganze Reihe von Büchern, die die »Abkehr vom

---

1 Quelle: COMPUTERWORLD/STERN

Computer« – beziehungsweise eine etwas nüchternere Haltung zu den neuen Technologien – thematisieren, befindet sich inzwischen auf den amerikanischen Bestsellerlisten. Clifford Stoll in »Die Wüste Internet«:

Fünfzehn Jahre bin ich online gewesen, Zeuge davon, wie Tausende von Computern sich zusammenschlossen, um das globale Netzwerk zu formen. Nach all diesen Erfahrungen möchte ich hier meine Bilanz mitteilen: Computer isolieren uns voneinander und schwächen die Bedeutung wirklicher Erfahrung. Sie arbeiten Bildung und Kreativität entgegen. Ich hatte eine wunderbare Zeit online und traf via Modem wunderbare Menschen. Aber heute möchte ich am liebsten gelbe Fahnen aufstellen, auf denen steht: Sie betreten ein nichtexistentes Universum. Machen Sie sich die Konsequenzen klar. Manche Menschen befürchten, daß ihnen ohne Modem ein bedeutender Teil des menschlichen Lebens entgeht. Doch nur wenige Aspekte des täglichen Lebens erfordern digitale Netze. Zum Kochen, Fahren, Besuchen, Verhandeln, Essen, Wandern, Tanzen und Tratschen können Sie darauf verzichten. Sie brauchen keine Tastatur, um Brot zu backen, Tischfußball zu spielen, eine Steinmauer zu bauen, ein Gedicht aufzusagen oder ein Gebet zu sprechen.[1]

In einer ganz bestimmten Weise, so schreibt Edward Tenner, Autor von »Why things bite back«[2], *wie bei so vielen anderen Racheeffekten, hat uns der Computer an den Wert anderer Dinge erinnert. In den ersten Jahren der Computerentwicklung erlebten handgeschriebene Briefe und kostbare Füllfederhalter eine Renaissance.*«

Verbirgt sich hinter solchen Formulierungen immer noch und schon wieder die alte Technikfeindlichkeit? Die neuen Computerskeptizisten haben eines gemeinsam: Sie kommen

---

1 Clifford Stoll, »Die Wüste Internet – Geisterfahrten auf der Datenautobahn«

2 Englisch: Edward Tenner, »Why things bite back – Technology and the revenge of unintended consequences«, Alfred Knopf, New York

aus dem Lager der »Nerds«, sie haben ihre Jugend selbst in den Computernetzen verbracht. Sie sind Experten für die Ambivalenzen der neuen Technologie, weil sie sie kennen.

Zunächst sollten wir uns einmal fragen: Wer benutzt das Internet, und in welcher Weise? Alle Umfragen und Studien sind sich einig. Internetbenutzer sind zu 90 Prozent männlich, zwischen 25 und 35 Jahren alt, zwei Drittel von ihnen surfen vom Rechner des Papis oder aus einer Universität heraus. In der Studie *Die Seele am Netz,* in der vom Kölner IFM-Institut 100 Netsurfer mittels tiefenpsychologischen Interviews befragt wurden, fand man einen Namen für das wichtigste Motiv der »Surfer«:

MEDIALE WELTEROBERUNG.

Diejenigen, die den »Cyberspace« im Moment – mehrheitlich – in Betrieb halten, sind ein ganz spezifischer Menschenschlag. Ich überzeichne nur wenig, wenn ich sie in aller Zuneigung als spätpubertäre Jugendliche männlichen Geschlechts, die früher an Motorrädern geschraubt hätten, skizziere. Und ich denke, wir sollten uns ein paar Fragen stellen, die weniger mit Technologie, dafür aber eine Menge mit unserer Alltagskultur zu tun haben:

Könnte diese bereitwillige Abwanderung der männlichen »Jugend« in den Cyberspace vielleicht etwas mit ganz anderen kulturellen Trends zu tun haben? Etwa mit der unheimlichen und ständig zunehmenden Stärke junger Frauen?

Und könnte die starke Verbreitung der neuen Technologie, die Euphorie, mit der alles, was eine Tastatur und einen Bildschirm hat, in Amerika und Japan umstandslos gefeiert wird, etwas damit zu tun haben, daß diese Kulturen *einen in ihrer Funktionsweise verankerten* »pubertären« Blick auf die Welt haben?

Ich erzähle dies alles nicht, weil ich ein Gegner der modernen Technologien bin oder weil ich denke, es handele sich beim Internet um einen reinen »hype«. Im Gegenteil. Jemand, der eine ganz spezifische Krankheit hat, ein existentielles Spezialinteresse, kann aus diesem gigantischen Mega-Netz, das unsere Erde umspannt, unendlich viel gewinnen. Für Journalisten und andere Gruppen (z. B. Zukunftsforscher), für die Zugriff auf ganz spezifische Information Teil ihrer Kompetenz ist, ist es ein hervorragendes Werkzeug. Auch für lokale und dezentrale Formen der Demokratie ist es eine nützliche Technologie – »Cyber Democracy« ist mehr als ein Schlagwort. Minderheiten können im Netz eine ganz eigene und effektive Form der Selbstorganisation betreiben, ebenso Firmen. Für die vielen »Neuen Selbständigen«, die Firmengründer von morgen, sind die Netze wunderbare Werkzeuge. Für behinderte Menschen ist der Computer ein echtes, faszinierendes Werkzeug zum Umgang mit der Welt – all dies wäre mehr als genug Grund, optimistisch in die Zukunft der Informationstechnologie zu sehen.

Und dennoch: Wenn wir die Zukunft der Technologien beschreiben wollen, kommen wir mit den alten Euphorien nicht weiter. Wir müssen nicht nur verstehen, welche »Visionen« in den modernen Infotechnologien liegen. Wir müssen auch die Abwehr gegen das Informationsuniversum begreifen. Um zu prognostizieren, mit welchen Produkten, Artefakten, Erfindungen wir uns im 21. Jahrhundert umgeben werden, müssen wir die technischen Möglichkeiten mit der »humanen Sphäre« konfrontieren – und komplexer über das Verhältnis zwischen Mensch und Technik denken lernen.

Vielleicht verstehen wir dann auch besser, warum Deutsche – auch kluge Deutsche – keine E-Mail mögen.

DAS »GESETZ DER TECHNOLOGISCHEN KOMPLEXITÄT«

Wie können wir Regeln destillieren, mit denen man die Zukunftsaussichten bestimmter Artefakte, technologischer Entwicklungen und Innovationen beurteilen kann?

Regel 1: Innovationen, die Massenmärkte erreichen wollen, müssen höhere Komplexität für den einzelnen lebbar machen, ohne seine SUBJEKTIVE *Komplexität (Kompliziertheit) zu erhöhen.*

Dies klingt recht umständlich, läßt sich aber an einigen Beispielen sehr schön illustrieren:

Das Bildtelefon. Seit dreißig Jahren ist das Bildtelefon ein Dauerbrenner der Futurologen und ein Lieblingskind der Designer. Seit den 60er Jahren wird sein unmittelbares Erscheinen in unserem Alltag prophezeit. Gerade scheint es einmal wieder vor dem Sprung auf unsere Schreibtische. Die Bundespost hat ganze Zentren eingerichtet, in denen »virtuelle Kommunikation« zwischen Geschäftspartnern möglich ist – sie stehen meistens leer, und die Lufthansaflüge sind immer noch überfüllt. Bei AT&T kostet das Heimgerät heute nur noch 1000 Dollar, zu vielen PCs wird es heute noch billiger angeboten. Und trotzdem will und wird es sich nicht durchsetzen. Warum? Ein technisches Problem? Immer noch zu wenig Auflösung? Zu sehr ruckelnde Bilder?

Auch. Aber vielleicht ist das gar nicht das Entscheidende. Ich behaupte: Wir *wollen* eigentlich gar nicht bildtelefonieren. Denn Telefonieren mit einem Bildschirm vor der Nase macht Kommunikation nicht einfacher, sondern komplexer im Sinne von *Kompliziertheit.* Man muß sein Aussehen kontrollieren. Man macht einen Eindruck durch Hintergründe, Wohnungseinrichtung, Büroambiente, Beleuchtung. Man gewährt Einblick in die Intimsphäre. Wenn man morgens ins Büro kommt, möchte man womöglich sein Gesicht nicht zeigen, weil man sich unausgeschlafen und zerknittert fühlt. Also schickt man seinem Geschäftspartner ein Standfoto. Der fühlt sich prompt beleidigt, weil man ihm sein Gesicht nicht zeigt ... Und so weiter.

Kommunikation zwischen Menschen ist eine ernorm anstrengende Angelegenheit, die viel mit *Verbergen* und damit mit *Kontrolle* zu tun hat. Wenn wir uns die Geschichte der Kommunikation anschauen, dann wird deutlich, daß der Erfolg immer auf der Seite der *Vereinfachung* war. Das Telefon feierte einen Triumphzug, weil es Intimität beim Kommunizieren *wegfiltert* – man kann in der Nase bohren oder sich kratzen oder nackt herumlaufen. Auf diese Weise steigt der Kontrollradius des Individuums – es kann *nun kommunizieren, ohne sich zu begegnen.* Auch im Internet kann man diesen »Befreiungsaspekt« deutlich sehen: erfolgreich ist das »Chatten« deshalb, weil es neue Optionen für den einzelnen erschließt – man kann Tarzan, Jane oder der Papst sein, ohne besonders muskulös, dickbusig oder fromm sein zu müssen. Wie schrieb Astrid Paprotta so schön im FRANKFURTER JOURNAL: *Stumm, einander kaum anblickend, hocken die Surfer beziehungslos nebeneinander und kommunizieren mit der ganzen Welt. Das ist so absurd wie einleuchtend. Es gibt ein Leben offline, aber das ist öde. Im Netz kann Norbert alles aus sich machen, einmal über die Tastatur geschrammt, schon ist er Abteilungsleiter.*

Kommunikationsoptimierung – das ist umgekehrt proportial zur *Auflösung, die der jeweilige Kanal überträgt.* Deshalb ist eine grobe Rasterung befreiend, und deshalb gehen die technischen Entwicklungen der Kommunikation oft in die »falsche Richtung« – hin zu mehr »Primitivität«.

Interaktives Fernsehen. Menschen haben eine hartnäckige Eigenschaft: Sie suchen nicht nach *mehr,* sie suchen nach *mehr,* wenn es auch *besser* ist. Wollen wir mit der Glotze tatsachlich *kommunizieren?* Ist Interaktivität eine Freiheit oder ein Zwang? Wird sie als Möglichkeit einer höheren Komplexitätsfähigkeit wahrgenommen, also als ein Plus an Kontrolle?

Um das beantworten zu können, darf man kein Techniker, auch kein Medienvermarkter, noch nicht einmal ein Meinungsforscher, sondern muß Ethnologe, man könnte auch sagen: »Informationsökologe«, sein. Fernsehen ist heute Lagerfeuer, nicht Informationsmedium. Das sollte man wissen, bevor man ein paar Milliarden Mark versenkt. Menschen schauen in ihrer überwiegenden Anzahl und in den meisten Situationen nicht fern, um *»etwas Spezifisches«* zu erfahren, sondern um an den großen Strom des *»Draußen«* angeschlossen zu sein. Das Fernsehen unserer Tage funktioniert immer mehr so wie früher das Radio: als Hintergrundrauschen, minimale Musik, Anwesenheitsgeräusch, Selbstvergewisserung. Mit anderen Worten: Es dient der »Entkomplexierung«.

Natürlich existiert irgendwo in den Plüschsesseln unserer Republik eine Minderheit Sportbegeisterter, die ein Autorennen aus acht selbstgewählten Kameraperspektiven sehen möchte. Die überwiegende Mehrheit der Menschen jedoch hat vorm Fernseher ein anderes Problem. Sie möchte doch lieber den Regisseur über die Einstellung und den Blickwinkel der Kamera entscheiden lassen, um in Ruhe Bier zu trinken und Chips zu knabbern. Sie möchte eigentlich ganz gerne eine Redaktion und Redakteure damit beauftragen, eine Programm- oder Themenauswahl zu leisten. Dann möchte sie sich beruhigt und passiv in den Plüschsessel sinken lassen, anstatt ständig an irgendwelchen Knöpfe herumzufummeln.

HDTV. Es sind vor allem tiefe, kulturelle Gewohnheiten, die über visuelle Technologien entscheiden. Das gilt auch für eine fast schon in Vergessenheit geratene Technik, die den Japanern gewaltig viel Geld gekostet hat, und die als *die* Zukunft gefeiert wurde: HDTV, das hochauflösende Fernsehen.

Die Idee ist zunächst simple Maximierung: Wenn wir schon fernsehen, warum sehen wir dann nicht einfach *besser* fern? Mit höherer Auflösung, schärferen Bildern und einem *sound,* der die Bude wackeln läßt?

Hochauflösendes Fernsehen setzt voraus, daß wir ein *präsentes Fernsehen* haben möchten, ein TV, das unsere Aufmerksamkeit ganz und gar fordert. Höhere Auflösung im Wandformat bedeutet: mehr artifizielle Realität in unserer Wohnung. Eine bestimmte Schicht von 50–70jährigen, auch viele Jugendliche, findet das durchaus attraktiv – dieselben, die heute teure, 14 × 7-Fernsehapparate kaufen. Aber reicht dieses Kundenpotential für den Durchbruch einer sehr teuren neuen Technologie?

Für die meisten Menschen gilt: Wenn wir uns in eine simulierte Welt begeben wollen, dann wünschen wir uns eine abgegrenzte Situation, ein Ritual – das Kino! Das Kino hat in den letzten Jahren einen Aufwind erlebt, nicht zuletzt aufgrund verbesserter Technik, und es hat dem HDTV den Erfolg gestohlen, weil es *psychologisch ressourcenschonender* ist. Menschen mögen zwar gerne »thrill«-Erlebnisse machen, aber sie möchten diese Erfahrungen auch aus ihrem Alltag *abgrenzen* können, denn es handelt sich im Kern um Streß-Erfahrungen. Der Mörder in Breitwand, das interstellare Gefecht auf dem wandfüllenden Schirm in Vollkanalstereo setzt Adrenaline frei – das ist es ja gerade! Aber wollen wir das zu Hause, täglich, allein? Lagerfeuer zu Hause – Erlebnis, bei dem in Breitwand und Surround-Ton die Erde bebt im Kinosaal, begleitet von den Ritualen des Popcorn-Essens – *so* ist die Arbeitsteilung.

Bis hierher haben wir uns Technologien – und ihren Erfolgsaussichten – lediglich mit dem gesunden Menschenverstand genähert. Und allein dies erklärt schon viel. Etwa die technologischen Leichen, die den Weg der Innovationen besonders in der Unterhaltungsindustrie pflastern.

- Verloren hat CDI als Sondertechnik, ebenso die Bildplatte, erste Auflage, verloren haben DAT und Digitalkassette[1] – währenddessen feiert die alte, leierige Musikkassette fröhliche Rekorde. Ist es vielleicht gerade ihre Primitivität, ihr Nicht-High-Tech-Charakter, ihre »Wegwerfbarkeit«, die sie so beliebt macht?

- Gewonnen hat eine Steinzeittechnologie aus den 50er Jahren, das Fax, das auf dem Umweg über Japan heute unseren Alltag bestimmt. Das Fax gibt uns mehr Kommunikationssou-

1 Von den fast 9 000 CD-Neuerscheinungen, die die deutschen Tonträger-Hersteller 1996 herausbrachten, erschienen nur noch fünf im DCC-Format und 17 auf Mini-Disc – SPIEGEL 20/97

veränität, ohne die Kompliziertheit unseres Lebens zu erhöhen (schicken Sie mir doch schnell ein Fax, bevor ich mitschreibe!). Es ist aber so simpel zu bedienen wie ein Telefon, und mehr und mehr dient es dem Briefeschreiben (wozu braucht man dann E-Mail?).

- Gewonnen hat das Handy, aber sein Sieg ging mit einem massiven Imageverlust einher: Handys sind heute längst keine Prestigeobjekte mehr. Sie signalisieren auch Abhängigkeit: Wer es nötig hat, sich anklingeln, anpiepen zu lassen, der ist nicht der Souverän über seine Zeit. Der neue Luxus heißt »offline«, Unerreichbarkeit. Der Geschäftsmann, dessen Handy beim Festvortrag klingelt, signalisiert: Ich habe meine Organisation nicht richtig im Griff. *Ich konnte mich nicht entbehrlich machen.*

Die Foto-CD. An sich ist es eine einleuchtende Idee: Statt seine Fotos chemisch zu entwickeln – Umweltprobleme! – und in einer stets zur Unordnung tendierenden Fotobox zu sammeln, digitalisieren wir das Familienalbum jetzt auf eine schöne kleine Silberscheibe. Und in der Tat hat diese Idee bei den Technikfreaks unter den Männern sofort eingeschlagen – man hatte wieder etwas zum Imponieren.

Aber wie bei vielen Innovationen auf den elektronischen Märkten waren hier die Anfangserfolge schon das Ende vom Lied. Weil sie erstens die *haptischen* Elemente, die mit Fotos und Erinnerungen verbunden sind, schwer zur Geltung kommen lassen. Fotos muß man zerknicken, zerkruscheln, verschicken, vergilben, beschreiben können. Und zweitens, weil sie eine technologische Abhängigkeit erzeugen, die zu existentiell ist, als daß die Leute sie akzeptieren.

Bei den Familienfotos, den Erinnerungen, geht es ans Eingemachte der menschlichen Psyche. Wollen wir wirklich unsere persönlichen Erinnerungen der Maschine Computer anvertrauen? Sie sind sehr viel fragiler, weil sie *einmalig* sind. Man kann sie nicht einfach durch Gleiches ersetzen.

Und das kann eben auch den technischen Vorteil, den die digitale Bearbeitung bietet, nicht kompensieren: Daß ich meine privaten Fotos *manipulieren* kann, freut den Technikfreak. Es geht aber am Charakter privater Fotografie vorbei, denn sie lebt – wunschökologisch – von der *Authentizität*, also gerade vom *Nichtmanipulierten.*

Wir haben alle bereits einmal erlebt, daß unser alter Computer die neuen Diskette nicht mehr lesen kann. Wir vertrauen also, allegorisch gesprochen, unsere Liebsten einer äußerst flatterhaften Institution an, die vielleicht nächstes Jahr schon ganz andere Wege – Standards – geht. Fotos machen wir aber für die Ewigkeit! Sie enthüllen ihre Funktion erst in zehn, zwanzig Jahren, in der *visualisierten Erinnerung.*

Hier stoßen wir auf die zweite Innovationsregel: *Der Kontrollzuwachs durch eine Technologie darf nicht durch (drohenden) Kontrollverlust bedroht werden.*

Oder, in einer Variante:

Der »Prothesencharakter« einer Technologie muß durch einen »fitness«-Aspekt kompensiert werden.

DAS »PROMETHEISCHE« UND »PROTHETISCHE« ELEMENT DER TECHNIK

Jedes technische Gerät stellt uns Fähigkeiten zur Verfügung, über die unser natürlicher Körper nicht verfügt. Das ist, zuächst, ein Machtgefühl, das die zentrale »Erotik« von Technologien ausmacht. Man denke nur daran, wie der Druck auf ein Gaspedal auf junge, hormonüberschüssige Männer wirkt!

Wenn wir das technische Artefakt kontinuierlich benutzen, besteht die Gefahr, daß sich die natürlichen Fähigkeiten durch den Gebrauch der »Prothese« zurückbilden, weil sie nicht mehr trainiert werden. Wer nur im Auto hockt, bekommt igendwann einen Bauch. Wer Heroin konsumiert, bekommt nicht deshalb Probleme, weil ihm Heroin »nicht guttut«, sondern Entzugserscheinungen, weil sein Organismus es verlernt hat, jene körpereigene Opiate selbst zu erzeugen, die wir brauchen, um biochemisch im Gleichgewicht zu bleiben. Wer sein Leben lang nur auf Bürostühlen und vor Computern sitzt, bekommt unweigerlich degenerative Rückenschmerzen.

Technik kann sich in einer bestimmten Kultur nur durchsetzen, wenn sie nicht allzu viele »Rückenschmerzen« und Entzugserscheinungen macht. Sie muß uns in gewissem Sinne auch »fit halten«. Anhand der folgenden Beispiele kann man diese Logik studieren:

Navigationssysteme im Auto. So wie das hocheffektive Just-in-time-System der deutschen Automobilindustrie durch einen simplen Streik der Lastwagenfahrer an den Pyrynäen zusammenbrechen kann, so ist ein Satelliten-Navigationssystem zwar eine großartige technische Leistung, aber äußerst anfällig. Die Technik verspricht etwas sehr Mythisches – man wird gleichsam »vom Himmel dirigiert« – und das macht zugleich angst. Man ist nämlich in der Macht einer sehr, sehr komplexen Maschine. Wenn der Strom ausfällt, die CD klemmt, der Kreiselkompaß eine winzige Unwucht hat, der Satellit rauscht, steht der Benutzer im Regen.

Zudem neigt diese Technik dazu, stark »prothetisch« zu wirken. Sie »verlernt« beim Benutzer räumliche Intelligenz, zum Beispiel die Fähigkeit, Karten zu lesen, sich instinktiv zu orientieren, zu wissen, in welche Himmelsrichtung man fährt. (Wer jemals einen fluchenden Taxifahrer dabei beobachtet hat, wie er sein Navigationssystem prügelte, weiß, was ich meine.)

Das Navigationssystem der Zukunft wird deshalb nichts anderes sein als ein elektronischer Kartenleser. Die Route wird mir *gezeigt*, aber ich werde nicht *geführt*. So verbinden sich die Vorteile – Displaykartographie, Orientierungshilfe-Charakter des Geräts –, ohne daß ich die Kontrolle verliere. Orientierung wird geschult, räumliches Denken trainiert, Fitneß hergestellt – ich weiß, wo ich bin, aber ich bin Herr der Situation. Technologie als Hilfe, nicht als Prothese, weniger ist mehr.

Automatische Autos. Auch dies ist ein geradezu klassisches Beispiel für Kontrollverlust. Mehr Verkehrsdichte, mehr Staus – warum sollen Autos nicht automatisch auf der Autobahn fahren, in dichteren Abständen, gesteuert von Computern und Leitsystemen im Asphalt, mit 130 Stundenkilometern? In den USA wird ein solches System zur Jahrtausendwende mit massivem Geldaufwand entwickelt. Das hat mit anderer Risikopsychologie, aber auch anderen Fahrweisen zu tun (die Deutschen rasen, die Amerikaner »gleiten«, und ein elektronischer Gleitweg würde keinen großen Unterschied mehr machen). Aber das »Am-Steuer-Sitzen« ist ein in unseren kulturellen Gewohnheiten eingeschliffenes Erlebnis mit hohem Symbolwert. Im Auto zu sitzen, ohne Kontrolle über das Steuerrad, und dabei einen 18-Tonnen-Lastwagen drei Meter hinter sich aufrücken zu sehen, erzeugt womöglich ein existentielleres Bedrohungsgefühl, als sich die Computertechniker, die das System derzeit entwickeln, träumen lassen. Auch hier gilt wieder: Psychologie geht vor Technik!

Chip am Schuh. Und schließlich die schöne neue Welt der »intelligenten Gegenstände«. Kühlschränke, die Butter bestellen, Chips im Schuh, die die Haustür bei Annäherung öffnen, Weight-watcher in der Waage, die Diätprodukte bestellen und das Fahrrad aus dem Keller liften, wenn das Idealgewicht überschritten ist. Alles gut und schön. Einzelteile werden sich durchsetzen. Aber diese Versprechungen zeigen auch die Grenzen technologischer Vernetzungsvisionen. Was ist, wenn mein ganzes Haus auf eine dermaßen (über)komplexe Weise verdrahtet und vernetzt ist? Wann *entmündigt* mich Technologie? Wann wird der Handlungsvorteil – letzten Endes die Dienstleistung, die sie bietet – lächerlich? Will ich *wirklich,* daß mein Kühlschrank nach Butter ruft und mit dem Supermarkt herumdealt und dabei mein Konto belastet? Ich persönlich jedenfalls habe lieber einen strohdummen Kühlschrank, der ordentlich kühlt und so wenig Probleme wie möglich macht, und ich bin fest davon überzeugt, keine Einzelerscheinung und auch kein Anachronist zu sein.

DIE ZUKUNFT UNSERER FORSCHUNGSPOLITIK: SELEKTION DER SPITZENTECHNOLOGIEN

Wenn wir uns die Büttenreden auf Zukunftskongressen und Innnovationsparteitagen anhören, so ertönt überall die gleiche, betörende, strafende Melodie. Die Deutschen verschlafen die Zukunft! Die Deutschen sind ängstlich, technophobisch, Gegner des Fortschritts, Blockierer der Spitzentechnologien. Wir verpassen den Anschluß an den Weltstandard, die Firmen gehen zur Forschung ins Ausland! Der Weg, der aus dem Schlamassel führen könnte, führt, allegorisch gesprochen, an die Front. Spitzentechnologie! Mehr Genforschung! Transrapid! Fusionstechnik!

Das klingt gut und männlich und beim ersten Anhören durchaus vernünftig, und ich wäre der allerletzte, der für das Verbot von Grundlagenforschung votierte. Aber es gibt trotzdem einen Haken: Wenn wir einfach nur gigantische Summen in beliebige Spitzentechnologieforschung investieren, würden wir uns garantiert ruinieren.

Folgende Zeitungsmeldung fiel mir neulich in die Hände:

Zwei Arbeitsgruppen am Beschleunigerzentrum DESY *in Hamburg haben Hinweise auf ein unbekanntes Teilchen gefunden. Unter Millionen von »Ereignissen«, wie Forscher das Zusammenprallen Protonen und Antiteilchen nennen, fand sich eine Handvoll unerwarteter Wechselwirkungen. Bei den Zusammenstößen wurde das Positron an einem der Quarks besonders stark reflektiert. Möglicherweise handelt es sich bei dem Teilchen um ein sogenanntes Leptoquark. Unter diesen Umständen müßte das Standardmodell, das als Grundlage der Teilchenphysik gilt, erweitert werden.*

Was hier in hilfloser Sprache berichtet wird, ist das Ergebnis einer öffentlichen Milliarden-Investition in riesige Teilchenbeschleuniger. Ergebnis: Teilchen, die so klein und seltsam sind, daß auch die Atomphysiker sie nicht mehr interpretieren können. Dieser »Grundlagenforschung« könnte es so gehen wie der Weltraumfahrt – sie ist eine romantische Idee, aber irgendwann fragen die Leute danach, was »unten rauskommt«. Sie beginnen zu rechnen: Wie viele Milliarden sind wir, die Steuerzahler, angesichts leerer Kassen und Millionen Arbeitsloser, auf Dauer bereit, in solche aufregenden Erkenntnisse zu investieren?

Drei selektive Bereiche sollten die Mitteleuropäer als ihr »Talentkapital« verteidigen und massiv ausbauen:

Die Umwelttechnik. Hier steht in den nächsten Jahren der Übergang von den »End-of-pipe-Technologien« zur Prozeßorientierung bevor: eine hervorragende Chance, die alten Talente der Deutschen zu Feinmechanik, Prozeßtechnik etc. mit den Möglichkeiten der Mikroelektronik zu kombinieren und Produkte auf den Markt zu bekommen, die so leicht nicht kopierbar sind (und die den Maschinenbau über kurz oder lang ablösen können).

Neue Werkstoffe. Die traditionell starke und erfahrene Chemieindustrie in unserem Lande sollte sich massiv um einen der lukrativsten Zukunftsmärkte kümmern, den wir in der Trendforschung »neue Alchemie« nennen: hitzebeständige, extrastabile, polymorphe, supraleitende Substanzen, die Kunststoffe des nächsten Jahrtausends, Polymere, Keramiken, die unendlich viele Systemvorteile in mannigfachen Anwendungen bringen und *enorm viele* Patentrechte bringen können.

Biotechnologie. In diesem weiten Feld sollten wir selektiv vorgehen: keine genmanipulierten Lebensmittel, sondern eindeutige Orientierung auf den klassischen Pharmabereich. Die Deutschen haben ein Faible für »Natur«; und man sollte

Biotechnologie »biologisieren«, indem man zeigt, um was es eigentlich geht: Zunutzemachung biologischer Prozesse für humane (medizinische) Aufgaben.

DIE GENIALITÄT DES EINFACHEN: INNOVATION ALS KOMPLEXITÄTS-REDIZIERUNG

Alle Zivilisationsentwicklungen – und letztendlich jeder Markterfolg – sind *Problemlösungen.* Aber unsere technischen Artefakte – und auch viele Konsumgüter – lösen zunehmend keine Probleme mehr, sie erzeugen dauernd neue. Sie produzieren unerlöste Komplexität in gigantischen Mengen. Sie nerven. Sie stressen. Sie machen uns verrückt. Sie verstopfen unseren Lebensraum und lassen unsere Fähigkeiten verkümmern, statt sie zu erweitern. Wenn man das weiß, ergeben sich die größten Märkte der Zukunft nicht im Bereich der *Erweiterung* (menschlicher Fähigkeiten), sondern in der *Vereinfachung.*

Schnelligkeit ist eben nur *ein* Faktor erfolgreicher Innovationsprozesse. Wer den ersten 64-K-Chip auf dem Markt hat, setzt sicher einen Standard. Aber für die alltäglichen Märkte kann einen solcher Technikvorsprung durchaus auch ein *handicap* sein. Die Japaner erfinden seit Jahren immer den schnelleren Chip – aber es gelingt ihnen kaum, ein hochtechnisches Produkt mit Eleganz und einer Halbwertszeit über eine Saison hinaus (das Gegenbeispiel *walkman* stammt von einem globalisierten Konzern, Sony).

Ein nicht unwesentlicher Zweig technologischer Zukunftsentwicklung wird daher in Zukunft das sein, was man »Bremstechnologien« nennen könnte. Technologien also, um zu *entschleunigen.* Bei einem Auto, das 200 Stundenkilometer fahren kann, werden die Bremsen zum alles entscheidenden Instrument. Weltraumfahrt und Luftfahrt haben heute vor allem das Problem, wie man die durch rohe Beschleunigung erzeugten Energien wieder »vernichtet« – und ähnlich geht es unserer Gesellschaft als Ganzes. Entschleunigungstechniken sind im weitesten Sinne auch Airbags, Wellness-Studios, Relaxmaschinen und Gesundheits-Dienstleistungen.

Aus der Synthese zwischen Beschleunigungs- und Entschleunigungstechnologien entwickeln sich allmählich Artefakte einer Zukunftskultur, die *beides auf einer höheren Ebene können*, Human-Tech oder auch »Soft-Tech«: Das fängt bei simplen Dingen an wie dem Handy, das in der Tasche vibriert, statt zu klingeln. Es läßt sich auch schon in einem Autotypus wie dem *Van* aufzeigen, der »Reisen mit dem Auto« wieder entschleunigt und »nomadisch« (statt »torpedisch«) arbeitet; man sitzt erhöht über der Straße und »sieht« wieder, man »wohnt« beim Reisen. Diese neuen Produkte werden vor allem eines sein: einfach. Sie werden sicherer, haltbarer, humaner, »weicher« sein als ihre Vorgänger. Und sie werden wandlungsfähiger: Sie anzupassen und nachzurüsten, loszuwerden und wieder umzuformen, wird wichtiger als die »Komplettinnovation«, der die Menschen immer mißtrauischer gegenüberstehen (»Jetzt muß ich schon wieder mein gesamtes Betriebssystem umstellen.«) Die Zukunft der Innovation gehört der Systemik und dem Genuß, der Sicherheit (zum Beispiel vor unerwünschten Substanzen in der Nahrung) und der Gewißheit, daß das »Neue« nicht auch das Bessere sein muß.

Innovation für die Zukunft, das könnte auch in diesem Sinne heißen:

- Das praktikable Bionahrungsmittel für den Massenmarkt – Beispiel ist die »Ja Natürlich«-Marke der österreichischen Handelskette Billa: Hier wurde »Genuß« und »Bio« gewissermaßen zu einer appetitlichen Einheit zusammengefaßt. Nicht fade Bionahrung, sondern ökologisch korrekte Schlemmerei – höhere Produktkomplexität für die Märkte von morgen.
- Abschied von den »Gimmicks«. Statt dessen: Eine neue Generation von technischen Produkten, die langlebig und robust sind, einfach und sinnfällig – die aber keinen Kontroll-

verlust und keine Überkomplexität beim Benutzen erzeugen. Geräte mit *zwei Knöpfen.* Videogeräte, die man *tatsächlich bedienen kann.* Telefone, die *meine Adressen aufnehmen und mich einfach faxen lassen* – hier liegt die Zukunft der europäischen Innovations-Industrie.

- Die neue Generation *anwendungsorientierter* Computertechnologie auf der Basis der Dienstleistungsidee. Intranets, Work4Groups, Pushsysteme. Besonders für die Informationstechnik gilt: Sie wird Dienstleistung sein, oder sie wird ihren eigenen Markt zerstören.
- Autos, mit denen 2 Milliarden Menschen des fernöstlichen Raumes mobil werden können, ohne daß unsere Biosphäre zerstört wird, Energieerzeuger (Kraftwerke) ohne überkomplexe Folgeprobleme, elegante Materialkreisläufe, die das Wort »Recycling« aus der Ecke des Treppenwitzes holen. Die Stereoanlage, die nicht mehr als verstaubender Klotz herumsteht, sondern in den Wänden verschwindet. Oder auch nur so simple Dinge wie eine gutaussehende Küche, die ich aber leicht *mitnehmen* kann, wenn ich in Zukunft umziehen muß.
- Überzeugende Dienstleistungskonzepte im Bereich Wellness, Altenpflege und Gesundheit, ganzheitliche Medizin. »Psychosoziale Gesundheit« wird einer der Megatrends des frühen 21. Jahrhunderts sein. Der Gesundheitssektor wird den Informationssektor in den nächsten 10 Jahren an Produktivität und wirtschaftlicher Dynamik überflügeln.

DER NEUE KONTRAKT DER INNOVATION: HUMANWISSENSCHAFTEN ALS ZENTRUM DER TECHNOLOGIE

Achtzig, vielleicht neunzig Prozent aller Artefakte, die eine Zivilisation benutzt, werden auch in Zukunft der mittleren Technologieebene angehören. Bei diesen Mitteltechnologien kommt es jedoch auf eine Eigenschaft an, die dem Komplexen als zentrales Element innewohnt: Integration. Hier nähern wir uns wieder an die Komplexitätstheorie an.

Die Entwicklung des (europäischen) Automobils ist geradezu ein Lehrbeispiel für die Entwicklung integrierter Komplexität. Das Geräusch einer Tür, die Form einer Kühlerhaube, das Feintuning eines Motors, der Geruch im Innenraum, die Art und Weise, wie die verschiedenen Funktionen und Teile eines Autos immer und immer wieder zu einem organischen Ganzen überarbeitet, aufeinander abgestimmt und miteinander integriert werden, drücken genau das aus, was ich meine: einen im Grunde geistig-kulturellen Erfindungs- und Optimierungsprozeß, der sich in Produkten materialisiert.

Europäische Autos haben, völlig zu Recht, einen eigenen Mythos erzeugt. Deshalb sind sie auch nicht einfach »nachzubauen«. Obwohl die Koreaner einfach einen BMW zerlegen und kopieren könnten – es wäre am Ende nicht dasselbe. Denn hier kommt eine dritte Komponente ins Spiel, die genuin »europäisch« ist: Stil. Oder auch: verdichtete Erfahrung. Oder auch: »Produktkultur«!

Man findet denselben Effekt von kultureller Qualität in Produkten in italienischen Designermöbeln, in der mittelalterlichen Architektur, der österreichischen Küche oder der Kulturlandschaft der Alpen. Man findet den Mythos der Komplexität überall da, wo man von »Kultprodukten« spricht. »Sophistication« – oder Eleganz – ist das richtige Wort, das höchste Maß an Balance zwischen Gebrauch, Form und Gestalt, die denkbar ist. Dabei mögen manche technische Finessen eine Rolle spielen, aber immer muß die Technik dem kulturellen Verfeinerungsprozeß unterliegen.

Mit diesem Ansatz eröffnet sich der eher mittelständisch geprägten Industrie in Kerneuropa die Möglichkeit einer ihr gemäßen Vision, eines »Produktethos« – und hier bietet sich auch die Grundlage für einen *gesellschaftlichen* Innovationskonsens, mit dem Spitzentechnologie für die Menschen plausibel und erfahrbar wird.

Eines Tages könnte sich unsere Skepsis, alle Lösungen immer nur technologisch zu denken, als gewaltiger Standortvorteil herausstellen. Es kann, in den globalen Marktschlachten der Zukunft, durchaus die intelligentere und erfolgreichere Strategie sein, abzuwarten, zuzuschauen, zu analysieren, um dann zur rechten Zeit *das komplexere* Produkt auf den Markt zu bringen. Dies geht aber nur, wenn wir die Herausforderung aus vollem Herzen annehmen, wenn wir *offensiv und modern* mit unserem Erbe als eine Nation von Handwerkern, Bastlern und Grüblern umgehen. Öko-High-Tech, saubere Flüsse und prächtige Landschaften, Bioprodukte, ja Bioregionen, Kulturregionen mit wiederbelebter Handwerksstruktur, High Touch, also neue Dienstleistungen im Humanbereich, Design, Luxus im Sinne einer individuellen Genußkultur, die dem Tourismus neue Dimensionen öffnet – vielleicht liegt Europas »Markenkern« in solchen Visionen viel besser aufgehoben als in den hilflosen Kopien fernöstlicher und amerikanischer Wirtschaftsdynamik und Technologiegläubigkeit.

Warum Deutsche keine E-Mail mögen? Erstens sind die Bewohner unseres Kulturkreises nicht sehr mobil. Sie wohnen, anders als die eher nomadischen Amerikaner, immer an derselben Stelle. Damit ist die »Ortlosigkeit« der E-Mail-Adresse kein eigentlicher Produktvorteil mehr. Zweitens sind die Bewohner der europäischen Mitte noch recht konservativ, was ihre Berufsplanung anbelangt: Eine E-Mail-Adresse ist jedoch vor allem beim beruflichen *Networking* von neuen Selbständigen und Portfolioarbeitern von Nutzen. Drittens aber, so möchten wir bescheiden in die Debatte werfen, ist unser alter, melancholischer Skeptismus nicht immer von Nachteil. Schnelligkeit, online, just-in-time – das sind gute Nachrichten aus der Neuen Welt. Aber sie können nicht alle Fragen beantworten. Schon mancher fanatische E-Mailer hat sich ruiniert, weil er Kommunikation mit Geschäft verwechselte. Schon mancher Jünger des Informations-Highway ist in der Lawine irrsinnigen E-Mail-Schrotts untergegangen, weil er seine Informationsökologie nicht auf die Reihe kriegte und den ganzen Tag »Hallo-Hallo«-Botschaften verschickte.

Forget e-mail, sagte neulich ein anderer amerikanischer Freund, der seine mailbox zunehmend vernachlässigt. *How do I ever answer all this bullshit?*

7. KAPITEL

JENSEITS DER GLOBALISIERUNGSFALLE

Warum »Ungleichheit« eine moralische Utopie sein kann

Es ist Mode – und fast schon Konsens – geworden, Globalisierung als Teufelswerk zu verdammen, das unsere sozialen Errungenschaften in Unordnung bringt. Fassen wir das Werk der Stichwortgeber zu diesem Thema zusammen, die »Globalisierungsfalle« von Hans-Peter Martin und Harald Schumann:

- Das Kapital strömt heute haltlos über alle Grenzen und sucht sich wahllos die höchste Akkumulation, die es finden kann.
- »Shareholder Value« schert sich weder um nationale Politik noch um die Interessen der Menschen.
- Die Wall Street, das internationale Finanzkapital sowie die Gier der Börsianer und die soziale Kälte der Amerikaner sind schuld.
- Das einzige was hilft, ist eine nationale und europäische Sozialpolitik gigantischen Ausmaßes.

Ich möchte versuchen, eine Gegenposition zu skizzieren, die zwar nicht so plakativ und populär ausfallen kann, aber vielleicht der Wirklichkeit näherkommt:

Globalisierung ist kein rein ökonomischer, sondern ein äußerst komplexer Prozeß, der unsere Vorstellungen von Raum und Zeit verändern wird. Immer mehr haben unsere persönlichen Handlungen – der Kauf eines Autos, eines Pullovers – Einfluß auf Dinge, die sich auf der anderen Seite der Welt abspielen. Immer mehr betreffen uns Entwicklungen in anderen Erdteilen. Dieses faszinierende Wechselspiel macht angst, aber es erweitert auf einer psychischen Ebene auch täglich unseren Horizont. Es verändert den *inneren Fokus.* Waren für unsere Eltern die Ereignisse in Schanghai oder Amerika noch bizzare, exotische Dinge (»Vati hat auf der Straße einen Schwarzen gesehen ...«), sind diese Regionen des Planeten uns heute auf eine ganz andere Weise vertraut und nahe geworden.

Die Bourgeoisie hat durch ihre Exploitation des Weltmarktes die Produktion und Konsumption aller Länder kosmopolitisch gestaltet, schrieben schon Karl Marx und Friedrich

Engels im Kommunistischen Manifest. *Sie hat zum großen Bedauern der Reaktion den nationalen Boden der Industrie unter den Füßen weggezogen. Die uralten nationalen Industrien sind vernichtet worden und werden noch täglich vernichtet ... Die Bourgeoisie reißt durch die rasche Verbesserung ihrer Produktionsinstrumente, durch die unendlich erleichterten Kommunikationen alle, auch die barbarischsten Nationen in die Zivilisation. Die wohlfeilen Preise ihrer Waren sind die schwere Artillerie, mit der sie alle chinesischen Mauern in den Grund schießt, mit der sie den hartnäkkigsten Fremdenhaß der Barbaren zur Kapitulation zwingt.*

- Globalisierung bedeutet, daß Nationen, die sich früher feindselig gegenüberstanden, heute in ein Netz von wirtschaftlichen Verflechtungen eingebunden sind. Eine rein nationale Politik wäre ökonomisch eine Kamikazeaktion. Ein Neonazi als Kanzler einer westeuropäischen Nation würde keine 24 Stunden im Amt bleiben, weil die internationale Kreditfähigkeit des Landes und die Aktienkurse seiner Unternehmen sofort in den Keller abstürzen würden. Kapital ist aber heute das wichtigste Mangelgut, wichtiger als alle Rohstoffe und Energieträger zusammen.
- Globalisierung garantiert für die exportorientierten Nationen Mitteleuropas das wirtschaftliche Überleben, denn die Binnenmärkte sind gesättigt, unsere Geburtenraten sind im Keller, und neue Märkte finden wir nur in anderen Regionen des Planeten.
- Globalisierung ist die Bedingung für ökologisches Denken, denn Ökologie ist mit der »planetaren Idee« verknüpft.
- Die Ära des Wissens und des Lernens, die mit der Globalisierung zusammengeht, bedeutet auch: Die großen Bürokratien in Staat und Wirtschaft verlieren gegen Individuen, Teams, kleine, freiwillige Gemeinschaften, kleine und mittlere mobile Unternehmen, die über die Grenzen und durch elektronische Netze agieren.

- Globalisierung *emanzipiert* andere Länder. *Es sind die Privilegierten in Nord und Süd, Kapitalbesitzer, Hochqualifizierte, denen die Globalisierung der Ökonomie auf Kosten der übrigen Bevölkerung einen immer größeren Teil des weltweit erwirtschafteten Wohlstandes einbringt* – so heißt es in der »Globalisierungsfalle«. Unsinn. Wer jemals in Korea, Singapur, Indien oder Taiwan war, weiß, daß diese Rechnung so nicht stimmt. Die Einbindung der Schwellenländer in supraökonomische Strukturen führt zur Ablösung von Feudalsystemen oder Militärdiktaturen. Die Weltmärkte erzwingen eine Modernisierung (repressiver) traditioneller Gesellschaften. Diktatorische Eliten können auf Dauer nicht überleben, ohne das Land zu öffnen. In einem Land wie Korea, mit einem Wachstum von 60 Prozent in 5 Jahren, gibt es heute eine breit entwickelte Mittelschicht und einen allmählichen Abbau der autoritären, militärstaatlichen Strukturen. Die Demokratie beginnt auch in Asien ihren Siegeszug.

Das »Friedmann-Syndrom«[1] weist nach, daß noch keine zwei Länder gegeneinander Krieg geführt haben, in deren Hauptstadt sich ein McDonald's befindet – Zeichen für den »pazifizierenden« Aspekt der Globalisierung. Es gibt übrigens auch kein historisches Beispiel aus der Neuzeit, daß zwei Demokratien gegeneinander Krieg geführt hätten. Auch lang anhaltende Hungersnöte kommen in Demokratien nur sehr selten vor.

DIE ILLUSION DER BESCHLEUNIGUNG

Die Geschwindigkeit der Globalisierung wird bei weitem überschätzt. 1993 betrug die Summe aller Auslandsinvestitionen aller Staaten der Welt 187 Milliarden Dollar. Zum Vergleich die deutschen Inlandsinvestitionen: um die 500 Milliarden Mark (Von 48 Milliarden Mark direkten deutschen

1 benannt nach Thomas F. Friedmann, einem Kolumnisten der NEW YORK TIMES

Auslandsinvestitionen waren 60 Prozent für den deutschen Dienstleistungsmarkt bestimmt, Handel, Banken, Versicherungen, also wenn man will »Umwegsinvestitionen«). Hirst und Thompson schreiben in »Economy und Society« 1992: *Die eigentlich spannende Frage muß nicht lauten, warum Unternehmen ihre Standpunkte aus Kostengesichtspunkten verlagern, sondern warum sie dies im wesentlichen* NICHT *tun und vielmehr an ihrer nationalen Basis festhalten.* Das Gewerkschaftsinstitut WSI ließ 1995 verlautbaren: *Trotz fortschreitender europäischer Integration und Öffnung der Märkte Osteuropas kann von einer zunehmenden Globalisierung, die sich in einem verstärkten internationalen Outsourcing zeigt, keine Rede sein.*

Während sich multinationale Konzerne an den Horizonten des Planeten orientieren, orientieren sie sich längst nicht mehr nur an billigen Löhnen, sondern mehr und mehr am Bildungsstandard eines Landes. Die Programmierer in Bangalore werden von Siemens nicht beschäftigt, weil sie billig sind, sondern weil sie hochqualifiziert *und* (relativ) preiswert sind, aber vor allem, weil Siemens damit Tempogewinne gegenüber der Konkurrenz erzielt. Womit die Inder Arbeitsplätze bei Siemens in Deutschland erhalten helfen. Gleichzeitig aber gibt es Teile unserer Wirtschaft, die geradezu *entglobalisiert* werden. Schon heute werden bei uns über 50 Prozent des Bruttosozialproduktes mit Dienstleistungen erzeugt. Gerade in den Humandienstleistungen liegt aber eines der stärksten Wachstumspotentiale der kommenden Zeit – wie weite Teile der Landwirtschaft (die eine Renaissance erleben wird), sind die neuen Servicebereiche nicht globalisierbar und auch nur begrenzt rationalisierbar.

Im seltsamen Kontrast zum Barmen um die Armen, so Siegfried Kohlhammer in seinem Buch »Auf Kosten der Dritten Welt«, *steht das seltsame Desinteresse der edlen Seelen an den Fällen gelungener oder gelinderter Entwicklung.*

DAS GLOBALE HOLOGRAMM

Gegen die Globalisierung zu polemisieren ähnelt also dem Versuch, über das Wetter zu schimpfen, ohne das Dach zu reparieren. Die meisten von uns sind aufgewachsen in einer gesellschaftlichen Welt, in der die Abschirmung gegen den Rest des Planeten hervorragend funktionierte. Westdeutschland war, im Rückblick betrachtet, eine Enklave. Wir genossen alle Vorteile des Westens, nach Osten schirmte uns 40 Jahre lang eine äußerst komfortable Mauer aus Beton und Stacheldraht vor der Armut unseres Kontinents ab.

Vieles an der Gespensterhaftigkeit der Globalisierungsdebatte hat hier seinen Ursprung. Saturiertheit durchzieht auch das politische und moralische Denken.

Die Evolution des 21. Jahrhunderts aber wird von einer Welt bedingt, in der »Abschottung« überlebensbedrohlich sein kann. Dies ist zuallererst eine ökonomische Frage. Ostdeutschland mit seinen 0,2 Prozent Ausländern und seiner latenten Fremdenfeindlichkeit wird sich im internationalen Tourismus wahrscheinlich nicht allzusehr profilieren. Eine Kultur, in der Schwarze auf der Straße immer noch schräg angemacht (oder auch nur seltsam angestarrt) werden, ist für Manager ausländischer Konzerne, in denen auch das Management multikulturell sein muß, nicht unbedingt attraktiv. Wo das Mißtrauen gegen alles Fremde die erste Regung ist, flieht der globale Geist einschließlich des dazugehörigen Kapitals – und wendet sich anderen Wirtschaftsregionen zu.

Gesellschaftliche Homogenität ist heute nur noch um den Preis eines neuen Polizeistaats zu haben. Die elektrischen Zäune an der Straße von Gibraltar, die Infrarot-Nachtsichtgeräte des Bundesgrenzschutzes an der Oder werden das Einsickern der östlichen und asiatischen Armut nicht verhindern.

Jetzt stehen wir ratlos vor einer gesellschaftlichen Wirklichkeit, die sich nicht mehr an die Verkehrsordnung der Nachkriegszeit hält. Hunderttausende, Millionen, versuchen, in Lastwagen, in Schiffen, eingepfercht und abkassiert, zu uns zu gelangen, um ein Stück von unserem Wohlstand zu ergattern. Sie sind hochmotiviert, überlebenswillig, leistungsbereit. Alles das, was wir nicht mehr sind.

Es wird Zeit, der Wahrheit ins Auge zu sehen. Moderne, offene Gesellschaften in der Welt des 21. Jahrhunderts, des Flugverkehrs, der Daten- und Menschenströme, unterminieren Privilegien und Monopole. Globalisierung heißt eine allmähliche, nachhaltige Annäherung der Sphären des Planeten. Unsere westlichen Kulturen sind in Zukunft wie das Bruchstück eines Hologramms, in dem sich auch immer das *ganze* Bild findet. »Erste Welt«, das heißt in Zukunft immer auch ein Stück zweite, dritte, vierte Welt. Heißt *Sichtbarkeit* der Unterschiede, die auf diesem Planeten herrschen. Warnfried Dettling schreibt:

Die Gesellschaft muß lernen, mit wachsenden Widersprüchen zu leben. Zwischen dem Imperialismus einer globalen Wirtschaft und dem Wunsch nach Heimat in kleinen Räumen. Zwischen den unendlichen Möglichkeiten der Wissenschaft, Forschung und Technologie, und den neuen Grenzen der Menschen, ihr Leben und die gemeinsamen Dinge selbständig und verantwortlich zu gestalten. Die Widersprüche des 21. Jahrhunderts werden bald den sozialen Konflikt des 19. Jahrhunderts – den zwischen Kapital und Arbeit – zu dem machen, was er im Rückblick auch war: leicht zu zähmen und leicht zu organisieren, zum gemeinsamen Vorteil aller.

PLÄDOYER FÜR EINE »UTOPIE DER UNGLEICHHEIT«

Die globale Evolution treibt uns wenig überraschenderweise in einen heftigen Wertekonflikt. Wir müssen uns entscheiden, auf welcher Basis wir Werte wie »Gleichheit« und »Gerechtigkeit« in Zukunft buchstabieren wollen. Was ist der *Bezugsrahmen* unseres Gleichheitsbegriffs? Unser komfortables, nationales Wohlergehen? Oder ein Planet, auf dem dichte Waren-, Ideen-

und Verkehrsströme herrschen, auf dem es Elend, aber auch Vitalität, Kreativität und den Wille zum Aufstieg gibt?

Irgendwann müssen wir wählen. Zwischen einem Gleichheitsmodell, das im günstigen Fall auf »Selbstprovinzialisierung« hinausläuft – niemand kommt zu uns man vergißt uns –, und einem offenen Modell, das widersprüchlicher, aber auch »ehrlicher«, im planetaren Maßstab *gerechter* sein wird.

Sehen wir es einen Moment einmal nicht mit unseren Augen – den Augen derjenigen, die ihren Wohlstand verteidigen wollen –, sondern aus der Sicht der Mehrheit der Erdenbewohner. Angenommen, Sie stammen aus Pakistan, Weißrußland oder Albanien, und Sie sind gerade auf dem Weg ins gelobte Land Westeuropa. Die Tatsache, daß Sie diesen Schritt tun, heißt schon, daß Sie wahrscheinlich zu den Mobileren, besser Qualifizierten oder Leistungsfähigeren ihrer Kultur gehören. Was erwarten Sie von einem Land, in das Sie unterwegs sind? Oder was *würden* Sie erwarten, falls dieses Land Sie überhaupt hineinlassen würde?

Nun – zunächst wäre es angenehm, wenn Sie auf der Straße nicht wegen ihrer Andersartigkeit beglotzt oder mit Steinen beworfen würden, und wenn das Dach über ihrem Kopf nicht abbrennt. Aber weiterhin? Natürlich: Sie möchten arbeiten können!

Der Apostel der Gleichheit würde jetzt sofort fordern, daß Sie einen *Mindestlohn* erhalten. Darauf haben Sie gerade noch gewartet! »Mindestlohn« bedeutet nämlich, daß Ihnen die einzige Waffe, die Ihnen beim Kampf ums Überleben – und langfristig um den sozialen Aufstieg – zu Verfügung steht, Ihre billigere Arbeitskraft, aus der Hand geschlagen wird. Jetzt konkurrieren Sie auf gleicher Ebene mit den einheimischen Anbietern von Arbeitskraft – und die Wahrscheinlichkeit, daß Sie von diesen früher oder später eins auf die Jacke bekommen, steigt!

So funktionieren »Sozialgarantien« unter den Bedingungen

des Wohlfahrtsstaates als Barriere gegen die Armen. Lohngarantien sind für den, der mit nichts als seiner billigen Arbeitskraft ins Land kommt, nichts anderes als ein Arbeitsverbot. Eine regulierte Gesellschaft ist für alle, die nicht alteingesessene Rechte genießen, ein Monstrum.

Dabei wäre die Überwindung dieser Denkbegrenzung ökonomisch mittelfristig ein Segen. Denn jeder von uns weiß es ja – die Nivellierung der Löhne führt in unserer Nationalökonomie zu agonischen Erscheinungen. Arbeit, die erledigt werden soll, bleibt liegen. Dienstleistungen, die uns dazu befähigen würden, uns besser um unsere Familie zu kümmern oder komplexere Jobs anzunehmen, werden nicht angeboten oder in die Illegalität gedrängt. (Wer soll die vielen Gebrechlichen und Alten pflegen?)

Ein »Konsens der partiellen Ungleichheit« könnte also wie folgt lauten:

Der »globale Kontrakt«

Wir lassen eine bestimmte Anzahl von Newcomern ins Boot, die zu niedrigen Löhnen Arbeiten ausführen, die unsere Gesellschaft nicht mehr bereit oder in der Lage ist, auszuführen.

Wir bevorzugen dabei die Mobilen, die Leistungsfähigen und die Spezialisierten.

Diesen Newcomern geben wir die Chance, ihre Löhne und ihren Aufstieg selbst in unserer Gesellschaft auszuhandeln. Wir geben ihnen zwar die minimalen rechtlichen Garantien, zahlen ihnen aber keinerlei Unterhalt. Wir werden nicht immer verhindern können, daß sie durch Geschäftemacherei, Mietwucher und dubiose Leihfirmen ausgebeutet werden, einige von ihnen werden den Belastungen nicht gewachsen sein. Aber wir behindern sie nicht in ihrem Versuch, nach oben zu kommen – wie unsere Vorfahren alle einmal versucht haben, nach oben zu kommen.

Wir tun diesen Schritt nicht aus altruistischen Gründen. Dadurch, daß bestimmte Arbeiten jetzt erledigt werden, können ▶

wir unsere Ökonomie anders und besser entwickeln. Weil jetzt Supermarkteinkäufe nach Hause geliefert werden, weil junge Familien preiswerte Babysitter bekommen, weil die Landwirtschaft ihre Ernten organisieren kann, können in unserer Gesellschaft auch die qualifikationsintensiven und komplexen Aufgaben besser erfüllt werden – was auf die Dauer die Einkommen aller erhöht. Mütter und Väter können leichter berufstätig sein, ohne ein schlechtes Gewissen zu haben. Die Wissensgesellschaft kann sich weiterentwickeln, weil viele von uns jetzt sich jetzt auf komplexere Berufe/Tätigkeiten konzentrieren können. Durch höhere Ungleichheit wird also eine notwendige Evolution begünstigt.

Am Ende zahlt sich dieses Risiko für beide Seiten aus, es ist ein Win-Win-Spiel. Die »Newcomer« werden in ihrer übergroßen Zahl dem Elend und der Not ihrer Heimatländer entkommen, ihre Überweisungen dorthin werden dringend benötigtes Kapital schaffen, wir werden unsere Gesellschaft weiterentwickeln.

Ich bin mir sehr wohl bewußt, daß ein solch »fairer Vorschlag der Ungleichheit« angst macht und in den deutschsprachigen Ländern heute nicht die geringste Chance auf größere Zustimmung fände. Unsere Psychen verkraften die Paradoxie nicht, die in einem solchen Programm liegt – wieso soll mehr Ungleichheit mehr Prosperität für alle bringen? Wenn wir allerdings diesen Kontrakt nicht offiziell deklarieren, bricht er sich unterschwellig und illegal Bahn. Durch Schlepperbanden werden tagein, tagaus Menschen ins Land gebracht, die, rechtlos, wie sie dann sind, automatisch in die Kriminalität fallen. Sie werden anfällig für mafiöse Strukturen. Ihr Kommen zu verhindern, ist leider in einer Welt des Flugverkehrs und des internationalen Handels unmöglich. Allenfalls ein »Eiserner Vorhang« konnte das Einsickern der Armut eine gewisse Zeit verhindern. Doch selbst ein elektronischer Zaun – wie in der Wüste südlich von Los Angeles – wird die Menschenflut auf Dauer nicht stoppen.

Wer Globalität akzeptiert, muß anerkennen, daß sich damit die Ungleichheitsgrade in der Gesellschaft erhöhen. Wenn wir die Armen ins Land lassen, können sie auch kriminell werden oder verelenden. Oder uns überflügeln. Das, was wir ihnen geben können, ist – nach amerikanischem Vorbild – *eine Chance.* Die Chance, den kleinen Gemüseladen nachts aufzumachen und mit Hilfe des Familiennetzes, von Fleiß und Improvisation in ein, zwei Generationen aufzusteigen in die Wohlstandsschicht. Die Chance, *ihre Ungleichheit strategisch (im Eigeninteresse) einzusetzen.*

Kann sich unsere Kultur, unsere Gesellschaft, auf eine Utopie einlassen, die mit dem Verlust von Sicherheiten und der Bedrohung alter Claims und Selbstverständlichkeiten einhergeht? Die Antwort lautet: Sie muß. Sie muß es *auch* aus moralischen Gründen. Aber noch viel mehr aus sehr praktischen: um die vitalen Kräfte im Inneren, die erschlafft sind, wieder zu erwecken. Ein gewisses Maß an »dynamischer« Ungleichheit ist wie ein Luftzug in einem Raum mit verbrauchter Luft, oder ein Zustrom frischen Wassers in einem stehenden Tümpel. Nur sie ermöglicht ein Mindestmaß an »upward mobility«, die für das Wohlergehen und die Anpassungsfähigkeit einer Gesellschaft existentiell ist.

Günther Faltin und Jürgen Zimmer schreiben in ihrem außerordentlich lesenswerten Buch *»Reichtum von unten«:*

Europa wird vom Sockel geholt und muß sich den Bedingungen, unter denen die Mehrheit der Menschen dieser Erde leben, langsam anpassen. Festungswälle können verzögern, aber nicht verhindern, daß wir dem auffrischenden Wind des Weltmarktes ausgesetzt sind. Die Zahl der Arbeitslosen wird weiter steigen, wenn wir nicht lernen, auf die eigenen Füße zu fallen. Jetzt, da andere mit neuen Fabriken und niedrigen Löhnen die Vorteile haben, die einst unser Wirtschaftswachstum hervorriefen, sind wir tief verschuldet, voll hoher Ansprüche und zerstritten. So gilt es, wieder mehr als zuvor unternehmerisches Handeln zu lernen.

DAS GLOBALE WIRTSCHAFTSWUNDER

Gegen Mitte des 19. Jahrhunderts kam Stanford Raffles, ein englischer Lord, auf die Idee, eine Hafenstadt im fernen Osten zu etablieren, in der der freie Geist des Welthandels wehen sollte. Er kombinierte dazu verschiedene Elemente: Ein Verwaltungs- und Rechtssystem nach englischem Vorbild, das dem Individuum alle Rechte verlieh, aber auch der Ordnungsmacht einige Priviligien. Ein Schul- und Ausbildungssystem, das der multikulturellen Bevölkerung der Region um Singapur gute Ausbildungsmöglichkeiten zur Verfügung stellte. Und den geregelten Zuzug von leistungswilligen Immigranten aus den »Hinterländern« der Region.

Es ist dieser Dreiklang, aus dem man Wirtschaftswunder fabriziert. Heute ist Singapur zum weltweiten Leistungsriesen aufgestiegen und übertrifft mit seinem Lebensstandard viele westliche Länder. In seiner spezifischen Mischung aus westlicher Modernität, konservativer Denkungsart und konfuzianischer Tradition bietet es die neue Zivilisationsmischung in höchster Reinheit. Eine Mischung, die das 21. Jahrhundert sicher prägen wird, aber nicht notwendigerweise dominieren muß.

Auch die Deutschen haben im Grunde eine lange erfolgreiche Geschichte mit diesem Programm. Der Exodus der Hugenotten nach Preußen im 17. und 18. Jahrhundert, der osteuropäischen Bergarbeiter in die entstehende Boomregion Ruhrgebiet (ein Viertel der Eintragungen in den Telefonbüchern des Ruhrgebietes weist polnische Namen aus), die Zuwanderung italienischer Eisenbahnarbeiter zu Beginn des Jahrhunderts – all dies beweist uns, daß wir als Nation eine wilde Mixtur aus Nordländern, Slawen, Kelten und romanischen Hinterlassenschaften darstellen. In den ersten zwei Jahrzehnten nach dem Ende des 2. Weltkriegs hat Westdeutschland 12 Millionen »Flüchtlinge« und Übersiedler aus den ehemaligen deutschen Ostgebieten und Osteuropa aufgenommen. Dann kamen die Gastarbeiter des Wirtschaftswunders – es ist uns immer wieder gelungen, Ungleichheit als Erfolgsprogramm zu organisieren. Wer übrigens unsere Binnenkonjunktur heute vor einem regelrechten Absturz durch Marktsättigung bewahrt, sind die Türken, deren sozialer und wirtschaftlicher Aufstieg sich ihrem ethnisch-kulturellen Netzwerk verdankt. Die deutschen Regionen haben sich untereinander immer wieder die Gnade des Zuzugs gewährt und den Fleißigen, den Kreativen, eine Chance gegeben. Warum sollten sie nicht im 21. Jahrhundert lernen können, daß man Gleichheit nicht mit Sanktionen erzwingen, sondern als Versprechen, als Vision sehen sollte, die auch für andere gilt? Daß uns das Herz in der Hose schlottert – angesichts der vitalen jungen Volkswirtschaften, die zum Sprung in den Massenwohlstand ansetzen –, hat mit dieser Verdrängung zu tun: Wir vergessen, wie wir von den »anderen« profitierten, wir vergessen ebenso, wie wir vom steigenden Welthandel seit dem Krieg profitierten. Wir begehen den klassischen Fehler jeder angstorientierten Strategie: Wir klammern uns an die Besitzstände, anstatt zu begreifen, daß wir sie nur halten und vermehren können, wenn wir sie teilen.

Nein, die Globalisierung ist nicht zu verhindern. Wer das behauptet oder suggeriert, wie die wackeren linken Globalisierungsalarmisten, schickt uns weiter in eine tiefe Krise hinein und zurück in eine politische Gemengelage, in der in Deutschland und anderswo immer schon der Terror wohnte. Globalisierung durchsetzt längst unsere Welt, unsere Denkweise, Mentalitäten, Träume und Phantasien. Und das ist gut so. Sie ist das große Projekt der zweiten Hälfte des zu Ende gehenden Jahrhunderts – und eine wahre Erfolgsgeschichte. Die »Gleichzeitigkeit«, die dadurch entstanden ist, die Parallelität des Tourismus und Terrorismus, der Kultur und des Konsums, der Krankheiten und Moden, Paranoien und Phantasien, der Moden und Schadstoffe[1], verwirrt zwar unsere

1 Nach Wolf Schäfer, Professor für Geschichte an der State University of New York, zitiert nach ZEIT 44/96, S. 56

Köpfe, aber sie bereichert uns auch. Die Globalisierung ist der Stoff, aus dem ein »Millenniums-Optimismus« gemacht sein könnte. Wenn es uns gelingt, ob gelb, braun, schwarz, rot oder blaß, Bewohner desselben Planeten, in ein *gemeinsames Zeitalter* hineinzuwachsen, wäre dies ein ungeheurer zivilisatorischer Fortschritt.

8. KAPITEL

UTOPIE EUROPA

Ein schüchternes Plädoyer

Kehren wir noch einmal ins Herz der ökonomischen Frage zurück und zu jener »Standortdebatte«, mit der wir uns ständig selbst die Dämonen austreiben wollen: Auch hier grassiert die grobe Vereinfachung, das Klischee, das Interessenskalkül, das primitive Denken. Auch hier ist über weite Strecken die eigentliche Herausforderung – *wie organisieren wir steigende Komplexität* – noch gar nicht begriffen.

Es ist richtig: In der globalen Wirtschaftsordnung ist keine Gesellschaft mehr im eigentlichen Sinne »autonom«. Sie ist abhängig von einem Geflecht von Herausforderungen und Zwängen. Aber dies sagt noch nichts über richtige oder falsche Strategien aus. Müssen wir »amerikanisch« oder »japanisch« werden, um »mithalten zu können«?

Fassen wir noch einmal die drei großen, kontinentübergreifenden Modelle zusammen, die im 21. Jahrhundert die entscheidenden Rollen im *global play* spielen werden.

① *Das angelsächsische Modell.* Es beruht auf einer starken Betonung von individueller Freiheit und Selbstverantwortung, gekoppelt mit wirtschaftlicher Dynamik und Wettbewerbsorientierung. Es wertet Aspekte des Zusammenhangs und der Gleichheit eher als sekundär oder übersetzt diese Werte auf nationales Bewußtsein. Es ist technisch-visionär codiert; Technik wird bedingungslos als positiv deklariert.

② *Das asiatische Modell.* Es trennt konsequent Fragen des Marktes und Fragen der Kultur und hat sich dadurch ernorme dynamische Optionen gesichert. Da das politische Primat der entsprechenden Länder (Singapur, Korea, Japan, China) dem wirtschaftlichen Vorteil, der Dynamik der Ökonomie, gilt, aber dabei optimal die traditionellen Zusammenhänge nutzt, um höchstmöglichste Produktivität bei Erhalt der gesellschaftlichen Integrationskraft zu gewährleisten, ist ein solches Modell kaum zu schlagen. Es ist bei weitem das dynamischste Modell – wenn man »Ökonomie« als reines Bruttosozialprodukt buchstabiert.

③ *Das europäische Modell.* Aus der Ferne wirkt Europa

seltsam grau. Aber das liegt vielleicht gerade an seiner Farbigkeit: So, wie Grau entsteht, wenn man alle Farben der Palette zusammenmixt, so entpuppt sich bei näherem Hinsehen ein breites Farbenspektrum. Es reicht von den protestantisch-kleinbürgerlichen Sozialdemokratien des Nordens bis zum Schlawinertum des Donauraums. Von der (fast chinesischen!) Familienökonomie der Mittelmeerländer bis zum kooperativen Einzelgängertum der Iren und Engländer. Vom bürgerlichen Multikulturalismus der Schweizer bis zum tschechischen und polnischen Improvisationstalent.

Wenn es die *Differenz ist,* die in der Ökonomie wie in der Artenbiologie das Überleben sichert, müssen wir schleunigst in die andere Richtung denken: Was *unterscheidet* Europa, die europäischen Ökonomien, von den dynamisierten Regionen des Weltmarktes? Was macht uns zu »Europäern«? Was ist unsere *spezifische, unkopierbare Fähigkeit?* Wie *positionieren* wir uns im 21.Jahrhundert bewußt *anders* als die beiden konkurrierenden Wirtschaftsräume?

Während der pazifische Raum Strukturen übernimmt, die der Industriegesellschaft unserer Wirtschaftswunderzeit eigen waren – Massenproduktion, die Kleinhaushaltsfamilie als kulturelles Standardmodell, Wachstumsraten um 7 Prozent –, während Amerika nach dem Ende seiner Immigrationsepoche selbst vorsichtig wohlfahrtsstaatliche Elemente aus Europa »entleiht«, ohne seine klassische Pioniermentalität in Frage zu stellen, ist Europa vor allem eins: verunsichert. Doch ob es will oder nicht, es muß sich etwas anderes einfallen lassen als die nackte Kopie dieser Modelle. Eine Strategie, die auf Angleichung an die Konkurrenten herausläuft, würde aus mehreren Gründen zwangsläufig scheitern. Erstens weil sie kulturell nicht durchsetzbar ist. Wir sind eben keine Singapuris oder Japaner – die Pflicht-, Fleiß- und Kleinfamilienwerte, mit denen die fernöstlichen Gesellschaften ihre Wachstumsraten erzeugen, gehören bei uns einer vergangenen Epoche an. Und selbst wenn man uns diese Werte wieder »einprügeln«

könnte – welcher makroökonomische Sinn soll darin liegen, die *noch billigeren* Autoreifen, Möbel, Kleidungsstücke, elektronischen Gimmicks zu erzeugen?

Japan, die Vereinigten Staaten und die Sowjetunion sind hochspezialisierte Länder: Japan in der Investition, die Vereinigten Staaten im Konsum und die Sowjetunion (heute Rußland) in der Bewaffnung. In Europa sind diese Elemente ausbalanciert. Es investiert weniger seines Bruttosozialproduktes als Japan, aber mehr als die Vereinigten Staaten. Es konsumiert weniger seines BSP als die Vereinigten Staaten, aber mehr als Japan und die Sowjetunion. Es rüstet weniger als die Vereinigten Staaten, aber mehr als Japan.[1]

In den düsteren Bestrafungsvisionen, die heute von den Nationalökonomen gezeichnet werden, kommen bestimmte Stärken der europäischen Ökonomie erstaunlicherweise gar nicht vor. Auch die Chancen der Globalisierung werden nicht erwähnt. Denn was uns einerseits bedroht – als Abwanderung billiger Arbeitsplätze –, gibt komplexen Produkten und Handelsprozessen enorme Chancen. Zahllos sind die europäischen mittelständischen Betriebe, die gestern nur auf den Binnenmärkten, heute in aller Welt agieren.

DREI ÖKONOMISCHE SZENARIOS ZUR ZUKUNFT EUROPAS

»Afrikanisierung« bzw. Mafialisierung. Niemand, der in einer westdeutschen Großstadt lebt, ahnt nicht, wovon hier die Rede ist. Der Taxifahrer, der mit einem Schrottauto auf Felgen herumfährt, der Rosenverkäufer, der schlechte Karten bei den Kneipengängern hat, der 2-Meter-Hüne aus dem Senegal, der Voodoo-Püppchen in verräucherten Studentenkneipen anbietet, der Bewohner der Hinterhöfe, die kein Sanierungsprogramm mehr erreicht, die neuen Ghettos der Plattenbauten, in

1 Professor Samuel Huntington in Paul Kennedys »In Vorbereitung auf das 21. Jahrhundert«

denen der Suff regiert: Das Wuchern einer durchdringenden Elendsökonomie, bei der man nicht mehr nur auf keinen grünen Zweig kommt, sondern bei dem sich ganze gesellschaftliche Subsysteme verselbständigen. Clanwesen, Mafiastrukturen, nackter Kampf ums Überleben.

Europa hat längst seinen »mezzogiorno«, im Osten und in vielen Vierteln der Metropolen. Deren Bewohner werden wie die Millionen Osteuropäer nicht alle geduldig warten, bis sich ihre sozialen Systeme durch die Nadelöhre der Wohlstandsgesellschaften gezwängt haben. Um es in den Worten der Frauen- und Familienforscherin Gisela Erler auszudrücken: *Unsere Zukunft wird ein bißchen weiblicher, ein bißchen östlicher, ein bißchen ärmer.*

»Verschweizerung«. Versuchen wir einmal ein dreistes Gedankenexperiment: Wir verschließen unsere Grenzen gegen die Armutsimmigration und schotten unseren Wohlstand ab. Wir halten uns raus, wo immer ein Konflikt droht (beziehungsweise verdienen daran). Und wir werden *im planetaren Maßstab* das, wofür heute das »Modell Schweiz« steht: eine Enklave hoher Kaufkraft und Stabilität, ein befriedeter Ort, an dem die planetaren Eliten ihre Kinder in die Schulen schicken und, wann immer sie es sich leisten können, auch wohnen. Damit ist ein endloser Strom von Kapital aus Schwellen- und Drittweltländern verbunden: Die Diktatoren und Verbrechersyndikate aus aller Welt werden ihre Gelder bei uns abladen. Wir werden diesen Reichtum hüten und von den Zinsen leben.

Die real existierende Schweiz lebt in erster Linie vom Prestige und Marktwert ihrer hohen Infrastruktur, ihres sozialen Friedens und kulturellen Reichtums – und natürlich vom Bankgeheimnis. All dies macht sie für Geldanleger sicher, attraktiv und glaubwürdig. Die Headquarters multinationaler Konzerne schlagen hier gerne ihre Zelte auf, mit den entsprechenden Großgehältern für ihr globales, mehrsprachiges Management und der Kaufkraft, die sie ins Land bringen.

Ganz so weit sind die Deutschen von dieser Struktur im Grunde nicht entfernt. Schon heute gehören ihre Banken zu den mächtigsten Wirtschaftsträgern in ganz Zentraleuropa. Immer mehr Geld wird mit Geld gemacht. Die Kapitalstruktur der deutschen Industrie ist prächtig entwickelt. Innovation, so scheint es, wird zunehmend verzichtbar. Deutschland hat immer noch den Ruf als eines der stabilsten Länder der Welt – nur will, im Gegensatz zu der Schweiz, kaum jemand von außerhalb mit viel Geld hier leben.

Vor einer »Verschweizerung« Mitteleuropas wären also erst einige Bedingungen zu erfüllen. Erstens benötigt die »Euroschweiz« einen »globalen Stil«. Abkapselung von der Welt ist auf Dauer gefährlich fürs Image. Kultur will gelebt werden, nicht nur ausgestellt in den Auslagen der Juweliergeschäfte. Weltoffenheit geht mit provinzieller Muffigkeit nicht zusammen. Und ob »Schweizopa« eine weltoffene Region wird, in der Menschen aller Hautfarben gerne gesehen werden, hängt von der – auch militärischen – Entschlossenheit ab, mit der es seinen inneren wie seinen äußeren Frieden – sein Glacis – verteidigt. Ich merke schon: Es wird Ihnen langsam mulmig. Brechen wir also das Gedankenexperiment ab und prüfen eine weitere Möglichkeit:

»Verösterreichung«. Diese Variante ist von beträchtlichem Charme, aber es ist schwierig, sie sichtbar und diskutabel zu machen. Denn sie basiert auf »unsichtbaren Vereinbarungen« der Dritten Art.

Je öfter ich in meiner zweiten Heimat Österreich weile, desto mehr staune ich darüber, wie dieses »System« funktioniert. Die Österreicher haben – vordergründig – so gut wie nichts von dem zu bieten, was die moderne ökonomische Welt uns allen abverlangt: Sie haben keine weltweite Automobilindustrie wie die Deutschen, sie haben wenig Rohstoffe, es fehlt Kapital, sie haben dafür eine behäbige Administration (die höchste Beamtenrate der Welt), einen gigantischen Umverteilungsapparat (den vorletzten funktionierenden Sozialismus), hohe Steuern und nicht gerade eine beeindruckende Innovationskultur.

Und trotzdem geht es ihnen gut. Wenn man das Klagen abzieht (Punkt eins des österreichischen Geheimnisses: *Lerne klagen ohne zu leiden),* offenbart sich ein erstaunlich gut geöltes System. Die Arbeitslosenquote ist gering, die österreichischen Firmen verdienen gut, der Staatshaushalt ist – man höre und staune – ausgeglichen.

Ein intimer Kenner der österreichischen Verhältnisse erklärte mir den Mechanismus, der zu diesem Wunder führte, neulich folgendermaßen:

Im Grunde sind wir ein Volk von »neuen Selbständigen«. Wenn hier die Handwerkerinnung ihre Jahresbilanz vorlegt, ist es jedesmal ein katastrophales Geschrei: Wir sind ruiniert! Wir haben Aufträge nur für eine Auslastung von vier Monaten pro Jahr! Wir brauchen mehr Subventionen! Die Wahrheit ist: Nach vier Monaten klappt jeder Handwerksbetrieb sein Auftragsbuch zu. Den Rest des Jahres wird schwarz gearbeitet. Jeder weiß das: die Innung, das Finanzamt, die Konkurrenz. Die Bank freut sich, weil sie über unkündbare Schwarzkonten verfügt. Der Handwerker freut sich, weil er ein gutes Einkommen hat. Die Gesellschaft freut sich, weil alles erledigt wird – nach dem vierten Monat sogar pünktlich!

Übertrieben? Nach allem, was ich inzwischen erlebt habe: nur wenig. Der österreichische Konsens besteht aus folgenden Punkten:

① *Gegenseitige Protektion:* Nur Querulanten reden von Korruption, Sozialforscher hingegen müssen das allgemein herrschende Prinzip konstatieren. »Wenn du mein Freund bist und mir etwas zukommen läßt, dann werde ich umgekehrt ...« Es geht also um Freundlichkeit im Umgang miteinander, um »Networking« und ist damit ein sozialer Akt, der allen Beteiligten Nutzen bringt.

② *Aktives Mitleid mit dem Staat:* Der Staat, so weiß

man, ist für alles zuständig. Aber da er damit ein wenig überfordert ist, rücken wir das durch Eigeninitiative (= Schwarzarbeit) ein bisserl zurecht.

③ *Diskretion:* Jeder weiß all dies, aber wir bewahren einvernehmlich Stillschweigen darüber. Ist besser so!

Mal im Ernst: Hat ein solches Konsens-System nicht eine Menge Vorteile? Kombiniert es nicht das Beste aus mehreren Welten? Es hat etwas »Östliches«, weil es flexibel und dadurch überlebensfähig ist. Es ist »weich«, weil es Toleranz praktiziert. Niemand zeigt hier den Nachbarn wegen Schwarzarbeit an – er würde sich hüten! Niemand würde jemals sein volles Einkommen versteuern – aber auch niemand würde mehr als symbolisch darüber klagen, daß die anderen es nicht tun! Ein Konsens, der tatsächlich funktioniert. Erstaunlicherweise kommt aber auf diese Weise immer noch mehr bei den Steuereinnahmen zusammen als bei uns – niemand versucht mit allen Tricks und Risiken, sein Geld in Luxemburg anzulegen – es ist ja auf der örtlichen Volksbank!

Natürlich muß ein solches System sich konsequent nach außen abschirmen, denn es funktioniert nur im Verein, und Fremde sind darin Störfaktoren. Natürlich erzeugt es in seinem Inneren irgendwann eine bestimmte Trägheit, die auch in gefährliche Dumpfheit umschlagen kann. Und vielleicht braucht es auch eine große Brust zum Anlehnen (die deutsche Wirtschaft). Aber ich bin mir sicher: Fragte man die Bewohner des gesamten deutschsprachigen Raumes, würden sie dieses Modell mit 80prozentiger Mehrheit als das ihre wählen.

Amerikanisierung. Bleibt noch das gute, altbewährte Gespenst, das schon seit Kriegsende umgeht: »Amerikanisierung« ist in seltener Einhelligkeit von ganz links nach ganz rechts das Teufelswerk schlechthin. Man kann jede spannende Debatte damit abwürgen, daß man dem Gegner unterstellt: *Sie wollen wohl, daß es bei uns zugeht wie in Amerika.*

Natürlich wird sich die mitteleuropäische Kultur weiter

»amerikanisieren«. Weil »Amerika« die einzige globale, universelle Kultur hervorgebracht hat, weil »Amerika« etwas mit Einfallsreichtum, Kreativität und der Entschiedenheit zu tun hat, weil Amerikanisierung Globalisierung ist. Auch Indien, Mongolei und Afrika werden unaufhörlich »amerikanisiert« – in dem Maße, wie sie Anschluß an den Weltmarkt gewinnen und die Wirtschaft entwickeln.

Es ist aber ein gewaltiger Unterschied, ob unsere Kultur *beeinflußt* wird, oder ob wir einem *Modell folgen*. Jeder, der die USA bereist, weiß, wie *genuin anders* dieser Kontinent ist – aus Europa hervorgegangen, ist er doch immer ein Anti-Europa.

DIE »VISION EUROPA«: PLÄDOYER FÜR EIN SCHWIERIGES PROJEKT

In Europa versammeln sich auf relativ engem Raum eine Vielfalt von miteinander wetteifernden Modellen, kulturellen Mustern, *habits*. Großbritannien, mit seiner spannenden Mischung aus »amerikanisierter« Ökonomie und alteuropäischer Kultur, der soziale und familiäre Harmonismus der skandinavischen Länder, der Nachbarschaftsgeist der Benelux-Länder, die klassische Bühne Italiens, betrieben von sehr geschäftstüchtigem Personal, katholische Hartnäckigkeit der neuen mitteleuropäischen Wachstumsländer Polen, Slowenien, Slowakei, der Eigensinn der Tschechen und der Ungarn, der postabsolutistische Semi-Sozialismus Österreichs. Und gerade sind die Peripherien dabei, uns Kontinentaleuropäern einiges vorzumachen: Irland hat seit Jahren die Bedeutung des Wortes Boom entdeckt, Portugal verblüfft mit hohen, dauerhaften Wachstumsraten, Finnland entwickelt sich zum vernetzten High-Tech-Dorado.

Als Europäer lernt man früh, Kulturgrenzen zu überschreiten. Während die Amerikaner von West- zu Ostküste ihres Kontinents reisen können und immer ihre vertraute, amerikanische Kultur und Sprache vorfinden, während die Völker des fernöstlichen Raums zur kulturellen Segregation und – trotz alle Gastfreundschaft – zu geschlossenen Systemen neigen, ist »Europa« von Anfang an von starker kultureller Differenz gekennzeichnet. Noch ist dieser Patchworkkontinent nur kompliziert – wir müssen nur nach Brüssel oder Straßburg sehen. Noch ist die europäische Einigung eine unvollendete Aufgabe. Aber *wenn* sie eines Tage Wirklichkeit wird, ist Europa in Sachen Komplexität so schnell nicht zu schlagen. Ein »glokalisiertes« Europa hätte anderen voraus, was in den ökonomischen Prozessen der Zukunft existentiell ist: Weltoffenheit, Wandlungsfähigkeit, tatsächliche Diversifiziertheit. Die sieben Sprachen und Kulturen sind eben nicht nur Babylon, sie bergen auch alle Vorteile eines dynamischen, kooperativ-konkurrenten Systems. Gerade weil wir gegenseitig im Wettbewerb stehen, aber zu definierten Regeln, können wir auch voneinander und miteinander lernen. Die verschiedenen Sozialstaatsmodelle in enger Nachbarschaft sind unersetzliche Laboratorien für die Optimierung gesellschaftlicher Teilsysteme.

Europa also. Skeptizismus, Beharrungsvermögen. Tradition. Die Landschaft und die Städte Mittelitaliens. Die englischen Gärten. Die französische Küche. Die skandinavische Kultur des Häuslichen. Deutsche Präzisionstechnik, ja doch. Eine große Langsamkeit, oft Trägheit, gewiß, und je weiter wir auf unserem Kontinent in östlicher Richtung vorankommen, desto mehr mischt sich etwas hinein, was weder in Brasilien noch in den USA, nicht in den »Tigerstaaten« und nicht im vitalen Afrika zu finden ist: selbstgewisse Melancholie. Ich meine nicht die schwarze Melancholie, die analog zu Depression ist (die gibt es überall). Sondern jene Melancholie, die nur ein Europa, eine Kultur entwickeln kann, die »sehr viel gesehen hat«. Die ihre Erinnerung aufbewahrt über all die Kaiser und Könige, Systeme und Ideen, Wahnbilder und Schrecken ihrer Geschichte. Deren Protokolle über den Aufstieg und den Niedergang von Imperien gut archiviert sind, deren Bibliotheken über zahllose getragene und wieder abgelegte Ideologien, Dogmen, Wirtschaftsformen und Lebensstile Auskunft geben. Die den Wechsel und den Wandel, gegen den sie sich heute scheinbar sperrt, immer im Extremen erlebte – in Kriegen, Barbarei, Tyrannei, aber auch den Gestaltungen der europäischen Kunst, Poesie und Musik.

Vielleicht ist es diese herbstliche Melancholie, die den Kern unserer Identität ausmacht. Wir sind nicht mehr so begeisterungsfähig, uns fehlt die parsifaleske Naivität Amerikas oder der bedingungslose Aufstiegswille der Schwellenländer. Aber wir wissen, wie man sein Haus winterfest macht und daß auch nach den ärgsten Eiszeiten wieder Frühlinge kommen.

Das Thema Europas war stets die Vielfalt und der immer erneuerte Versuch, daraus eine Einheit zu schaffen. Vor 750 Jahren hatten die Europäer ein gemeinsames religiöses Dach, und die Gebildeten sprachen Latein. 500 Jahre später unterhielt sich die europäische Oberschicht in Französisch, heiratete untereinander und führte sogar ihre kriegerischen Auseinandersetzungen in streng geregelter, »gehegter« Form. Heute sind fast alle Leute dabei, Englisch zumindest zu lernen, sie bevölkern die Gasthäuser und Strände der anderen und brüten über gemeinsame Geschäftsideen nach. Die Kultur der Differenz bietet letztlich auch dem Individuum eine größere Wahlfreiheit als die konsistenteren, modellnäheren Kulturen Nordamerikas oder Ostasiens. Das einzige, was den Europäern gegenwärtig fehlt, ihre riesigen Chancen zu nutzen, ist Selbstvertrauen und Optimismus mit Augenmaß.

Das Europa der Zukunft könnte so die komplexeste Gesellschaftsform auf dem Planeten werden. Eine *pluriforum culture,* in der die verschiedensten Überlebensstrategien, Wertsysteme, Lebensstile miteinander verbunden und verwoben werden. Eine Kultur, in der Sozialstaat und konsequenter Individualismus keine Alternative mehr sind. Ein weiser, nach vielen Katastrophen und Irrtümern in diesem Jahrhundert endlich zivil gewordener Kontinent. Eine Wirtschaftskultur, in der Unternehmertum immer einen kulturellen, ja sogar künstlerischen Kern hätte, und in der immer neue Balancen zwischen Bürger, Gesellschaft, Wirtschaft und Staat entworfen und realisiert werden – wäre das nicht eine Utopie, für die sich zu kämpfen lohnte?

ZUSAMMENFASSUNG

DER »NEW DEAL« DES 21. JAHRHUNDERTS

Ergibt sich aus diesen Skizzen ein Bild unserer Gesellschaft im 21. Jahrhundert? Können wir auf solchen Befunden ein einsichtiges und plausibles neues Grundverständnis schaffen, einen »New Deal«, der unsere Gesellschaft auf eine höhere, eine komplexere Ebene führen könnte?

Jeder »contract social«, jede gesellschaftliche Balance basiert auf einem komplexen Zusammenhang von Übereinkünften, wobei die Gesetze und institutionellen Regeln nur die Oberfläche des ganzen Systems bilden. Darunter liegen viele Schichten von Wertvorstellungen, erlernten Grundhaltungen, Mentalitäten und rationalem Alltagswissen, die sich nicht über Nacht ändern lassen. Die Stiftung eines neuen Grundkontrakts setzt in *allen* diesen Teilbereichen Veränderungen voraus.

Ein gutes Beispiel ist der medizinische Sektor. Jeder weiß, daß unser Gesundheitssystem in den Ruin fährt. Hauptsächlich wegen der altbekannten Megatrends der rasanten technologischen Entwicklung, der Tatsache, daß die Menschen immer älter werden, dem Niedergang der klassischen Lohnarbeit (und den daraus folgenden Einnahmeausfällen bei den Krankenkassen). Aber diese Prozesse zu erkennen und nach wirksamen Gegenmaßnahmen zu forschen, ist nur die halbe Miete. Denn gleichzeitig leidet unser Gesundheitssystem an kaum heilbaren *Mentalitätskrankheiten.*

- Wir haben uns daran gewöhnt, daß »Krankheit« etwas ist, *was repariert werden kann* – dabei machen die Krankheiten, die man medizinisch »beseitigen« kann, gerade einmal 10 bis 15 Prozent der Erkrankungen aus (Grippe z. B. ist im Grunde »untherapierbar«, man kann nur die Symptome lindern, ca. 50 Prozent aller Störungen der Gesundheit haben psychosomatische Ursachen).

- Wir haben uns an delegierende *Spezialistenstrukturen* gewöhnt. Patienten laufen zu einem Spezialisten nach dem anderen, weil sie dem eigenen Wissen über ihren Körper nicht mehr trauen. Das hängt auch – nicht nur – mit einer chaotischen Informationswelt zusammen, die immer mehr Syndrome und Hysterien schafft (»amerikanische Wissenschaftler haben herausgefunden, daß Blütenpollen Krebs erzeugen«).

- Wir haben eine Spaltung von Körper, Geist und Seele akzeptiert, die in den komplexen Lebenssituationen der Neuzeit schlichtweg zu teuer wird. Natürliche Heilungsprozesse sind aus der Medizin praktisch ausgeblendet, obwohl es doch genau um sie gehen soll.

Für die Transformation des Gesundheitssystems auf eine komplexere Ebene sind also vonnöten:

- Ein Kostenmanagement, das nicht als bürokratische »Kontrolle von oben« auftritt (wie die diversen vermurksten Seehofer-Reformen), sondern Rationalität *von innen implementiert* – (Beispiel wären hier die amerikanischen »HCOs« – Health Care Organisations).
- Ein Bewußtseinswandel in der Bevölkerung – weg von der passiven, reparaturorientierten Haltung, hin zu einem Begriff von »psychosozialer Gesundheit« als Selbstverantwortung.
- Eine systemische Bevorzugung von Universalisten, die dem Wesen der Krankheiten und »Gesundheiten« Rechnung tragen. Das sollte zuallererst die gute alte Funktion des Hausarztes sein.
- Eine »integrierte Medizin«, in der klassische und alternative Methoden zusammenkommen. Mentale Führer, die diese neuen Paradigmen verantwortungsvoll und ohne Übertreibungen propagieren.

Wenn alle – wirklich alle – diese Bedingungen erfüllt sind, wird das System »springen« – auf die höhere Komplexitätsebene und auf eine neue Stabilität. Und nach diesem Muster sollten wir die notwendig kommenden Transformationen der Zukunft benennen und gestalten können.

- Während Arbeit in der Feudalgesellschaft mehr oder minder als Fronarbeit organisiert war, wandelte sie sich in der bürgerlichen Gesellschaft zur Lohnarbeit. Die zukünftige Zivilisation muß sie notwendigerweise zur Portfolioarbeit verändern: Sie wird in der Individualgesellschaft mehr und mehr zur Selbst-Verwirklichung. Auf der Basis des massenhaften individuellen Eigentums entstehen Eigensinn und persönliches Wachstum.

- Während in der Feudalgesellschaft die Sippe, der Clan, die Genealogie über das Schicksal des Individuums entschied, basierte das Familienmodell der Industrieära auf der Kleinfamilie. Kleinfamiliäre Strukturen »dienten« der klassischen Lohnarbeit, indem sie dem Ernährer einen »Service« boten, der ihn arbeitsfähig machte und hielt – die Rolle der Frauen war damit in den gesellschaftstragenden Mittelschichten klar definiert. Bei den Unterschichten hingegen blieben die familiären Strukturen so lange chaotisch, bis sie den Aufstieg ins Klein- oder Mittelbürgertum schafften, und damit auch deren Werte übernahmen. Dieses Konzept funktioniert nur, solange es genügend »Lebensberufe« gibt, und solange die Frauen stillhalten. In der zukünftigen Zivilisation werden deshalb vielfältige Formen »familiärer Freundschaftskreise« entstehen, die dem einzelnen ein weites Netz an Diversifizierung in seinen sozialen Beziehungen ermöglicht und sein Bedürfnis nach individueller Biographie mit seinen Sicherheitsbedürfnissen rückkoppelt. Man könnte fast in Analogie zum managementtheoretischen Begriff der »atmenden Fabrik« von einer »atmenden Familie« sprechen.
- Die industrielle Zeit war von dem sozialen Aufstieg breiter Massen in die Mittelschichten geprägt. Millionen und Abermillionen Menschen kamen innerhalb weniger Generationen zu einem materiellen Wohlstand, der noch vor zweihundert Jahren als unvorstellbar gegolten hätte. Heute leben wir im Westen in Gesellschaftsstrukturen, in denen 70 Prozent der Bevölkerung in des Wortes genauer Bedeutung begütert sind (und das wird sich, allen Unkenrufen zum Trotz, so schnell nicht ändern). Wenn materielle Probleme aber zweitrangig werden, dann wird ein anderes Lebensbedürfnis ins Zentrum des allgemeinen Bewußtseins treten: Balance.

Balance zwischen vielen Dingen und dem Ich, zwischen den vielfältigen Anforderungen des privaten, des beruflichen, des technologischen Raumes.

Fassen wir die wichtigsten Paradigmen der zukünftigen Zivilisation noch einmal zusammen:

Erstens: *Eine Zivilisation der Zukunft (und eine Zivilisation mit Zukunft) muß einen neuen Kontrakt zwischen den Ich-Gewordenen und der Gesellschaft definieren.* Der neue Gesellschaftskontrakt muß Individualisierung »berücksichtigen« – indem er dem einzelnen mehr Raum gibt –, er ist aber auch mehr auf die sozialen Energien des einzelnen angewiesen. Wir werden das immer vollkommener, worauf die gesellschaftliche Evolution seit der Überwindung des Feudalismus fußt: eine Gesellschaft freier Eigentümer. »Privatisierung« besteht nicht allein darin, Gesundheitsinstitutionen, die Post oder Eisenbahngesellschaften zu entstaatlichen. In der Zivilisation der Zukunft verlieren die Bürokratien die Hegemonie über die Gesellschaft. Das Ich fordert mehr, weitet seinen Radius aus – es muß nun auch die Konsequenzen ziehen und seinen »contract social« mit der Gesellschaft im Sinne höherer Aktivität erneuern, damit die Balance erhalten bleibt.

Zweitens: *Der neue Gesellschaftskontrakt muß die jeweilige Kultur planetar neu »positionieren«, ohne ihre Eigenarten zu zerstören.* Im globalen Wettlauf müssen sich die einzelnen »Kulturen« sowohl aneinander angleichen als auch deutlich voneinander unterscheidbar sein. Wie im realen Produktemarkt, in dem ein Produkt zwar mindestens dieselbe »performance« haben muß wie der Mitbewerber, sich aber gleichzeitig in seinem *Markenkern deutlich unterscheiden* muß, werden Europa, Fernost und der nordamerikanische Raum ihre jeweiligen Spezifika pflegen. Jede Kultur – jede Mentalität – wird ihren eigenen Weg finden, steigende Komplexität in ihren »basics« – und ihrer Wirtschaftsweise – abzubilden und abzusichern, ohne aus dem Rennen auszusteigen.

Drittens: *Im Zentrum der neuen Werte, die unsere Zivilisation weiter tragen, bedarf es einer Leitidee von »lessness«*. Die Vermehrung von Gütern, die Eskalation der Genusses, war das Charakteristikum der industriellen Phase: *mehr, weiter, höher, schneller.* Aber Wohlstand und Demokratie, Selbstbilder und Alltage sind in der zukünftigen Zivilisation nicht mehr von permanentem Wachstum geprägt. Man kann es profan ausdrücken: *Mehr geht nicht hinein.* Unser Zivilisationsproblem besteht heute im Umkippen vom Überfluß in den Überdruß. »Mangelernährung« buchstabiert sich heute bei uns nicht mehr als HUNGER, sondern als ÜBERFETTUNG. Wer genau hineinhört in den großen Diskurs, der spürt heute schon, wie die Werte kippen in die Richtung einer freiwilligen Selbstbescheidung; nicht *gegen* die Lust, nicht *gegen* das Lebenseros gerichtet, sondern gerade *im Sinne der Sensibilität und des individuellen Erlebens.* »Weniger ist mehr« heißt letztlich: Verwirklichung, Reifung der Individualität, Unterscheidungsfähigkeit. Während wir noch darauf programmiert sind, materielle Güter, Reizquantitäten und Geschwindigkeiten zu steigern, lernen wir nun mühsam die Kulturtechniken der Auswahl, des Wägens, der Mäßigung.

Wie gestalten wir in den gewaltigen Informations- und Reizfluten, die heute unsere Kinder und uns selbst überschwemmen, verantwortungsvolle Vater- und Mutterschaft? Wie gehen wir, als Lebensunternehmer, mit den wirklich raren Rohstoffen unserer Kultur um – *Zeit, Ruhe, Muße, Distanz, Achtsamkeit*? Was tun wir, um unsere persönlichen Ressourcen körperlicher wie geistiger Art zu erhalten und zu entwickeln? Wie entkommen wir der ständigen Ambivalenz, mit der wir in einer vollkommen freizügigen »Kultur der Wahl« konfrontiert sind.

Und schließlich, viertens: *Die Zivilisation der Zukunft benötigt ein neues Denken, das sich durch die Paradoxa der Komplexität nicht beirren läßt.* Damit die »Win-win-Situationen« Priorität erhalten, müssen wir uns von den binären Konstruktionen der vergangenen Epoche verabschieden.

Es geht um die Integration des Paradoxen auf einer höheren Ebene. Daß wir Egos sind und trotzdem Gruppenwesen, daß es Globalisierung *neben* Regionalisierung gibt, daß ein »linker« nicht einem »rechten« Gedanken widersprechen muß – darin liegt das minimale Lernpensum. Abschied von der Logik der Abschaffung, des Für oder Wider: Früher oder später kommen wir darauf, daß *das eine ohne das andere keinen Sinn ergibt* – und daß die Widersprüche zusammengehören, weil sie erst das ausmachen, was »Welt« ist, und daß die Welt um so lebenswerter ist, desto mehr *Gleichzeitigkeit des Unterschiedlichen* in ihr koexistieren kann.

Vielleicht gleicht unsere Umbruchszeit in gewisser Hinsicht der Renaissance. Der Renaissancemensch hatte Sehnsucht danach, die alten, dumpfen Welten des Mittelalters zu verlassen. Er träumte von der Vergangenheit antiker Größe, Goldenen Zeitalters, und er träumte damit nach vorne, von Klarheit, Nüchternheit, weiten Räumen. Die Bilder der Renaissance hatten das, was der Kunst des Mittelalters mangelte: Tiefe und Perspektive, Horizont. Die Renaissancemenschen begannen, *reale* Menschen zu werden, Individuen statt Typen.

Sie leugneten dabei nicht die Transzendenz, aber nahmen ihr den anhaftenden dumpfen Schrecken. Wie in allen großen Epochen ging es um Mündigwerden des Menschen. Dazu dienten die Künsten und der Kult der Schönheit. Die Renaissance war, obwohl sie viel von »Wiederkehr« sprach, ein Bewußtseinsschub, eine Erweckung des Individuellen, ein Sprung in höhere kulturelle Komplexität.

Der New Deal war die Welt der Jungen. Es war ein erregendes Klima. Man war Teil einer Gesellschaft, die sich in Bewegung gesetzt hatte. Gesetze ließen sich ändern, ebenso die Lage der Menschen – so schrieb der Historiker Joe Marcus über die Stimmung im Amerika der 30er Jahre. Warum sollte eine solche Epoche des »dynamischen Paradigmenwechsels« nicht wiederkehren, auch bei uns, in Mitteleuropa?

Und schon höre ich sie wieder, die raunenden Stimmen. In jeder Podiumsdiskussion, auf jedem Managerkongreß, hinter vorgehaltener Hand, in wütenden Zwischenrufen, sind sie zu hören, die Unkenrufe des Kulturpessimismus, die Echos der Untergangssehnsucht.

»Aber wie sollen wir das alles schaffen?«

»Es muß erst viel, sehr viel schlimmer kommen, damit wir ›aufwachen‹ und uns zu ändern gezwungen sind!« (Unterton: *Sind die Menschen nicht zu dumm, um sich zu ändern?)*

Solange diese Tonlagen, dieses negative Denken unseren öffentlichen Diskurs dominiert, solange die Bestrafungssehnsüchte und Schuldgefühle, die hinter ihnen stehen, noch unbegriffen kursieren, ist ein dritter Teil dieses Buches notwendig. Er handelt vom letzten Tabu, das in unserem Kulturkreis noch zu knacken ist, der letzten Provokation, mit der man noch wirklich provozieren kann: dem Optimismus.

DRITTER TEIL

ZUKUNFTSMENTALITÄTEN

Das geistige Rüstzeug des Wandels

1. KAPITEL

WARUM ICH OPTIMIST GEWORDEN BIN

Die Überwindung des Alarmismus und der Abschied vom Weltuntergangsdenken

Jeder von uns verspürt es jeglichen Tag am eigenen Leibe, daß wir in einer Übergangszeit leben. Es gibt Pessimisten, die angesichts des Verblassens und Verschwindes von so vielem, was ihnen Vorteil gebracht hat, entsetzt staunend inmitten der Trümmer stehen, welche der Umgestaltungsprozeß zeitigt. Sie sehen in ihnen nicht allein die Trümmer ihrer Welt, sondern der Welt überhaupt. Was sie erblicken, scheint ihnen das Absterben nicht von etwas, was mit historischer Bedingtheit entstanden war, sich entfaltet hat, ausgereift ist und nun eben deshalb vergehen muß, sondern Tod und Verderben an sich … Sie können deshalb keine Lehrer und Wegweiser sein, wie sie doch so gern möchten.

Im Gegensatz zu den Pessimisten gibt es denn auch Optimisten. Sie glauben weder an den Untergang der abendländischen Kultur noch der Kulturwelt überhaupt, noch ängstigen sie sich vor ihm. Neue Ordnung entringt sich aus der Fülle der Zeiten. Und sie fördern ihrerseits bewußt die Selbstüberwindung des Überlebten um des Werdenden willen und um es zum schnelleren Reifen zu bringen.

Carl Grünberg, Sozialhistoriker und Gründungsdirektor des »Instituts für Sozialforschung«/Frankfurt in seiner Einweihungsrede am 22. 6. 1924

AUF DEN TRÜMMERN DES JAHRHUNDERTS

An einem schönen, warmen Sommertag des Jahres 1995 stand ich an einer Stelle, deren Panorama von einem berühmten Maler des 18. Jahrhunderts festgehalten worden ist. Vor mir lag die Stadt Pirna an der Elbe, südöstlich von Dresden, eine mittelalterliche Altstadt, überwölbt von einer mächtigen, vielgliedrigen Burg, dem Sonnenstein. Im Vordergrund eine elegant geschwungene, massive Brücke, die heute immer noch aussieht wie vor 250 Jahren. Nur die sozialistischen Plattenbauten am Horizont wollten nicht recht in das Bild passen.

Ich stand am Ufer des Flusses auf einem kleinen Grundstück von kaum fünfzig mal fünfzig Metern, das von mannshohen Brennesseln zugewuchert war. Ein seit dem Krieg verkommenes Trümmergrundstück, dessen Besitztitel nach dem Fall der Mauer an meine Familie zurückgefallen war. Kein großer materieller Wert, aber ein Terrain undeutlicher, indirekter Erinnerung. Unter diesen Trümmern waren im letzten Bombenangriff, im Februar 1945, meine Großeltern väterlicherseits ums Leben gekommen. Mein Großvater starb auf der Stelle durch die Fliegerbombe, die das kleine, wilhelminische Einfamilienhaus durchschlug, meine Großmutter überlebte drei Tage, weil sie unter den Trümmern über dem Hausbrunnen zu liegen kam, dessen Sauerstoffvorrat ihr Luft zum Atmen gab, und Suchmannschaften sie schließlich fanden.

Mein Vater, der sich halbverhungert und mit Frostbeulen an den Beinen von der Ostfront nach Hause durchgeschlagen hatte, fand sie in ihren letzten Atemzügen im örtlichen Krankenhaus, dem das Wesentliche ausgegangen war. Er beerdigte sie und meinen Großvater, indem er die Leichen in provisorischen Holzkisten auf einem Schlitten in den nahe gelegenen Wald karrte und sie dort, so gut es bei dem gefrorenen Boden eben ging, verscharrte.

Da ich 1955 (im Westen) geboren bin, kenne ich diese Geschichte nur aus Erzählungen. Wer weiß, wieviel Übertreibung hinzugefügt worden ist. Aber hier war er, der Kellereingang, dessen Umrisse man noch deutlich ausmachen konnte. Die Heimat meiner Familie. Ich sah im Geiste erneut meinen Vater vor mir, wie er, dünn und ausgemergelt, mit dem Schlitten und den selbstgezimmerten Särgen den bewaldeten Hügel auf der anderen Seite der Elbe emporkeuchte. Und plötzlich wurde mir alles klar und verstehbar: die Art und Weise, mit der er zäh und aggressiv die Normalität, die Ordnung, die Tugenden der Wirtschaftswunderjahre, gegen jeden meiner Angriffe und Rebellionen verteidigt hatte. Das gewalttätige Schweigen, mit dem er auf meine (unsere) Aufforderungen reagierte, endlich »nicht mehr zu verdrängen«. Und auch jenes heilige, aber zutiefst selbstgerechte Eiferertum meiner Generation. Alles ans Licht zu zerren, was unsere Vorfahren verdrängen, verstecken, vergessen wollten, bekam noch einmal eine klare, schmerzliche Tiefe.

DIE SCHRECKEN DES 21. JAHRHUNDERTS

Das 20. Jahrhundert war ein Jahrhundert der Katastrophen, der Weltkriege, unsagbarer Schlächtereien und auch einer ungeheuren technischen und zivilisatorischen Beschleunigung. »Es ist eine Tatsache«, schreibt Eric Hobsbawm in »Das Zeitalter der Extreme«, »daß während des kurzen 20sten Jahrhunderts (er datiert es von 1914–1989) mehr Menschen umgekommen sind oder auf Bestimmung und mit Erlaubnis Menschen gemordet wurden als jemals zuvor in der Geschichte. Eine neuere Schätzung der »Megatode« dieses Jahrhunderts beläuft sich auf 187 Millionen, was mehr als einem von zehn Menschen der gesamten Weltbevölkerung von 1900 entspricht. Die meisten von ihnen waren größer, schwerer und besser ernährt und wurden weitaus älter als ihre Eltern ... Die Welt war ungleich reicher als jemals zuvor ...«

Menschheitsgeschichte wird auch in der kommenden Epoche nicht gerade mit Harfen und Schalmeien ausgetragen werden, soviel ist gewiß. Wenn wir auch wenige »events« des kommenden Jahrhunderts voraussagen können – Meteoriteneinschläge, Erdbeben, Dürreperioden, Landungen von Außerirdischen entziehen sich unserem prophetischen Sensorium –, stehen doch einige Parameter heute schon unverrückbar fest. Im 21. Jahrhundert erreicht die Spezies *homo sapiens* ihren zahlenmäßigen Spitzenwert. Eine neue Runde von Industrialisierung wird zwei Milliarden Menschen des fernöstlichen Raumes in den nächsten zwei Jahrzehnten in unsere technische Zivilisation katapultieren. Grundressourcen wie Öl oder andere Rohstoffe werden Mitte des kommenden Jahrhunderts allmählich knapp. Die internationale Konkurrenz spült unsere alten, europäischen Privilegien davon. Ökologische Grenzen rücken näher. Das »Schicksal der Menschheit« erfüllt sich im kommenden Jahrhundert – so hätte man es wahrscheinlich 1899 ausgedrückt.

Kein Wunder, daß viele Menschen mit dieser Zukunft am liebsten nichts zu tun haben wollen. Planetare Hungersnöte, die Rückkehr alter und neuer Seuchen, Kriege und Massaker, die – zum erstenmal in der Geschichte – auch mit Atomwaffen ausgetragen werden könnten, Terrorismus vollkommen neuer Qualität, das Schreckensarsenal des Kommenden scheint unbegrenzt. Ganz zu schweigen von den moralisch-ethischen Problemen, die auf die Menschheit zukommen, angesichts gentechnologischer Durchbrüche, dem technischen Zugriff auf die menschliche Keimbahn oder teuersten Technologien der Lebensverlängerung. Wie kann man angesichts solcher Aussichten gelassen bleiben, ohne den zentralen Frevel der »Verdrängung«, und der »Verharmlosung« – die deutsche Todsünden also – zu begehen?

Ich habe in diesem Buch versucht, die inneren Mechanismen zu erläutern, die Gesellschaften zukunftsfähig machen können – oder sie an Herausforderungen scheitern lassen. Zu dieser Abwägung gehört auch die Sichtung der rational nicht ins letzte vermittelbaren *Haltungen zur Welt*.

Alle Anstrengungen des Denkens, der Aufklärung und Vernunft enden, wenn wir uns selbst aufgeben. Wenn wir nur die (unbestreitbaren) Risiken sehen, werden wir scheitern. Wenn wir im Innersten nur Pessimisten sind, werden wir alle zusammen letzten Endes das erzeugen, was wir befürchten. So einfach – und so schwierig – ist das.

DIE PANISCHE GESELLSCHAFT

Ich gehöre zu einer Generation, die dazu neigte, jede Katastrophenversion auf ihren inneren Leinwänden durchzuspielen und nach außen zu projizieren. Der »neue Faschismus«, an den wir in den frühen 70er Jahren glaubten, der »stumme Frühling«, das Ende der Natur durch die Umweltkrise, der globale Nuklearkrieg, das Terrorregime des allwissenden Großen Bruders, der Verlust des Menschlichen im Konsumterror: keinen Alarm, den wir ausgelassen hätten, keine Klaviatur der Ängste, auf der wir nicht gespielt hätten.

Spiegelverkehrt zu den diversen Apokalypsen haben wir eine lange Geschichte der Utopien hinter uns: einen irgendwie sanfteren Sozialismus, die fröhliche Revolte, die friedfertige, authentische Welt der Indianer, die Totalautonomie der Frauen, der Frieden als Weltprinzip, die gute Natur; nichts war sicher vor unserem Sinnhunger, unserem Drang zur Bildung moralischer Imperative.

Eine der ersten alternativen Zeitschriften, die ich Anfang der 70er Jahre in Kneipen verteilte, hieß »Wir wollen Alles«. Ein vielsagender Titel. Und in der Tat: So wenig haben wir gar nicht bekommen. Unsere Generation war alles andere als das, was sie immer von sich behauptete: ohnmächtig.

Im Unterschied zu unserer Väter- und Großvätergeneration, deren Sinnsuche mörderisch für alle Beteiligten wurde und nur durch eine Weltkoalition aller Angegriffenen beendet werden konnte, hatten wir scheinbar das Glück, daß unser Idealismus niemals »die Macht ergriff«. Wirklich? In den späten 80er und frühen 90er Jahren konnten diejenigen von uns, die genügend

Distanz zur eigenen Geschichte hatten (und sich nicht in irgendeinem Ideologismus festgefressen hatten), mit Staunen erleben, wie unsere Ängste gleichsam über Nacht in den breiten Strom der Gesellschaft einsickerten. Innerhalb weniger Jahre waren die Untergangsgesänge *common sense.* Fernsehfeatures warnten vor der »Gier der Zivilisation« und der totalen Verwüstung der Natur. 50jährige Lehrerinnen beschworen ihre Angst vor dem »atomaren Holocaust« in der Talk-Show. Ganz normale Bürger nahmen plötzlich bereitwillig und reumütig die angebotenen Ablaßrituale an, sie sortierten Müll, sparten Benzin, hatten zumindest ein schlechtes Umweltgewissen. Und bald war kein Skatabend, keine Abendesseneinladung mehr, bei der nicht, melancholisch und besessen, über den Niedergang der Natur/der Moral/des Echten geklagt – und gegen die Technokraten, die Naturausbeuter, die völlig unfähigen Politiker gewettert worden wäre.

Bekanntlich ist nichts verunsichernder als der Erfolg. Niemand war perplexer über diesen kollektiven Sinnenwandel, der aus den fortschrittsbesessenen Nachkriegsdeutschen Zauderer und Skeptiker machte, als wir selber, die Träger der Zivilisationskritik, die auf den Wellen der Individualisierung und des Protestes geschwommen waren und nun plötzlich das Gefühl hatten, allerorten offene Türen einzurennen. Plötzlich begannen unsere Eltern mit Selbstverwirklichungsprozessen, ließen sich mit 55 scheiden, fuhren auf die Bahamas und propagierten neue Werte. Spätestens nach dem Atomunfall von Tschernobyl geriet die öffentliche Stimmung endgültig auf die abschüssige Bahn. Zumindest in Deutschland wurde der allgemeine Zukunftshorror, der Alarmismus, von einer Angelegenheit der Alternativ- und Studentenkulturen zu einem Mittelschichtsphänomen. Nach 25 Jahren ununterbrochenen ökonomischen Wachstums nahm die Gesellschaft bereitwillig die Position eines Fatalismus ein, nach dem alles eigentlich immer nur schlechter werden kann. Neue Kerne dieser Welthaltungen entstanden: bei Damengruppen zwischen 50 und 60, die plötzlich in der evangelischen Akademie Kurse zum »spirituellen Singen zum Naturerhalt« veranstalteten. Oder beim Stammtisch nebenan, der nun nicht mehr gegen das »langhaarige Gesocks« wetterte (uns), sondern gegen die »korrupten Säcke oben in der Regierung«. In jeder Schule, in jedem Unterricht, wurde nun das Bild der dräuenden Gefahren vermittelt. Und wenn man in den frühen 90ern x-beliebige Kinder Bilder über die Zukunft malen ließ, kamen radioaktive Wüsten, Technikmonster und Überwachungsapparate dabei heraus.

So hatten wir es eigentlich gewünscht. Aber so war es uns auch nicht recht.

DIE PSYCHOLOGIE DES ALARMISMUS

Für einen kleinen Teil meiner Generation (die von den anderen mehr oder minder offen als Verräter beschimpft wurden) begann ein mühsames und bisweilen schmerzhaftes Umdenken, ein innerer Revisionsprozeß. In unseren ersten Midlife-Krisen stießen wir schnell darauf, daß sich ein politisch-psychologisches Drama in unserer Generation abgespielt hatte. Es hatte, natürlich, mit unseren Vätern zu tun, mit dem Trauma der unverarbeiteten Geschichte des Faschismus und des Massenmordes. Wir standen unter der panischen Angst, die Fehler unserer Eltern- und Großelterngeneration um keinen Preis zu wiederholen. Wir wollten warnen, weil wir es zwanghaft *mußten.* Der Alarmismus war für uns zur Norm geworden, zur Obsession, zur fixen Idee, weil wir damit die Geschichte ungeschehen machen wollten.

Vorsichtig arbeiteten wir uns an schmerzhafte Selbsterkenntnisse heran. Vielleicht war das, was wir so bitter bekämpft hatten – »das System«, »die Gesellschaft«, »der Kapitalismus« –, doch lernfähiger, flexibler, *anders* geworden, als wir es in unseren holzschnittartigen Schlachtengemälden vorgestellt hatten. War aus der »präfaschistischen«, »kalten«

und »brutal verdrängerischen« bundesrepublikanischen Kultur nicht etwas hervorgegangen, was wir zaghaft Ende der 80er Jahre »zivile Gesellschaft« zu nennen uns trauten? Hatten wir – welch grauenhafte Vorstellung – womöglich von diesem erbitterten Generationskampf am Ende profitiert, indem uns Institutionen und Posten offenstanden, die wir nun für die Jüngeren blockierten? Waren wir womöglich ganz nebenbei auch so etwas wie Erfüllungsgehilfen eines gesellschaftlichen Prozesses gewesen, den wir überhaupt nicht wirklich verstanden hatten – einer Modernisierungs- und Individualisierungswelle, der wir mit unserem Protest, unserem renitenten Hedonismus, erst die Bahn bereitet hatten?

Eine ganze Armada von alternden Zivilisationskritikern machte es sich in öffentlich-rechtlichen Sendeanstalten bequem und bediente sich frohgemut derselben Instrumente, deren volksverdummende Wirkung sie noch wenige Jahre zuvor radikal kritisiert hatten. Die »Achtundsechziger« bauten ihre Machtpositionen in den Redaktionen, Schulen, Erwachsenenbildungsanstalten und sonstigen Bastionen des Multiplikatorentums aus, um – gutbezahlt und abgesichert – weiter ihre melancholisch-dissidenten Welthaltungen zu predigen.

Es wurde plötzlich klar, daß auch die Sozialkritik zum Konformismus taugte. Hervorragend sogar! Auch das Mahnen und Warnen konnte zum Besitzstand verkommen. Und manchem dämmerte auch, daß der Alarmismus am Ende genau das Gegenteil von dem zu erreichen drohte, was er wollte: Abstumpfung statt Wachsamkeit.

»ENDISMUS« ALS ZEITGEIST

Natürlich ist »Endismus« kein Privileg des deutschsprachigen Raumes. Spätestens seit Fukuyamas »Das Ende der Geschichte« blüht im gesamten westlichen Kulturraum eine Endewelle ohne Ende. Hier die zehn wichtigsten Neuerscheinungen auf dem weltweiten Buchmarkt im Jahre 1996:

- Kenichi Ohmae: The End of the Nation State

- Jeremy Rifkin: The End of Work
- David Carson: The End of Print
- Dinesh D'Souza: The End of Racism
- Peter Noever: The End of Architecture
- George Brockway: The End of Economic Man
- Damian Thompson: The End of Time
- Jean Gimpel: The End of the Future
- John Leslie: The End of the World
- Francis Fukuyama: The End of History and the Last Man

Es ist kein Zufall, daß unter den Autoren kein einziger weiblicher Name zu finden ist. In der Annahme, eine menschliche Institution wie die Familie, etwas Universelles wie »Arbeit«, »Architektur« oder gar »Geschichte« könnte einfach *enden,* liegt eine Hybris, eine Selbstüberhebung, die besser zum männlichen Geschlecht paßt.

Es gibt in der Geschichte praktisch keine Situation, in der etwas »endet«. Selbst grandiose Untergänge wie die des aztekischen oder tausendjährigen Reiches sind lediglich Metamorphosen, Umwandlungen. Im Gefüge der Welt geht nichts verloren. Kulturelle, zivilisatorische Konstrukte sind unglaublich zäh. Gehen sie unter, findet man ihre Muster, ihre Inhalte, in neuer und anderer Gestalt wieder.

Das jüdische Volk hat zahlreiche Ausrottungsversuche seiner Feinde überlebt – von seiten der Babylonier, der Perser, der Römer, der Kreuzzugsfanatiker, der Spanier, des untergehenden Zarismus, von Hitlerdeutschland und in der jüngsten Gegenwart der abwechselnden Koalitionen verschiedener arabischer Staaten.

Die Griechen haben zwei große Eroberungen überstanden. Nach der römischen stiegen sie zur führenden Kulturnation des Imperium Romanum auf und führten es nach dem Niedergang Westroms in griechischer Regie im Byzantinischen Reich 1000 lange Jahre fort. Nach dessen Eroberung durch die Türken wurden sie bald zur führenden Wirtschafts- und Kulturmacht des Osmanischen Reiches – und erst ihre fixe Idee, einen eigenen kleinen Nationalstaat wiedergründen zu wollen, verhinderte möglicherweise die Wiederholung der Erfolgsgeschichte im Imperium Romanum.

Chinesen, Russen und Inder haben den Mongolensturm überlebt und ihre Eroberer kultiviert und aufgesogen. Ein von seinen mächtigen Nachbarn stets unterdrücktes und ausgebeutetes Land wie Korea hat sich in vier Jahrzehnten zu einer dynamischen Industriemacht entwickelt, deren Konzerne heute Niederlassungen auf europäischem Boden gründen.

Gesellschaftliche Gebilde können über ungeheure Energien in ihrem Inneren verfügen, die, ähnlich den Kräften, die die Atome zusammenhalten, immer wieder, trotz Krisen und Brüchen, das Überleben sichern. Ohne diese Zähigkeit wäre die Geschichte in der Tat nichts anderes als ein ewiges Hauen und Stechen und »Enden« gewesen. Mit anderen Worten: Sie hätte nicht stattgefunden.

Vielleicht entdeckt man in jedem »Endisten« ein Quantum Größenwahnsinn – nur im umgekehrten Sinne. »Der Mensch«, so heißt es in seinem Bekenntnis, »ist dabei, die Natur zu vernichten.« Oder: »Unsere Zivilisation ist dabei, die Menschheit zu exterminieren, auszulöschen.« Was verbirgt sich hinter solchen Formeln? Negative Hybris. Eine ins Negative gewendete Omnipotenzphantasie. In der Theologie des Mittelalters diejenige der Todsünden, die nicht vergeben werden kann.

DAS MÄRCHEN VOM BESONDERS GEFÄHRLICHEN MOMENT

Aber, höre ich den Pessimisten in mir sagen, leben wir nicht doch in einer Zeit, in der sich *alles gleichzeitig zuspitzt,* von der Generationsfrage bis zum Ozonloch, von der Automatisierung der materiellen Produktion bis zum Bevölkerungswachstum? Ist die Menschheit nicht zum erstenmal tatsächlich in der Lage, sich selbst auszurotten – und rechtfertigt, ja *erzwingt* dies nicht allemal die alarmistische Ausrufung des Ausnahmezustands?

Einem Bewohner Mitteleuropas, der vor, sagen wir, 500 Jahren lebte, wäre diese These so unverständlich wie unsinnig gewesen. Er war bedroht von einer Vielzahl »Apokalypsen« in der genauen Bedeutung dieses Wortes. Pestilenz, Krieg, Feuer, Naturkatastrophen, früher Tod, all das waren *totale* und allgegenwärtige Bedrohungen, die nicht nur ihn, sondern auch seine Sippe, Familie und Stadt, sprich: *seine Welt* komplett ausrotten konnten. Darin liegt einer der Gründe für die Macht der Kirche, man kann es noch in den kunstgeschichtlichen Hinterlassenschaften der damaligen Zeit nachvollziehen.

Es war der Kampf gegen die alltäglichen Apokalypsen, der den Aufstieg der westlichen Kulturvariante so beschleunigte. Selbst in der zweiten Hälfte des letzten Jahrhunderts, als die Lebenserwartung stieg und der Industrialismus langsam einen breiteren Wohlstand erzeugte, blieb der einzelne anfällig für alltägliche Krankheiten, die ihn jederzeit umbringen konnten. Die Tuberkulose war eine tödliche Massenkrankheit, ebenso wie die Syphilis oder die heutigen gebändigten »Kinderkrankheiten«. An einem scheinbar harmlosen Grippevirus starben noch im Jahre 1918 weltweit 20 Millionen Menschen – so viele, wie der Zweite Weltkrieg tötete. (Welches Gefahrenpotential in solchen Epidemien auch heute noch lauert, demonstriert die Grippewelle, die Anfang der achtiger Jahre die britischen Inseln heimsuchte. Sie forderte 20 000 [!] Todesopfer.)

Natürlich verzeichnet die alarmistische Bilanz solche »unscheinbaren« Katastrophen nicht – weil es in ihr Bild eines herausragenden historischen Ausnahmezustandes nicht passen will. Die Wahrnehmung, daß immer die Katastrophen und Bedrohungen der Gegenwart die schlimmsten sind, entspricht einem tiefgreifenden Bedürfnis der menschlichen Psyche. Es entlastet und erhöht zugleich: Wir, *ausgerechnet wir*, erleben die große Zeitenwende! Aber kaum etwas davon hält genauerer Betrachtung stand. Die »verheerenden Hurrikane« der Neuzeit sind deshalb so verheerend, weil das

Hab und Gut, das sie zerstören, einen ungleich größeren Wert darstellt als noch, sagen wir, 1950. In einer Zeit, wo die elektronischen Medien alle Nachrichten sofort zu Einschaltquoten, Thesen und Titelstories verdichten, wird jede kleine oder vermeintliche Abweichung von einer angenommenen Norm zum »größten Unfall seit« oder zur »extremsten Flut seit«. Dabei wird mit Zahlen, Daten und Statistiken Medienmagie betrieben. Die Folge können wir in jener »Immer-mehr«-Epidemie bewundern, mit der wir jeden Tag davon überzeugt werden sollen, wie unerhört einmalig unsere Zeit/dieses Ereignis/dieser Trend/dieses Phänomen doch ist.

DAS MÄRCHEN VOM SCHLIMMEN WETTER

Jede Zeit hat ihr ganz spezifisches Trauma, das ihre Katastrophen formt. Erdbeben wirken heute so biblisch-zerstörerisch, weil sie in der Psyche des vermeintlich die Natur beherrschenden Menschen eine besondere narzißtische Verletzung auslösen: Sie gehören zu den wenigen Naturkräften, die wir nach wie vor nicht kontrollieren, noch nicht einmal prognostizieren können. Selbst, wenn sie heute ungleich weniger Tote als früher fordern (die wirklich verheerenden Erdbeben finden in Regionen statt, in denen die Bauweise noch primitiv ist), scheinen sie hervorragend als »Warnung der Natur« geeignet. Deshalb ist es wahrscheinlich nur eine Frage der Zeit, bis eine ökologische Erklärung für Erdbeben gefunden wird – die menschliche Psyche kann es schwer verkraften, *überhaupt keinen Einfluß auf etwas zu haben.*

Nach demselben Prinzip der negativen Selbsterhöhung gerät der kühle Sommer/der kalte Winter/der verregnete Frühling/der frühe Frost zu einem breit inszenierten Medienspektakel. Es muß *Gründe* haben, daß das Wetter unsere Bedürfnisse nach langen, warmen Sommern nicht befriedigen will, und diese Gründe müssen mit *uns selbst* zu tun haben. Also findet sich sofort ein Bergbauer/Meterologe/ Schamane/

Wissenschaftler, der vor laufenden Kameras beteuert, daß es einen solchen Winter niemals seit fünftausend Jahren gegeben hat (dabei würde ein Blick in die Bauernchronik einer x-beliebigen dörflichen Gemeinde genügen: da wimmelt es überall seit Jahrhunderten nur so von verheerenden Hagelschlägen, Schnee im Juni und Wintern, in denen die Raben erfroren vom Himmel fielen).

Der kälteste Tag seit 1678. Der wärmste Sommer seit Menschengedenken. Sintflutregen über Bangladesh – es ist nicht mehr Gott, der straft, jetzt sind wir es selbst, unsere verderbten »Lebensgewohnheiten«. Unbill wird narzißtisch gewendet. Der mittelalterliche Mensch, schicksalsergeben und gottesfürchtig, sah Zeichen und Strafen am Himmel aufziehen, der moderne Mensch tut dies ebenfalls – er ist beleidigt, wenn sie sich seinem Zugriff entziehen.

Dieser umgedrehte Anthropozentrismus, nach dem »der Mensch«, bitteschön, für alles verantwortlich zu sein hat, wenigstens im Schlechten, hat, nebenbei, einen wundersam entlastenden Effekt. Wo »die Menschheit« als Ganzes zuständig für alle Übel ist, ist der einzelne freigesprochen. Urbane Gerüchte wie »Hautkrebs kommt vom Ozonloch« dokumentieren diesen Aspekt. Natürlich ist die Zunahme der Hautkrebsrate nicht auf das Ozonloch, sondern auf das veränderte, unvernünftige Sonnenbadeverhalten – und letztendlich das Aufkommen hedonistischer Körperkultur – in den 60er und 70er Jahren zurückführbar (Hautkrebs benötigt zu seiner Entwicklung 20 Jahre). Aber das mögen wir nicht gerne hören. Also ist Ozonloch gleich Hautkrebs.

Die Kultur intepretiert ihre momentanen Sehnsüchte und Ängste, ihre Schuldgefühle und Defizite in die Erklärungsmuster der Welt hinein. Sie filtert Informationen aus, die dem gewünschten Ergebnis widersprechen. Mit anderen Worten: Sie *projiziert.* Das sollten wir zumindest wissen, wenn wir über die realen Bedrohungen sprechen, die im nächsten Jahrhundert auf uns zukommen.

Meteorologen sind sich über Ursache und Umfang des Abkühlungstrends der Erde uneins ... Sie sind jedoch fast einhellig der Meinung, daß der Trend die landwirtschaftliche Produktivität für den Rest des Jahrhunderts beeinflussen wird.
(Peter Gwynne, Newsweek, 28. 4. 1975)

Die Abkühlung hat jetzt schon Hunderttausende von Menschen in armen Ländern getötet ... Wenn keine energischen Gegenmaßnahmen ergriffen werden, wird die Abkühlung weltweit zu Hunger führen, zu Chaos und wahrscheinlich einem Weltkrieg, und all das könnte sich schon um das Jahr 2000 ereignen.
(Lowell Ponte, »The Cooling«, 1976)

Die fortgesetzte rapide Abkühlung der Erde seit dem Zweiten Weltkrieg paßt auch zu der weltweiten Zunahme der Luftverschmutzung, die mit der Industrialisierung, Mechanisierung, Urbanisierung und einer explodierenden Bevölkerung einhergeht.
(Reid Gibson, Global Ecology, 1971)

Ist der Mensch gar nicht schuld am Treibhausseffekt? Wissenschaftler haben jetzt vergilbte Aufzeichnungen der Sternwarte aus der alten nordirischen Königsstadt Armagh entdeckt. Ergebnis: Nicht Brennstoffe aus den Fossilrückständen sind für die Erwärmung der Erdatmosphäre verantwortlich, sondern Sonnenflecken. Wären Treibhausgase verantwortlich, dann hätte sich ein mehr oder weniger anhaltender Temperaturanstieg ergeben müssen, während die Sonnenfleckentheorie die Schwankungen erklärt.
(Kleine Meldung im Hamburger Abendblatt, Sommer 1996)

Flecken im Watt vermutlich durch Algen verursacht – Hamburg (dpa): Wochenlang bedeckten »Schwarze Flecken«

das deutsche Wattenmeer. Tausende von Krebsen, Würmern und Muscheln verendeten ... Das Bundesamt für Hydrographie führt die Flecken jetzt auf das explosionsartige Auftreten einer einheimischen Kieselalge aufgrund des langen kalten Winters zurück. Schwarze Flecken wurden bereits in den 30er Jahren nach starken Eiswintern von Büsumer Fischern entdeckt. Heute wie damals entstanden sie durch überschüssige, abgestorbene Biomasse.

DAS MÄRCHEN VON DER STÄNDIG ZUNEHMENDEN GESCHWINDIGKEIT

Ein weiteres alarmistisches Gerücht, das sich derzeit geradezu epidemisch ausbreitet, läßt sich in dem knappen Satz »Alles wird immer schneller« zusammenfassen. Diese Formel erzeugt einen veritablen Dauerstreß und begründet in den meisten Fällen, warum man nicht weiter und genauer hinschauen muß. Denn morgen, sehr verehrtes Publikum, ist dieser Trend/dieses Produkt/das Phänomen, von dem die Rede ist, ja sowieso schon wieder vorbei! Wozu also die Mühe?

In der Tat kann der unvoreingenommene Beobachter sich des Eindrucks steigender Akzeleration nicht entziehen. Jedes Jahr kommt ein Computerchip mit doppelt so hoher Verarbeitungsgeschwindigkeit auf den Markt. Jedes Jahr erhöht sich die Anzahl der Fernsehkanäle, die Schnittfolgen der Videoclips, die Angebote der Reisebüros, der Müslisorten, der Frauenmagazine. Jedes Jahr werden allein in Deutschland 5476 neue Patente angemeldet, erscheinen 17 890 Doktorarbeiten. Wer soll sich da noch auskennen?

Ich bestreite nicht, daß sich die Informationsdichte unserer modernen Zivilisation erhöht, daß der Komplexitätsdruck für den einzelnen steigt. Aber ist dies gleichbedeutend mit »höhere Geschwindigkeit«? *Kann* man die Geschwindigkeit, mit der Gesellschaften, Kulturen in ihrer Evolution voranschreiten, beliebig steigern? Bedeutet höhere Taktrate auch höher Umsatzgeschwindigkeit von realen Informationen? Oder bedeutet es vielleicht einfach nur: mehr Datenmüll, mehr Unsinn, mehr Erschöpfung, mehr *Quantität*?

Unter den Internetpraktikern gibt es wenige Euphoriker. Sie leiden ständig unter einer quälend langsamen achsomodernen Technologie. WWW (World Wide Web) heißt bei ihnen längst: »Warten, Warten, Warten.« Und aus der großen Datenautobahn, von der ahnungslose Politiker schwärmen, ist bei ihnen zynisch: »Der große Datenstau« geworden. Wer jemals mit Kindern zappend durch 25 Kanäle gezogen ist, weiß, wie schnell man es »draufhat«, Informationen *auszublenden* und so zu filtern, wie es gerade für das Hirn noch erträglich ist. Je mehr es etwa zu lernen gibt – »Schnell, schnell! Das Wissen der Menschheit verfällt inzwischen alle zehn Monate!« –, desto träger werden die Bewegungen der rauchenden Gymnasiasten auf dem Schulhof. Je schneller neue High-Tech-Gerätefolgen auf den Markt geworfen werden – *Digital remote control – reziproker Geschwindigkeitsadapter – sound-to-sense-Schnittstelle!*« –, desto unwilliger und entnervter blättert der Kunde in den Gebrauchsanleitungen, desto trotteliger stellt er sich an.

Die menschliche Konstitution bringt bestimmte Formen von Limitierungen mit sich. Zeitforscher sprechen heute von einem Energiequantum, das jedes Lebewesen in einer Art innerer Uhr gespeichert hat, und über das es im Laufe seines Lebens verfügen kann. Wer schneller lebt, lebt eben kürzer. Oder: Wer mehr Energiequantum verbraucht, muß hinterher durch Langsamkeit ausgleichen.

Offensichtlich kann man bestimmte Naturkonstanten nicht überlisten, auch nicht in der Zukunft. Außerdem ist die These von der ständigen Akzeleration auch durch Fakten nicht beweisbar. Die Zuwachsraten des Bruttosozialproduktes in der westlichen Welt waren vor zwanzig Jahren weitaus höher als in unserer Epoche. Nun muß »Bruttosozialprodukt« nicht unbedingt gleich »Geschwindigkeit« sein, es ist aber recht wahrscheinlich, daß beschleunigter Wandel eher in ökonomisch vitalen Zeiten stattfindet. Der »Erfindungsquotient«, mit dem in der OECD die Anzahl der zum Patent angemeldeten Erfindungen gemessen wird, stieg von 5,1 Patenten pro 10000 Einwohner im Jahre 1984 moderat auf 5,5 im Jahre 1994 (in der EU von 2,2 auf 2,5)[1]

Wir neigen umgekehrt dazu, dynamische Veränderungen in früheren Zeiten massiv unterzubewerten. Die letzte Jahrhundertwende brachte in rascher Abfolge Auto, Flugzeug und Telefon hervor. Der Beginn des industriellen Zeitalters brachte für die Landbevölkerung (Mitte des 19. Jahrhunderts waren noch mehr als die Hälfte der Bevölkerung Europas Bauern) gigantische Veränderungen innerhalb von zwei Generationen mit sich. Bislang war noch *jede* Technologie zunächst eine Zumutung – und wahrscheinlich haben schon bei der Einführung von Pflug und Spinnrad die meisten Zeitgenossen die Ansicht vertreten, daß »diese Technik den Menschen endgültig überfordern wird«.

Wir leben also *immer schon* in einer Welt, die sich für uns *immer schneller* verändert – und in Wirklichkeit verändert sie sich nach den immergleichen Rhythmen und Gesetzen. Kein Wunder, daß wir – als Kultur und als Individuen – auf vielfältige Art und Weise auf die Bremse treten. Meist ist es weniger bewußter politischer oder zivilisationskritischer Widerstand, sondern ganz profan: Vergeßlichkeit, Unmut, Langeweile, Genervtheit, technisches Ungeschick, die Beharrung auf alten, überkommenen Gewohnheiten. Sie sind verläßliche Wächter eines Prozesses von Selbstregulation, der uns die Sicherheit gibt, daß Geschwindigkeiten nicht bis zum Irrwitz steigerbar sind. So gesehen erfüllt der Geschwindigkeits-Alarmismus eine wichtige Bremsfunktion. Er sorgt für die richtige mittlere Geschwindigkeit des Wandels.

---

1 Siehe auch: »Ever accelerating Hype« in PROSPECT, April 1997

DAS MÄRCHEN VOM »ENTFESSELTEN KAPITALISMUS«

Ein weiteres *storytelling* unserer Zeit bezieht sich auf das Ende des Kommunismus als Startschuß für eine Phase, in der die entfesselten ökonomischen Gesetze gnadenlos auf dem ganzen Planeten, bis in die feinsten Verästelungen unseres Alltagslebens, durchgesetzt werden. Turbokapitalismus, der endgültige Sieg des Dollarzeichens, die totale Kommerzialisierung des Lebens sind die Stichworte.

Zunächst hat auch dieser Diskurs allerlei für sich. In den letzten Jahren können wir alle spüren, wie »das Ökonomische« auf das Zentrum unserer Gesellschaft zurückt – dorthin, wo früher eher »das Politische« angesiedelt war. Wirtschaftliche Diskurse, die vorher eher am Rande der Gesellschaft stattfanden, sind zu Leitdiskursen geworden. Der einzelne spürt Druck – auf seine Lebenswelt, seinen Beruf, seine Souveränität. Er muß sich anders, neu, vermarkten. Er muß sich auseinandersetzen mit Kräften, die ihm vorher von einem feinabgestimmten System aus Privilegien, Institutionen und schützenden Vorurteilen vom Leib gehalten wurden.

Die Frage, die sich hier zuallererst stellt, lautet: Ist das so schlecht? Ich habe in diesem Buch gezeigt, wie die Spaltung zwischen der Sphäre des Normativen und des Ökonomischen immer wieder zu falschen, oft fatalen Reflexen führt. Antiökonomische Haltungen erzeugen auf die Dauer Systeme, die weder überlebensfahig noch »elegant« im Sinne des Komplexen sind. Ökonomischer Druck hingegen kann durchaus »vernünftig« sein – auch im Sinne von Ökologie, Lebensqualität und kultureller Integrität.

Wer weiß, was das, was er produziert und leistet, »wert ist« (eine ökonomische Kategorie), dessen Stolz gründet auf ein besseres Fundament als der, dessen Existenz von einer staatlichen Instanz abhängt. Auch deshalb sind marktwirtschaftliche Systeme »reifer« als subventionistische. Tut es der guten Sache einen Abbruch, wenn sie sich in ihrer Effektivität messen lassen muß? Ist Greenpeace weniger moralisch, weil seine Funktionäre sich Effektivitätskriterien stellen?

Eine andere Frage ist, ob ein Zustand, den man »Kapitalismus pur« nennen kann, überhaupt jemals herzustellen ist. Die Mär von der Totalisierung des kapitalistischen Prinzips korrespondiert in der Regel mit der Annahme, daß eine kleine Elite böser Superminds einem anonymen Heer von Opfern gegenübersteht, die ihre eigenen Rechte und Bedürfnisse nicht artikulieren können. Diese kollektive Entmündigung geht elegant über die millionenfache Emanzipation der Menschen hinweg; als gäbe es keine Autonomie, kein Selbstbewußtsein, keine Widerstandstradition. Zum drückenden Steuersystem gehört aber schon immer der Steuerbetrug, zum Geschmacksdiktat das Rolexgoldkettchen, zum »Formieren« der Gesellschaft gesellt sich mit unausweichlicher Zwangsläufigkeit die Schlampigkeit, der Zerfall, die Dekadenz, aber auch den Eigensinn.

Nach einer Umfrage der Zeitschrift US World and News Report vom Sommer 1996 haben über 50 Prozent der Amerikaner in den letzten fünf Jahren Entscheidungen getroffen, die zu weniger Geld, aber mehr freier Zeit für die Familie oder andere menschliche Belange führten. Der Moloch Ökonomie mag existieren, aber er zeugt auf breiter Front Widerspruch: Offline-Lebensformen, Verherrlichungen der Langsamkeit, Dysfunktionalitäten durch Technikverweigerung, Abseitigkeiten, die sich nicht vermarkten lassen. Gegentrends eben, die am Ende jede ökonomische »Totalmobilisierung« verhindern.

DAS MÄRCHEN VON DER »BEVÖLKERUNGSEXPLOSION«

Fast alle Theorien des Alarmismus basieren auf Zahlenmagie. Das Stakkato der Prozentzahlen verwirrt den Geist und macht die Seele konfus.

Um die »Bevölkerungsexplosion« zum Megagerücht zu machen, wurde in den Medien ganze Arbeit geleistet. Ende der

60er Jahre begann der weltberühmte Schwarzmaler Paul Ehrlich davon zu bestsellern, Ende der 80er Jahre ging eine Welle von Artikeln durch die Zeitungen, in denen die »Bevölkerungsbombe« in alle Hirne getrommelt wurde. Die berühmte steil aufsteigende Bevölkerungskurve sprengte mit schöner Regelmäßigkeit den rechten Heftrand von STERN, SPIEGEL und ZEIT. Seitdem steht in der öffentlichen Meinung fest, daß die Menschheit sich wie eine Kaninchenpopulation verhält oder wie ein Stamm Fruchtfliegen, und daß diese unverantwortliche, aber offensichtlich nicht vermeidbare Aufführung der Welt den Garaus machen wird – und Mitschuld tragen nicht zuletzt der Papst, Kardinal Ratzinger und der fundamentalistische Islam.

Ich möchte an dieser Stelle nicht auf den xenophobischen und rassistischen Hintergrund solcher Ängste eingehen, die diese Phantasie speisen. Ein simples Studium der aktuellen UNO-Zahlen über die Weltbevölkerungsentwicklung könnte uns eines Besseren belehren.

Die Kurve mit den kleinen Kreisen repräsentiert die klassische alarmistische Kurve – hier wurden einfach die Wachstumsraten der 50er und 60er Jahre (die vor allem auf dem Steigen der Lebenserwartung und der besseren medizinischen Versorgung in der Dritten Welt basierten) in die Zukunft verlängert. Doch schon in den 80ern wurden die Statistiker gezwungen, eine zweite Graphik anzufertigen, die »mittlere Projektion«. Diese beruht auf der Tatsache, daß der dramatische Fall der Fertilitätsraten selbst in Ländern wie Indien oder Bangladesch oder China (60 Prozent allein von 1970 bis 1990) auf die Zukunft nicht ohne Auswirkungen bleibt.

Doch auch diese Variante ist nach den neuesten Berechnungen noch unwahrscheinlich, weil sie einige entscheidende Gesetze komplexer Gesellschaftsdynamik nicht einbezieht, wie etwa den »demographischen Sprung«. In Schwellenländern, die sich anschicken, echte Industrieländer zu werden,

Die drei Bevölkerungswachstumskurven im Vergleich nach einer UN-Statistik von 1994

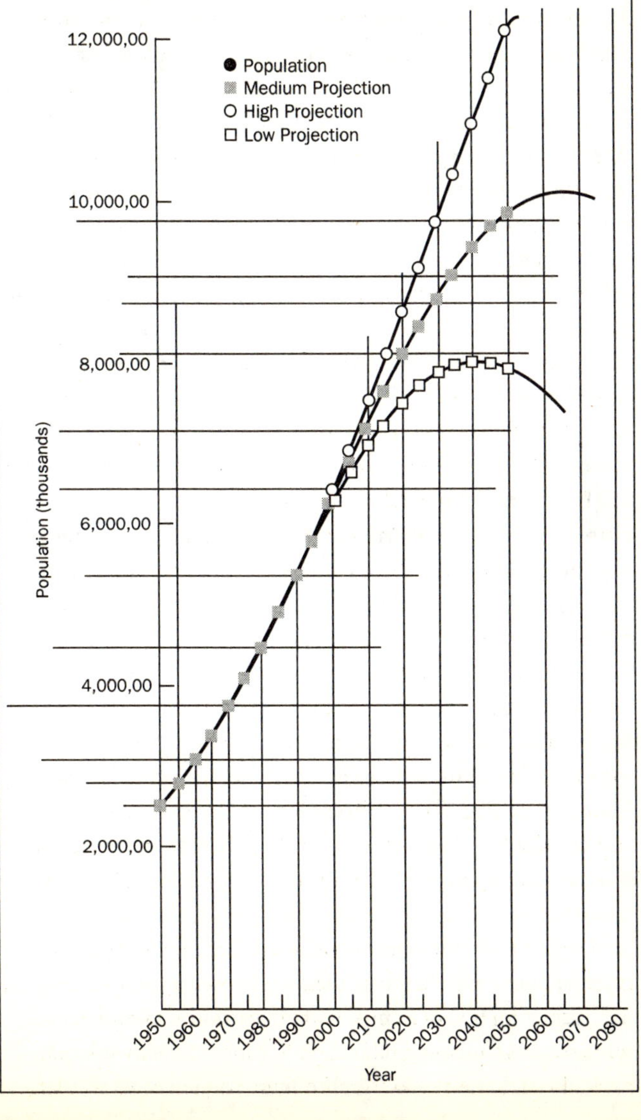

knickt die Geburtenrate in kürzester Zeit steil ab – auf einer gewissen Ebene des Wohlstandes wird Nachkommenschaft anders bewertet. Gerade die volkreichsten Staaten der Erde, die Schwellenländer des fernöstlichen Raumes, befinden sich heute kurz vor diesem oder bereits jenseits dieses Punktes.

Der »Bevölkerungspeak« der Menschheit wird ungefähr im Jahre 2040 bei um die 8 Milliarden Menschen liegen – weniger als 3 Milliarden Menschen mehr, als heute auf unserem Planeten leben. Danach ist es wahrscheinlich, daß unsere Spezies zügig an Zahl abnimmt. Die Produktivitätssteigerungen der Agrarkultur weisen derzeit eher auf gewaltige Überschüsse der Landwirtschaft denn auf Mangel. Die Vermehrung unserer Spezies bedeutet daher keineswegs das Ende der Welt.

DAS MÄRCHEN VON DEN FINALEN SEUCHEN

Eine der aktuellsten alarmistischen Glaubenssysteme rankt sich um die Tatsache, daß es uns trotz der Erfindung von so mächtigen Waffen wie Penicillin nicht gelungen ist, unsere mikroskopischen Widergänger, die Viren und Bakterien, aus der biologischen Evolution zu entfernen. Neue Resistenzen entstehen, das Imperium der Mikroben schlägt zurück. Die damit verbundene »Demütigung« verbinden wir im öffentlichen Diskurs schnurstracks mit einer scheinbar diabolischen neuen Technologie: Der Gentechnik.

Die Agenda dieser Variante des Untergangs, in aufwendigen Hollywoodstreifen zu besichtigen, geht etwa so: Früher oder später wird ein Superkillerorganismus aus einem Labor ausbrechen und die Menschheit ausrotten.

Der Seuchenalarmismus hat nur einen Nachteil: Er ist völlig unbefleckt von Kenntnissen über biologische und genetische Grundtatsachen.

Nehmen wir etwa das Ebola-Virus, das sich so wunderbar

für diese Gruselgeschichten eignet. Ebola ist alt, sehr alt. Jüngste Forschungen ergaben, daß das Virus bereits bei den alten Griechen mehr als 300 000 Menschen tötete. Im alten Sparta brach vor 2400 Jahren eine Epidemie aus, die von dem Schriftsteller Thukydides exakt beschrieben wurde und dem typischen Ebola-Verlauf ähnelte – Übelkeit, Schluckauf, Durchfall, Blasen an den Händen, Tod innerhalb einer Woche. Überträger war damals wie heute die Grüne Meerkatze – bei den Spartanern kommt sie auf vielen Fresken als Haustier vor.

Der Grund dafür, daß dieses Virus die Menschheit bis heute noch nicht ausgerottet hat – und daß der »Outbreak« nie stattfinden wird –, liegt in einer evolutionären Eigenart des Virus und der Struktur der ganzen Evolution begründet. Ebola ist, in der Tat, ein Killervirus, aber gerade das macht diesen Organismus absurderweise für unsere Spezies insgesamt ungefährlich.

Ebola tötet binnen weniger Tage, sogar Stunden, seinen Wirtskörper. Und damit natürlich, wenn kein Infektionskontakt stattgefunden hat, sich selbst. Eine Ausbreitung über den ganzen Planeten könnte nur dann stattfinden, wenn ein ununterbrochener Staffelkontakt von Todkranken mit gesunden potentiellen Trägern stattfinden würde. Selbst, wenn die Menschheit über Nacht aufgrund einer Totalamnesie alles vergessen würde, was sie über Septik und Hygiene wüßte, wäre sie äußerst unwahrscheinlich.

Ebola ist ein nicht sehr intelligenter Nischenbewohner, ein Ausnahmeorganismus, wie er in der biologischen Evolution immer wieder vorkommt, aber keine große Rolle spielt: Empfindlich, aggressiv, ständig vom Aussterben bedroht, kann eine solche DNA nur durch raffinierte Überwinterungstechniken überleben. Ganz anders als etwa der Aidsvirus, der zehn Jahre Inkubationszeit hat, sein Opfer nur langsam tötet und bei seiner Verbreitung auf ein bestimmtes Sexualverhalten angewiesen ist, verfügt Ebola evolutionstheoretisch gesprochen über eine sehr geringe Intelligenz. Dazu hat Aids noch einen anderen Lernprozeß durchgemacht: Es ist hochgradig mutagen, es wechselt seine Gestalt.

Ich höre schon den finalen Einwand: Warum sollte nicht eines Tages ein Aids- oder Schnupfenvirus mit der Virulenz eines Ebola das Licht der Welt erblicken? Wann kommt die Variante von Aids, mit der wir uns beim Niesen anstecken können? Womöglich wird dieses Monster in einem Genlabor ausgebrütet! Von Wissenschaftlern, die alle Alarmsysteme ausschalten, weil sie geldgierig sind oder unbedingt den Nobelpreis wollen!

Alle Experimente mit »Rekombinationen« in Genlabors haben bis heute immer wieder die Grenzen der biologischen Wirkmechanismen klargemacht – noch niemals konnte die Wissenschaft sie ernsthaft überschreiten. Manche »Schalter« in den Gencodes wollen einfach nicht zusammenpassen – es ist, als ob die Natur bestimmte Kombinationen einfach nicht zuläßt. Zwar gelingt es, Tomaten genetisch so zu kreuzen, daß optimale Eigenschaften entstehen – siehe *flavour savour* –, aber schon in dem Moment, wo man die Tomate – ein Nachtschattengewächs – mit ihrem Artverwandten, der Kartoffel, kreuzt, bekommt man »Tomoffeln«, die so klein und verkrüppelt bleiben, so daß es bei weitem sinnvoller ist, beide Spezies separat anzubauen. Noch schlimmer ist die Überlebensbilanz bei »Ziegenschweinen« oder noch monströseren Kombinationen: Keine der derart erzeugten Kreaturen war bislang mehr als ein paar traurige Tage überlebensfähig.

Am Ende gibt es fundamentale Gründe, die mit evolutionärer Ökologie zu tun haben, so Stephen Budiansky, senior writer bei US NEWS & WORLD REPORT, *die die Sage von der kommenden Superseuche widerlegen. Die Ambition eines Virus oder Bakteriums, seine »Lebensaufgabe« ist es, möglichst viele Menschen zu infizieren. Ein Virus, der leicht durch die Luft reist und so tödlich ist, daß er seine Wirtskörper daran hindert, noch einen Schritt vor den anderen zu tun, ist kein besonders an die Evolution angepaßter Organismus.*

Die Genetik ist ein wunderbares Beispiel dafür, wie große Komplexitäten sich innerhalb klarer systemischer Regeln selbst regeln. Da ihre Wirkweise auf einigen äußerst sinnvollen und rigiden Regeln beruhen, »verbieten« sich Eingriffe, die diese Regeln ad absurdum führen wollen, von selbst. Der Schuß geht immer nach hinten los. Mit Milliardenaufwand wird etwa die Züchtung pestizidresistenter Pflanzen betrieben – aber kaum sind diese Pflanzen ins Freiland entlassen, kreuzen sie sich mit entfernten Verwandten und verlieren ihre Eigenschaften, oder das Unkraut lernt innerhalb von zwei kurzen Generationen, wie es auch diesen Trick überlistet. Ein ewiger Wettlauf, bei dem am Ende immer nur eines siegt: das systemische Gleichgewicht.

Unserem Zauberlehrling, der plötzlich das Reagenzglas mit dem tödlichen Superorganismus fallenläßt – was für ein Ungeschick! –, würde wahrscheinlich etwas völlig anderes passieren, als Horror- und Monsterfilme erwarten lassen: Das entwichene Virus färbt vielleicht alle Blätter vorübergehend blau oder bringt alle Menschen mit Schäferhunden vorübergehend zum Lächeln oder hat sonstwie unerwartete Wirkungen. Und unser Dr. Frankenstein wird womöglich zwei Wochen später von einer in der Werkskantine eingefangenen Salmonellenvergiftung durch ungenügend gebratene Hühnerschenkel ins Jenseits befördert.

Spaß beiseite. Ich übersetze den Gedankengang in Leitsätze. Erstens: Die Schöpfung läßt sich nicht ins Handwerk pfuschen, *selbst wenn wir es uns ernsthaft vornehmen.* Wir können die Welt zwar (kurzfristig) manipulieren, aber nicht ihre Gesetze verändern – das ist ein kleiner, aber entscheidender Unterschied. Auch unsere Manipulationen sind Evolutionen, und sie unterliegen den Gesetzen der natürlichen Auslese.

Zweitens: Die alte Formel, nach der das, was passieren kann, auch passiert, ist zwar wahr, aber sinnlos. Das »Murphysche Gesetz« sagt mehr über Herrn Murphy aus als über die Welt, in der wir leben. Sie wird durch eine zweite Regel aufgehoben, deren erhabene Größe sie längst dem Volksmund zugängig gemacht hat: *Erstens kommt es anders und zweitens als man denkt.*

DIE FASZINATION DES FINALEN

Warum ist negative Zukunftserwartung so faszinierend, daß es ihr immer wieder gelingt, die wildesten Gerüchte zu moralischen Überzeugungen zu adeln? Ganz einfach: In einer Welt, die dem Einzelnen immer höhere Grade an Komplexität abverlangt, wirken alarmistische Formeln paradoxerweise beruhigend. Sie erzeugen Sinn und Ordnung. Dem Warner selbst geben sie das Gefühl, in jedem Fall recht zu haben – er kann ja nie verlieren (wenn seine düstere Prophezeiung nicht eintritt, hat er mit Erfolg gewarnt). Dem Gewarnten vermitteln sie vielerlei emotionale Qualitäten. Eine davon ist der Eindruck, in einer einmaligen Situation zu leben, einer privilegierten Epoche. Der zweite Aspekt ist die eigene Aufwertung. Wenn ich durch eine nur scheinbar kleine Sünde des falschen Handelns (Autofahren, Elektrosmog erzeugen, Joghurtbecher *nicht* sortieren) die Existenz des Planeten, womöglich gar der Schöpfung beenden kann, bin ich unendlich wichtig.

Dieser Mechanismus ist in Deutschland besonders schwer zu durchdringen, weil der Alarmismus hierzulande einen raffinierten »Veredelungsprozeß« durchlaufen hat. Der Zeichner dunkler Bilder hat hierzulande immer recht, weil er durch die historischen Katastrophen gegen Einwände und Kritik immunisiert ist. Untergangsphantasien haben sozusagen einen Turboeffekt, weil sie durch Schuldsysteme aufgeladen sind. Dazu kommt, wie überall sonst auch, die simple Überbietungslogik der Medien.

Wir sollten der bitteren Wahrheit ins Auge sehen: Der Alarmismus ist eine Marktlücke wie jede andere. Seine »Wahrheiten« entstehen entlang der Nachfragelinien gesellschaftlicher Ängste. Seine Fakten bezieht er aus ebensolchen Informationsverbiegungen, wie sie stets den Betreibern von Kernkraftwerken oder Chemiekonzernen zugeschrieben werden. Alarmismus ist in unserer Gesellschaft ein neues Privileg; er konstituiert eine Kaste von Unberührbaren, von »Gutmenschen«, von Gesinnungseliten. So, wie manche Ärzte Forschungsberichte fälschen, um an Forschungspfründen zu gelangen, erzeugt der Alarmismus einen ständigen Output an Kongressen, steuerlich geförderten Akademien, eine Ökologie der Spesen und der Subventionen. Allein die Klimaforschung ernährt in Deutschland Hunderte von Wissenschaftlern. Biologen untersuchen Wattwürmer auf Schadstoffe, Allergologen machen aufwendige Untersuchungen von Hausstaub. Dissertationen und Examensarbeiten, Fachbeitrage und Fernsehsendungen sind Teil eines Netzwerks, das längst ein ökonomischer Machtfaktor geworden ist. Womit kann man wirtschaftliche Interessen besser adeln als mit ökologischer Ethik und vitalen Menschheitsinteressen?

Das wäre alles weiter nicht schlimm, wenn das System der Mahner nicht irgendwann auch ins Pathologische umzukippen droht. In den letzten Jahren hat der Alarmismus in einigen Bereichen sein wahres Gesicht gezeigt: Er erzeugt im Namen des Kampfes gegen das Ungeheuerliche neue Ungeheuerlichkeiten. Die Kämpfer gegen den Kindesmißbrauch produzieren monströse Felder des Verdachtes, in denen die Kategorie der Wahrheit aufhört, zu existieren. Sie zerstören im Namen der Krankheit, die sie zu bekämpfen vorgeben, Existenzen.

Natürlich ahnt der Alarmist, daß irgend etwas mit seinen Hochrechnungen nicht stimmt. Bald ist es jedes dritte Kind, das in Deutschland von Onkeln und Vätern mißbraucht wird! Das Ozonloch reicht inzwischen schon bis Mailand! Um Entwarnungen (und damit »Verharmlosungen«) zu vermeiden, muß er die Dosis seiner Angebote ständig erhöhen. Spätestens hier ähnelt der Handel mit den Botschaften des Untergangs dem internationalen Drogenmarkt: Die Abhängigkeit steigt, und irgendwann beginnt eine Art Beschaffungskriminalität in Form von verbogenen Fakten, falschen Verdächtigungen.

Das »McCarthy-Syndrom« der modernen Hexenjagd läßt Fischhändler plötzlich ins gesellschaftliche Abseits schliddern, weil ein TV-Magazin in bestimmten Fischzubereitungen kleine, unappetitliche, wenngleich ungefährliche Würmer entdeckt. Fleischesser werden in manchen alternativ-esoterischen Szenen schon als Unmenschen und Raucher als die Schuldigen an der Dauerpleite der Krankenkassen verdächtigt.

Bleibt das letzte Argument des Alarmismus: Übertreibung kann am Ende nicht schaden, weil sie zumindest die Aufmerksamkeit auf Probleme lenkt. Doch ab einem gewissen Grad – und diesen Zustand haben wir bei einigen Themen bereits erreicht – kippen die Warnungen in ihr Gegenteil um: Die Gesellschaft reagiert mit Apathie. Sie verliert ihre Abwehrkräfte. Sie streckt die Waffen. So bringt der Alarmist am Ende die Gesellschaft zum Schweigen. Sie verliert die vitalen Kräfte, mit der sie auf reale Bedrohungen reagieren und die notwendigen Wandlungsprozesse einleiten kann.

Das wäre dann der letzte, der »morphische« Triumph des Alarmisten. Denn soviel ist gewiß: Eine Gesellschaft, die die Hoffnung verliert, wird untergehen.

ZEIT: *Herr Nellen, kann man ein Meer leerfischen?*

Nellen: Das ist unmöglich. Der letzte Fisch wird nie gefangen. Das würde sich nicht lohnen. Wenn der Bestand unter eine bestimmte Menge gefallen ist, hören die Fischer automatisch auf. Es genügen relativ wenige Fische, um den Bestand wieder aufzubauen. In der Regel geht das schnell, da Fische sehr fruchtbar sind. Es ist Fischern noch nie gelungen, einen Bestand wirklich auszurotten.

ZEIT: *Aber drastisch zu reduzieren.*

Nellen: Ein Großteil der Bestandsschwankungen geht nicht von den Fischern aus. Oft sind es hydrologische Ursachen. Als der Kabeljaubestand in Ostgrönland zusammengebrochen ist, lag das an ungewöhnlichen Temperaturen.

Fischerei ist produktionsbiologisch sogar günstig. Wenn nicht gefischt wird, gibt es nach einigen Jahren vor allem alte, dicke Fische, die nicht mehr wachsen. Die jungen, produktiven, haben dann weniger Chancen, sich zu entwickeln. Ein großer Kabeljau frißt einen kleinen Kabeljau. Wird gefischt, ist Platz für Nachwuchs, die Bestände wachsen und sind produktiver.
Aus einem Interview mit dem Meeresbiologen Walter Nellen in der ZEIT im Herbst 1995.

DAS MÄRCHEN VON DER BESTEN ALLER WELTEN

Ich möchte mich also zu einer allerletzten Ketzerei hinreißen lassen. Sie soll lediglich in Form eines kurzen Gedankenspiels stattfinden. Was wäre, lieber Leser – *und ich bitte Sie, diesen Gedanken nur eine Sekunde zu prüfen* –, wenn alles nicht immer *schlechter,* sondern im Gegenteil alles *immer besser* würde?

Man stelle sich vor:

- Wir würden heute in einer Welt leben, die uns und unseren Nachkommen bessere Möglichkeiten bieten, wichtige Entscheidungen des Lebens, der Liebe, der Selbstverwirklichung selbst und autonom zu entscheiden.
- Wir lebten in einer Periode, in der die Chancen für Frieden eher gestiegen und Katastrophen wie die des Zweiten Weltkrieges eher unwahrscheinlicher geworden sind.
- Wir lebten in einer Zeit, in der zwar nicht alle Probleme der Menschheit gelöst sind, in der unsere Zivilisation bei wichtigen Fragen aber ständig lernt, mit veränderten Bedingungen umzugehen.
- Wir lebten in einer Zeit, in der die großen Trendströmungen – Individualismus, Informationsgesellschaft, Globalisierung – fantastische neue Chancen bedeuten. Auch und gerade für diejenigen, die bislang keine Stimme hatten, die Völker der Dritten Welt.

- Wir lebten in einer Gesellschaft, in der das Verhältnis zwischen den Menschen schwieriger, aber auch liebevoller geworden ist. Liebe ist nicht mehr durch Konvention, Gewöhnung kanalisiert, das macht sie »freier«, aber auch verletztlicher. Persönliche Erfahrungen, Erlebnisse, Abwägungen erscheinen konfliktreicher, sind aber zugleich auch »reicher« im Sinne von mentalen Qualitäten. Wir können uns heute besser spüren, als die Menschen es jemals konnten.

Wir sollten auch die starken Seiten der Natur zur Kenntnis nehmen und nicht immer nur ihre fragilen Aspekte. Zweifellos kann eine menschliche Entscheidung bedrohte Arten wie den Spix-Ara oder den Riesenpanda für immer auslöschen. Doch gleichzeitig müssen wir die wunderbaren vitalen Kräfte der Natur im Auge behalten ... Weiterentwicklung erfolgt aus Ungleichgewicht. Eine ausgewogene Balance bedeutet Stagnation. Evolution benötigt jedoch Unausgewogenheit, braucht Dynamik, um voranzuschreiten und neue Lösungsstrategien hervorzubringen.
Michael Miersch und Dirk Maxeiner in »Öko-Optimismus«

Ich gebe zu: Ein solcher Optimismus ist schmerzhaft und skandalös. Er ist ein öffentliches Ärgernis. Wenn die Rede von der unablässig verarmenden Dritten Welt eine Mär ist, das Sterben der Arten eine falsche Behauptung, wenn die Klimakatastrophe alles andere als sicher ist – wo bleibt unsere Mission? Wo bleibt die Großartigkeit unserer Rettungsvorschläge? Wo bleiben die Wendepunkte, Paradigmenwechsel, revolutionären Kurswechsel, die wir seit Jahren und Jahrzehnten gepredigt/verlangt/propagiert/herbeigeschrieben haben?

Nichts ist schlimmer zu ertragen als jener Wechsel von einer Jugend voller Adrenalin, Übertreibung und Mission in die furchterregenden Ebenen der Normalität. Aber wie alles im Leben ist auch dies eine vorübergehende Talsenke. Jenseits der Desillusion wartet eine neue Erkenntnis, die durchaus »high« machen kann. Optimismus macht frei. Optimismus zwingt uns schlichtweg zurück in die Eigenverantwortung. Optimismus, der nicht blauäugig ist, heißt nämlich, daß wir akzeptieren, daß *wir die Wahl haben.* Wenn der Untergang nicht zwangsläufig ist, wenn das Benzin nicht ausgeht (oder wenn es ausgeht, wir einfach auf andere Energieträger umsteigen), wenn die Überbevölkerung nicht alle Probleme sowieso »löst«, indem sie alles beendet, dann müssen wir mit der Welt, so, wie sie ist, irgendwie leben. Dann ist es unser verdammter Job, das Beste aus den Chancen zu machen und die Risiken umsichtig und kalten Blutes zu minimieren.

Die Zukunft wird so sein, wie wir sie jetzt, im Augenblick, sehen wollen, sagt Anatolij Kim in »Vor uns die Jahrtausendwende«, *oder es wird sie nicht geben, wenn wir uns sagen, daß es für uns keine Zukunft gibt… Deshalb hängt unsere Zukunft von unserer höchsten Phantasie ab, von dem guten oder bösen Willen, davon, wie wir sie uns im Grunde unseres Herzens vorstellen wollen.*

Im Grunde ist alles ganz einfach, und im Grunde hatte sie ganz recht, die gute Angela Davis, deren Plakat in meinem Jugendzimmer an der Wand hing:

Either you are part of the problem
or you are a part of the solution.

2. KAPITEL

DIE KULTUR DES WANDELS

Das geistige Handwerkszeug für die kommende Transformation

Aus dem ölglatten Geist der letzten zwei Jahrzehnte des neunzehnten Jahrhunderts hatte sich plötzlich in ganz Europa ein beflügelndes Fieber erhoben. Überall standen Menschen auf, um gegen das Alte zu kämpfen. Es wurde der Übermensch geliebt, und es wurde der Untermensch geliebt; es wurde die Gesundheit und die Sonne angebetet, und es wurde die Zärtlichkeit brustkranker Mädchen angebetet; man war gläubig und skeptisch, naturalistisch und preziös, robust und morbid. Man träumte von alten Schloßalleen, herbstlichen Gärten, gläsernen Weihern, Edelsteinen, Haschisch, Krankheit, Dämonien, aber auch von gewaltigen Horizonten, von nackten Kämpfern, Aufständen der Arbeitssklaven, menschliche Urpaaren und Zertrümmerung der Gesellschaft. Diese Illusion, die ihre magische Verkörperung in dem magischen Datum der Jahrhundertwende fand, war so stark, daß sich die einen begeistert auf das neue, noch unbenutzte Jahrhundert stürzten, indes die anderen sich noch schnell im alten wie in einem Hause gehen ließen, aus dem man ohnehin auszieht.

Robert Musil im »Mann ohne Eigenschaften«

DIE CHANCE DES MILLENNIUMS

Nur noch wenige Tage und Nächte liegen zwischen uns und einem Ereignis, das so etwas wie ein Privileg für unsere Generation ist: die Jahrtausendwende, das Jahr 2000. Und wenn auch viele die Zahl mit den drei Nullen als einen reinen Zufall, ein im Grunde bedeutungsloses Zahlenspiel verharmlosen möchten – kaum jemand kann sich letztlich seiner Faszination entziehen.

Runde Zahlen sind nichts anderes als Symbole, gewiß. Aber Symbole können mächtig sein. Wer jemals versucht hat, Weihnachten zu vermeiden oder den eigenen Geburtstag oder Silvester zu ignorieren, weiß, daß man symbolischen Daten nicht entgehen kann. Man kann angestrengt ihre Bedeutung leugnen, aber man verhält sich dazu, und sei es eben negativ. Nicht wenige freilich neigen zur entgegengesetzten Haltung: Sie mystifizieren solche Daten. Das zeigt sich in Sachen Jahrtausendwende etwa in Erscheinungen in psychisch pathologischer Form. Kollektive Paranoia, Angstneurosen, regressive Destruktionsphantasien schießen allerorten aus dem Boden. Verschwörungstheorien, UFO-Glaube, die »milicia« in den USA, die Häufung von Weltuntergangssekten, die mit wildesten Wahnideen zu Mord und Selbstmord bereit sind – all das sind typische Anzeichen einer »millenaristischen« Hysterie.

Auch die letzte Jahrhundertwende – das Jahr 1900 – brachte Kometenfurcht und Okkultismus, Magier und Hellseher hervor; aber auch Aufschwünge der Vernunft: Freud und Alfred Adler, Einstein und Max Planck, den Aufstieg der Mathematik, die Entdeckungen der Curies, die Soziologie mit Max Weber und Georg Simmel, die Kulturwissenschaften mit Aby Warburg und Ernst Cassirer, das neue Bauen mit Adolf Loos und Henry van de Velde. Die mechanische Technik erlebte eine rasante Blüte, das Fliegen wurde erfunden und bestaunt, Telefon, drahtlose Telegraphie, Film, Schallplatte wurden gerade zu »Massenmedien«. So etwas wie »Weltkultur« entstand zum erstenmal. Die breite Ernüchterung nach dem Untergang der TITANIC markierte dann das beginnende Ende dieser Epoche. Von da an ging es mental »rückwärts« – bis zu den barbarischen Schlächtereien der Weltkriege und Vernichtungslager, die unser Jahrhundert trotz des mehr glimpflichen Verlaufes seiner zweiten Hälfte zum blutigsten der Geschichte machten.

Das hinter uns liegende Jahrhundert bietet also nur wenig Grund zum »Feiern«. Wir sollten seine Wende hinüber in ein neues Jahrtausend nutzen zu einer *Bilanz,* einer *Inventur:* Welche unserer zivilisatorischen Instrumentarien, Weltbilder, Denkweisen haben sich bewährt? Welche sollten wir über Bord werfen? Aber auch: Welche mentalen, psychologischen, intellektuellen Fähigkeiten müssen wir bilden und »trainieren«, damit wir in der absehbar weit offeneren Welt des 21. Jahrhunderts den notwendigen Wandel zivilisatorisch bewältigen können?

Das Jahr 2000 ist wie eine große Spiegelungsfläche, eine Leinwand, auf der wir unsere Träume, Hoffungen und Befürchtungen noch einmal in kollektiver »Filmproduktion« dramatisieren und erörtern können. Machen wir das Beste aus dieser Chance. Sie kommt die nächsten 1000 Jahre nicht wieder!

FUTURE FITNESS – EINIGE KERNKOMPETENZEN FÜR ZUKUNFTSFÄHIGKEIT

Eine realistische Vorstellung der Welt haben. Zunächst müssen wir die Verzerrungen, die unsere Psychen der Realität antun, durchschauen und überwinden. Zukunftsbilder sind oft von inneren Krankheiten infiziert, sie zeugen auch von kindlichen Schädigungen und biographischen Defiziten.

Wir können es gar nicht genug betonen: Nein, die Welt ist nicht dazu da, uns zu strafen. Nein, es lauert kein Untergang an der nächsten Straßenkreuzung. Eine kaltblütige Risikoabwägung bringt ein Ergebnis, »mit dem man arbeiten kann«: Die wirklich existentiellen Bedrohungen für die Menschheit lassen sich auf vier, fünf reale Gefahren beschränken. Die Chancen, diese Faktoren zu unseren Gunsten zu verändern, stehen gut, denn Menschen sind von der Evolution auf Überleben programmiert.

Vertrauen in die Zukunft ist in diesem Weltbild nicht nur möglich, sondern auch von systemischer Logik gedeckt. Um ein einmal funktionierendes System (wie das der »industriellen Demokratie«) zum Kippen zu bringen, braucht es Jahre und Jahrzehnte von Agonie, Krankheit, Verderbnis. Komplexe Systeme – und unsere gesellschaftlichen Systeme gehören allemal dazu – sind geschmeidiger, flexibler im Umgang mit Krisen als einfache mit wenigen Variablen. Selbst die Gesetze des Chaos basieren nicht auf der Logik der Verwüstung, sondern, im Gegenteil, auf dem Prozeß der Ausdifferenzierung und Selbstorganisation. Die uns tragenden Kräfte sind zäher, als daß es kurz in den Untergang kippen könnte.

Die Realität ist widersprüchlich – aber genau das ist es auch, was ihr Stabilität verleiht. Je mehr *industrial food* – desto mehr Bionahrungsmittel. Je mehr industrielle Tierhaltung, desto mehr Vegetarier. Je mehr Lärm, Streß, falsche Komplexität, desto mehr setzen sich Techniken der Kontemplation, der kreativen Muße durch; Menschen gehen *offline,* finden ihre eigenen seelischen Zentren, organisieren sich mentale Räume. Je mehr Funktionalität und Ökonomie unser Leben regieren, desto entschlossener suchen die Menschen nach dem Menschlichen, den kleinen Gesten, dem Zusammenhalt. Auf diese ewige Dialektik ist Verlaß. Gewiß, sie benötig immer das aktive Handeln. Aber es gibt keine Anzeichen dafür, daß dieser Mechanismus plötzlich abbricht. Im Gegenteil.

Ein realistisches Verhältnis von der Welt heißt also: in die Zukunft *vertrauen* können.Und auch, daß wir das Unabänderliche akzeptieren und *annehmen* – ohne dabei unsere Gestaltungsräume zu vergessen oder zu klein anzusetzen. Das

Neue erschreckt, aber der vielgescholtene gesunde Menschenverstand sagt uns, daß im Neuen noch genug Altes, Bewährtes stecken wird, damit wir es dort aushalten können.

Den eigenen Verantwortungsradius definieren. Der zweite wichtige Schritt ist die *Justierung der Bedeutung des eigenen Ich.* In den Narzißmen des Weltuntergangs und der Verseuchungsängste spiegelt sich ja auch ein Ego, das die Grenzen zwischen Innen und Außen nicht mehr fixieren kann. Aber gerade die Geschichte der Jugendrevolte hat gezeigt: Wir können weder alles revolutionär umstürzen, noch alles verderben. Das Verhältnis zwischen den Geschlechtern, die Ökonomie, das Wetter, die menschliche Natur – es gibt Dinge, die sich schlichtweg unserem Veränderungsdrang entziehen. Die Evolution hat Konstanten und Stabilitäten hervorgebracht, die dem »Neuen« immer wieder trotzen.

Darin liegt andererseits auch eine gewaltige Entlastung, die große Energien freisetzen kann. Welch frohe Botschaft: Nein, wir sind nicht für alles verantwortlich! Die Ausbeutung der Dritten Welt, die Abholzung der Regenwälder, die Gewalt im Fernsehen, die Entfremdung zwischen Mann und Frau/der Rechtsradikalismus/die Fremdenfeindlichkeit – das sind ohne Zweifel gewaltige Probleme und Gefahren. Aber niemand von uns kann die ganze Welt tragen. Jeder von uns kann ein Scherflein beitragen (und viele Scherflein haben schon manches Problem beseitigt).

Zukunftsfitneß heißt also auch: wissen, was man ändern will und kann – und wo man besser loslassen sollte. Menschen, die diesen Sortierungsprozeß hinter sich haben, laufen oft zu außergewöhnlichen Leistungen auf. Denn sie können sich auf einen Punkt konzentrieren, ihr Talent, ihre Eigenart zum Blühen bringen. Sie können ein geniales Musikstück schreiben/Kinder in Liebe erziehen/ein Projekt in aller Tiefe entwickeln, ohne daß sie gleichzeitig das Gefühl haben, daß »das alles nicht reicht, um die Menschheit zu retten«.

Das war eines der schrecklichsten Fallen meiner Jugend: Alles, was wir taten, Wohngemeinschaften und Alternativprojekte, Demonstrationen und Beziehungsarbeit – *es war immer nicht genug*! Es war immer nur mickrige kleine Ableitung in einem gigantischen Überzusammenhang, es war kleinbürgerlich und »partikular« und »nicht konsequent« (das konnte man nur sein, wenn man Bomben auf die Herrschenden warf oder anderswie ausflippte). Uns fehlte deshalb ständig die Liebe zum Detail, jene Aufmerksamkeit, die man dringend braucht, wenn man die Verwirklichung von Träumen ernst nimmt.

Erst, wer seine Verantwortung begrenzt, kann welche übernehmen.

Prozesse als Evolutionen sehen. Wer seine mentalen Hausaufgaben weiter erledigen will, der muß seinen Blickwinkel derart verschieben (und erweitern) können, daß er in den Prozessen, die uns umgeben, nicht finale Strukturen, sondern *evolutionäre Prinzipien* erkennt. Auch das führt zu enormer Entlastung.

Evolutionäres Bewußtsein heißt, daß wir die Gesetze der Komplexität in der Wirtschaft, den Sozialsystemen, den Technologien *spüren und verstehen* lernen. Und daß wir lernen, nicht *gegen*, sondern *mit* ihnen zu arbeiten. Technik verhält sich nicht wie ein »objektiver Prozeß«, sie unterliegt denselben Gesetzen wie das Wachstum von Bäumen oder die Entwicklung von Fischpopulationen. Technik kommt und vergeht, und sie befindet sich in einem ständigen Austausch mit Kultur. Wir erfinden nicht, »was erfunden werden kann«, sondern das, was wir »brauchen« – in unserem Alltagsleben setzen sich Technologien durch, die *zivilisatorische Komplexität* erzeugen (in einem extrem ambivalenten Sinn gilt dies sogar für die Atombombe).

Für die Ökonomie gilt das gleiche: Die Vermehrung von Geld und die Steigerung von Produktivität funktionieren nicht nach den Gesetzen von Urgewalten (»entfesselter Kapitalismus«), sondern sind ein äußerst komplexer, osmotischer Prozeß von ständigem Bedürfniswandel, von Angebot, Nachfrage und dem (ökonomischen wie ökologischen) Zwang, Kosten zu senken und Ressourcen zu schonen. Firmen und Konzerne sind mit vielen unsichtbaren Fäden mit den Gesellschaften und Märkten verbunden, und sie lernen immer mehr, mit dieser Komplexität differenzierter umzugehen als in den Input-Output-Logiken des frühen industriellen Zeitalters.

Das evolutionäre Denken hilft uns dabei, zu verstehen, daß es keine »exterritorialen« Prozesse in unserer Welt gibt. Die Vorstellung, irgendwo tief in der Ökonomie, der Gesellschaft, säße ein »tödliches Prinzip«, eine dämonische Kraft, eine Art Antimaterie, die uns morgen oder übermorgen in die Verderbnis zwingt, ist schlichtwegs falsch. Die wirkliche Gefahr in solchen Vorstellungen liegt viel eher darin, daß wir gerade das produzieren, was wir bekämpfen wollen!

Gelassenheit. Die meisten Entwicklungen und Trends, die unser Leben verändern, sind langfristig – sie lassen uns genügend Zeit zum Reagieren. Vieles, was heute in den Medien als Bedrohungssensation gehandelt wird, ist in Wirklichkeit ein epochaler Prozeß, mit dem sich unsere Kultur schon lange auseinandersetzt. »Globalisierung« etwa wurde schon 1848 von Karl Marx und Friedrich Engels im »Kommunistischen Manifest« beschrieben. Auch »Individualisierung« hat ihre Wurzeln in der bürgerlichen Revolution, ebenso wie die »Informationsgesellschaft« im Grunde ein alter Hut ist – seit der Erfindung des Telegrafen zirkulieren Börsenkurse, politische, militärische und kriminelle Geheimnisse blitzschnell um den Globus.

Die Angelsachsen kennen zwei Wörter für Geschwindigkeit, *speed* und *pace*. Liegt es an diesem Wortmangel, daß wir so akzelerationsphobisch reagieren? Alles ändert sich – aber vieles bleibt, wie es ist. Das heißt, im Umkehrschluß: Wir können (und müssen) unseren *pace* finden, unsere eigene, angemessene Wandlungsgeschwindigkeit.

Jeder, der eine Sturm-und-Drang-Periode in seinem Leben durchlebt hat – und wer hätte das nicht –, hat eine Erfahrung gemacht, die in der allgemeinen Hektik der heutigen Zukunftsdebatte gar nicht mehr vorkommt. *Wer zu früh kommt, den bestraft das Leben* – wie viele verrückte Ideen, Wünsche, Träume hat jeder von uns schon versucht, in die Wirklichkeit umzusetzen! Und wie oft sind wir zu früh gesprungen, unreif, ohne die notwendige Power. Die Idee war gut, aber die Fähigkeiten hinkten hinterher. Die Zeit war noch nicht reif, und am allerwenigsten reif waren wir!

Empowerment. Es ist natürlich einfach, sich über die neuen Gurus des positiven Denken lustig zu machen, jene smarten Herren im adretten Anzug, die sich auf Massenveranstaltungen mit Arbeitslosen mit Einpeitscher-Parolen und *you-can-get-it-if-you-really-want*-Philosophien bereichern. Aber dahinter steckt auch unsere typische Abwehrhaltung, die bestimmte Übertreibungen dazu benutzt, das Ganze zu denunzieren. Gewiß erzeugt positives Denken im Billigwaschgang eher Schaum und wenig Wirkung. Aber die zentrale Frage bleibt: Wie entsteht in unserem Kulturkreis mehr *aktives Bewußtsein*? Wie schaffen wir es, die kollektive Opfermentalität zurückzudrängen und einen *realistischen Optimismus* so faszinierend zu machen, daß er zu einer Art Massenbewegung wird?

Wir brauchen nicht Opfer zu bleiben, sagt Mihaly Csikszentmihalyi in »Flow«. *Die Gegenwart ist der Ort der Macht. In der Gegenwart können wir uns stets dazu entschließen, unsere negativen Empfindungen zu ändern. Mein Körper, meine Gesundheit, meine Beziehungen, meine Berufstätigkeit, meine finanzielle Situation – ja alles im Leben – spiegelt das Gespräch in meinem Inneren.*

Vielleicht ist es deshalb gar nicht so tragisch, wenn wir in Zukunft von einigen NLP-Einpeitschern aufgeschreckt werden, die ganze Sportstadien mit ihrem Ruf »Du kannst es schaffen« füllen. Unsere Kultur hat ein riesiges Nachholbedürfnis in diesen Dingen und viel zu viele düstere Herren mit den gesenkten Augenbrauen, die uns seit Jahrzehnten immer wieder davon überzeugen wollen, daß *alles übel enden wird.*

Ein Begriff sollte uns zum Abschluß dieses Buches noch einmal näher interessieren. Vision. Ein Begriff, der nicht zuletzt durch unsere Geschichte und unsere Erfahrungen diskreditiert worden ist. Aber ohne Vision, ohne die Idee eines *besseren Morgen,* kann keine Gesellschaft, keine Kultur eine Transformation bewerkstelligen. Gibt es also etwas scheinbar Widersprüchlicheres als *realistische Visionen?*

VISIONEN IN DER POLITIK: LEADERSHIP UND »STORYTELLING«

Im Grunde ist die Aufgabe der Politik – und des Politikers – leicht zu beschreiben. Er muß der Gesellschaft eine Vision ihrer möglichen Zukunft anbieten, an der sie sich orientieren und *verändern* kann. Er muß den »kommenden Konsens« formulieren – einen Konsens, der möglichst viele und unterschiedliche gesellschaftliche Gruppen einschließt.

In den ruhigen Zwischenphasen der Geschichte, in denen das Wachstum anhält und die kulturellen Parameter nicht in Frage gestellt sind, können auch »Politiker des Status quo« den Job der »Vision« erfüllen. »Weiter so« – »Keine Experimente« – diese bekannten Formeln können zur richtigen Zeit die richtigen Impulse sein.

In Zeiten allerdings, in denen Kultur und Gesellschaft unter Anpassungs- und Innovationsdruck geraten, muß die politische Vision den Turbogang einlegen und ungleich mehr leisten: Sie muß die *Transformation plausibel machen.*

Dazu bedarf es mehr denn je charismatischer und symbolischer Führer. Allerdings macht das Wort »Führerschaft« ohne die Idee der (steigenden und bewältigten) Komplexität keinen (positiven) Sinn. Auch Hitler war ein charismatischer Visionär, aber seine Vision zielte auf die totale Regression, auf die Vernichtung des Vielfältigen, auf die Abschaffung von Komplexität. In Krisenzeiten finden solche dunklen Charismatiker leicht ihr Publikum: Sie versprechen einfache Lösungen, Reduktion des Komplexen, Wiederaufteilung der Welt in Schwarz und Weiß. Von Le Pen bis Scientology – der Rückwärtsgang ist in Zeiten des gestiegenen Komplexitätsdrucks zunächst die erste Reaktion.

Positive charismatische Führer haben vor allem die Fähigkeit, *angstfreie Geschichten über die Zukunft zu erzählen.* Und damit die Gesellschaft den Mut aufbringt, ihre alten Strukturen und Gewohnheiten zugunsten höherer Komplexität aufzugeben, bedarf es außergewöhnlicher rhetorischer Begabung. An den erfolgreichen posttraditionalen Politikern der Gegenwart lassen sich beide Aspekte gut studieren. Blair, Havel und Clinton, mit vielen Einschränkungen sogar Schröder, sind ganz typische Symbolisten der Zukunft. Ihre sprachlichen Wendungen mögen oft seltsam pathetisch, ja »hohl« klingen – »Brücke zum 21. Jahrhundert«, »Ein erneuertes Britannien, bereit für eine bessere Zukunft«, »Wirtschaft plus Ökologie« – aber mit solchen Formeln wird ein Perspektivwechsel vorbereitet: Die Zuhörer werden zur Schau über den Tellerrand ihrer Ängste und Befürchtungen verführt. Sie werden »enthypnotisiert«.

Ein guter politischer Führer verkörpert geistige und moralische Integrität, Reife, verarbeitete Erfahrungen (sowohl Clinton als auch Blair hatten eine klassische 60er-Jahre-Hippie-Vergangenheit), Kraft des Glaubens, Instinkt, Machtwille, aber gleichzeitig auch Jugendlichkeit, sprich Vitalität. Die letzte Generation dieser Modernisierer, die realistische Visionen erzählen konnten, hatte ihre große Zeit in den 60er Jahren. John F. Kennedy führte Amerika – und damit die westliche Welt – vom Autoritarismus der Nachkriegsära in den Wertekanon der Moderne: Individualismus, Technikbejahung und Toleranz – der letzte große Komplexitätssprung der westlichen Kultur. In Deutschland war Willy Brandt das Äquivalent, das gleichzeitig mit der Vergangenheit versöhnen mußte – »Mehr Demokratie wagen« war nichts anderes als ein Schlachtruf des gewaltigen Individualisierungschubs, der in den späten 60ern begann.

Eine gelungene politische Wandlungskultur entsteht im Spannungsfeld zwischen den Matadoren der Veränderung und den Auguren des Status quo. Einer benötigt den anderen, um an ihm zu wachsen. Wir brauchen die Kohls der Geschichte, denn ohne sie wissen wir nicht, was wir verlassen können und müssen. Eine Gesellschaft im ständigen Wandel würde ebenso zerbrechen wie eine Kultur der Beharrung.

Dieses Wechselspiel ist in Deutschland durch die überlange Zeit des Kohlschen Regiments sicherlich gestört. Das Treibklima von Angst und Pessimismus, das sich in den letzten Jahren seiner Regierung in Deutschland entfaltet hat, ist sicher weniger der gegenwärtigen Politik als den Bestrafungsängsten und Wünschen des kollektiven Unbewußten geschuldet. Aber dem Resonanzboden der Gesellschaft entwächst früher oder später immer ein Symboltalent des nächsten Modernisierungschubes. Visionäre sind gewissermaßen »Emanationen« der gesellschaftlichen Dynamik, es ist deshalb mehr als wahrscheinlich, daß die Jahrtausendwende auch in Deutschland einen Posttraditionalisten nach dem Muster Blair oder Clinton hervorbringen wird. Die Geschichte wird ihn, wie so oft, in ihrem Schoß »clonen«.

VISIONEN IM PRIVATEN: DIE IDEE DER LEBENSKUNST

Die Geschichte unserer Kultur in den letzten dreißig Jahren ist die Geschichte von millionenfachen persönlichen Aufbrüchen. Frauen haben ihre langweiligen oder gewalttätigen Männer verlassen, haben ihr Selbst, ihren Stolz, ihre Würde, ihre Erotik entdeckt. Kinder und Jugendliche haben »Nein« zu den Torheiten ihrer Eltern gesagt und sind ausgezogen, ihr eigenes Glück zu versuchen. Männer haben sich von ihren Vätern, von Traditionen und alten Denkweisen entfernt, haben Erbschaften ausgeschlagen und Nachfolgen verweigert. Überall war Unruhe, Aufbruch, Zweifel, Arbeit am Selbst.

Vision im Privaten ist auch heute noch zuallererst Emanzipation. Aber man scheitert schnell, wenn man nur weiß, was man *verlassen will* – und in der Tat ist die Tragik der subkulturellen Revolten in den letzten Jahrzehnten immer die *Feindfixiertheit* gewesen. Man weiß leicht, was man nicht mehr will. Aber *wohin will man*?

Hier zeigt sich auch der Unterschied zwischen romantischen, idealistischen, hybriden »Visionen« (von denen Franz Vranitzky einmal gesagt haben soll, man sollte, falls man sie hat, zum Arzt gehen) und jener Art von Vision, die dem Komplexen verpflichtet ist. Eine Vision, die uns leiten kann, hat stets einen *realistischen* Kern. Sie handelt von geistigem und persönlichem Wachstum, von Reifungsprozessen, von Selbstverwirklichung, die auf *Integration* beruht. Sie ist nie nur Flucht, Abgrenzung, Freiheit-Von.

Man kann Menschen, die an Visionen *leiden*, leicht erkennen. Es ist etwas Stumpfes an ihnen, etwas Süchtiges. Sie sind geradlinig oft in einem stupiden, ermüdenden Sinn. Sie werden nicht müde, zu betonen, daß die anderen schuld sind und sie selbst unschuldige Opfer. Sie sind Getriebene der Negation. Eine Vision, die »funktioniert« im Sinne höherer menschlicher Komplexität, *erfüllt* dagegen den Menschen. Sie leitet ihn nicht im Sinne einer exakten Zielvorgabe, sie gibt ihm aber eine verläßliche Suchrichtung.

Die Fragen, die William Bridges in seinem Buch »Ich & Co« als Selbsttest für den Berufstypen des »neuen Selbständigen« entwickelt hat, sind auch hilfreich für die Entwicklung einer persönliche Vision: 1. Was will ich – wo und wie möchte ich in zehn Jahren sein? 2. Was kann ich – und was sollte ich lernen? 3. Wie ist mein Grundcharakter und 4. Welche Ressourcen habe ich auf meinem Weg? Darin zeigt sich, daß die Qualität einer Vision keine Frage des »Kleinen« oder »Großen« ist. Einen Gemüsegarten zu pflegen, Kinder zu erziehen, eine Firma zu gründen und zum Erfolg zu führen, eine Wohnung zu gestalten, Freundeskreise zu pflegen, Musik zu komponieren können genauso »erhabene« persönliche Visionen sein wie große Aufgaben in Politik oder Wissenschaften. Entscheidend ist, daß die Vision den *Prozeß* in sich einbegreift, der zum Ziel – einer höheren Komplexität des Daseins – weist. *Wie* dieser Prozeß gestaltet wird, ist im Grunde sekundär – man benötigt heute dazu nicht unbedingt mehr das Kloster.

In den vergangenen Epochen waren Biographien von klar definierten Lebenszielen definiert. Persönliche »Vision«, das war in den allermeisten Fällen mit einer Idee des *sozialen Aufstiegs* verbunden. Die Symbole dieser Vision waren das Auto, das Haus, die geschäftliche Position. Aber in einer Welt des entfalteten Individuums und eines weitgehend realisierten Wohlstands ist die Linearität solcher »Visionen« unterbrochen. Plötzlich merken wir, daß die Steigerung von materiellem Wohlstand keinen Qualitätsgewinn mehr bringt. Die vielen Güter und Gebrauchsgegenstände entpuppen sich immer mehr als Zeitfresser. Und ab einem kritischen Punkt merken wir plötzlich, daß ja die Zeit zum Kostbarsten gehört, was wir haben. Dies ist die Stunde der Vision als Vorstellung von Lebenskunst: Wie bekomme ich einen roten Faden in dieses chaotische Gebilde namens Leben? Wie setze ich – entscheidende Frage in einer Kultur der Wahl – *Prioritäten*? Die »Vision des Privaten« läuft auf die Vorstellung des Lebens als einer Art Gesamtkunstwerk hinaus – eines Kunstwerkes, das nicht mehr von Schicksal, Geschlecht oder Ökonomie, von Ansprüchen anderer geformt wird, sondern einzig und allein von uns selbst. Nicht außerordentliche Leistungen oder extreme Performance ist es, was der Lebensutopie eine sinnvolle Dimension gibt, sondern der *Grad der Integration der verschiedenen Lebensfraktale.* Wie ich Familie, Karriere, Freunde, Elternschaft, Zeitmanagement, Lebensphasen, intellektuelle und emotionale Reifungsprozesse *miteinander in Einklang bringe* – darauf kommt es an.

VISIONEN IN DER WIRTSCHAFT: DIE NEUE FIRMENKULTUR

Wir leben in Zeiten der überbordenden und überdifferenzierten Märkte. Kunden werden anspruchsvoller, Produkte individueller, Innovationen flüchtiger, Konkurrenten zahlreicher und aggressiver, Produktionsprozesse komplexer. Die Komplexität des Gesamtsystems Wirtschaft steigt und kann nur durch eine neue innere Komplexität der Firmen beantwortet werden.

Die Erfahrungen mit der letzten Welle der Firmenreorganisation haben die Grenzen visionslosen Wirtschaftens gezeigt: Reengeneering und Outsourcing, Just-in-time und Total Quality Management – all diese Techniken der Optimierung und der Rationalität sind immer dann ökonomisch gescheitert, wenn das Unternehmen, das sie betrieb, nicht *gleichzeitig* eine Vision ihrer Mission entwickeln konnte. Firmen verloren noch dabei manchmal ihre »Seele« und die Mitarbeiter die Motivation.

In den komplexen Ökonomien der Zukunft wird die Entwicklung einer werte-orientierten Firmenvision zum zentralen Aufgabe der Führung und des Management. Es reicht schon längst nicht mehr, einfach »der Beste« sein zu wollen: »Unsere Firma steht für exzellente Qualität und Pünktlichkeit«.

Firmen, die tatsächlich »visionär« handeln und auch so erscheinen wollen, müssen heute mehrere Bedingungen erfüllen.

- Sie müssen *realistisch und glaubwürdig* sein – überzogene Formeln und schwammige Formulierungen sind kontraproduktiv. Eine Vision muß »zur Firma passen«.

- Sie muß nach *innen und nach außen gleichermaßen kommunizierbar* sein. Die Botschaft muß so klar sein, daß sie vom Pförtner bis zum Direktor, vom Arbeiter bis zum Marketingmann, vom Briefbogen bis zum Werbeauftritt deutlich machen kann, wohin das Unternehmen evolutionär will.
- Sie muß Antwort auf die Frage geben, welches Problem der Menschen die Firma in zehn Jahren lösen will. Und sie muß diese Antwort phantasieanregend, *poetisch* formulieren und inszenieren.

Die Vision ist nichts anderes als das Steuerungselement (die »ZUKUNFTS-DNS«), die den vielfältiger und effektiver ausgeformten Organismus einer Firma koordiniert. Sie rationalisiert und koordiniert gleichsam die Sinnbedürfnisse und optimiert die Kommunikationsprozesse nach innen und nach außen. Eine realistische Vision erspart Tausende von Briefing-Gesprächen, Motivationsreden, Zwangsmaßnahmen, Kontrollen. Gute Visionen funktionieren obendrein wie ein Lockstoff, der auf große Entfernungen das anziehen kann, was die Firmen des 21. Jahrhunderts am dringlichsten brauchen: komplexe Intelligenz, human resources, sprich: die richtigen Mitarbeiter. In der Ideen- und Wissensgesellschaft wird dieses Werkzeug zum wichtigsten Produktivitätsmittel, wichtiger als Maschinen, Immobilien und gute Administration, ebenso wichtig wie Kapital und innovatives Management.

Dabei gibt es einige Unterschiede in den »VISIONSTYPEN«.

Grosse Konzerne geraten zunehmend unter den Druck, ihr Verhältnis zu Gesellschaft zu klären. Welchen menschlichen Wert repräsentieren sie? Welches humane Problem wollen sie lösen? Durch ihre Macht und Größe ängstigen sie die Gesellschaft. Die Lufthansa verschreibt sich deshalb bewußt und dezidiert der Idee der »Balance«. Große Chemieriesen wie Novartis beginnen einen Dialog über das Projekt Bio- und Gentechnologie und positionieren sich als Humandienstleister

– sie werden dadurch von seelenlosen »Chemiefabriken«, denen man jeden Störfall sofort zutraute, zu Organismen mit Gesichtern und Missionen. Auch scheinbar »profane« Unternehmungen können sich mit dem Treibsatz der Vision in einen funkelnden Stern verwandeln. Die drittgrößte Pharmafirma der Welt, GLAXO WELLCOME, konnte einen gewaltigen Schub an Umsatz und Prestige verbuchen, als sie – für eine Pharmafirma eher ungewöhnlich – eine Visionsformel für ihr Anliegen schuf:

Man has no greater enemy then disease
Disease has no greater enemy than Glaxo Wellcome.

Konzerne tun all dies nicht freiwillig oder weil sie »gut sind«. Sondern weil die Bestimmung des moralischen Standpunkts ein *Produktivfaktor* wird. Konzerne haben nicht nur treue Mitarbeiter oder eine feindliche Presse, sondern auch neue, kritische Aktionäre. Große Firmen haben nicht nur ein »Image«, das sie mit PR-Maßnahmen zu verändern suchen, sie sind mehr und mehr gesellschaftliche Organismen, die auf vielfältigste Art mit ihrem Umfeld kommunizieren.

Kleine Betriebe, vor allem Neugründungen, brauchen keine Vision, sie *müssen selbst eine sein.*

Firmengründer unserer Tage, zumal in Deutschland, ähneln Sektengründern. Die Zumutungen der Reglementierung können sie nur überleben, wenn sie im Glauben fest mit ihren Mitarbeitern stehen. »In zwei Jahren müssen wir auf 40 Mitarbeiter und 15 Millionen Umsatz gestiegen sein, in acht Jahren gehen wir an die Börse.« – Solche Vorsätze kann man nur fassen, wenn man den Prozeß der Firma visionär vor sich sieht, in einem ganzheitlich-zwingenden Bild.

Visionen im privaten, politischen und wirtschaftlichen Raum haben nichts »Idealistisches« – im Grunde sind es nur Anpassungsleistungen an die höhere Komplexität unserer Welt. Visionen machen die Welt »flüssig« und zugleich beschreibbar, sie deklarieren offenes Werden. Sie klären Unterschiede. Sie öffnen den Wirtschaftsprozeß zur Gesellschaft hin und das private Leben zur umliegenden Welt. Sie benötigen allerdings auch ein bestimmtes *Milieu,* auf dem sie gedeihen können, eine geistige Haltung, einen *Humus der Zukunftsbejahung.*

DIE DREI ZUKUNFTSMENTALITÄTEN

Die Nerds. In jeder Gesellschaft existiert eine klar abgrenzbare Gruppe von vorwiegend männlichen Menschen, die sich aus der Gegenwart weitgehend verabschiedet haben und bereits heute in einer – zunächst etwas improvisierten – Zukunft leben. Dabei ist das Medium, mit dem sich diese *nerds* in die Zukunft beamen, relativ beliebig. Es kann sich um Groschenromane, technische Geräte, Science-fiction, Drogen handeln, sogar exotische Haustiere, Comics oder Filmstars eignen sich zum große Exodus aus der Gegenwart. Gleich sind seit einigen Jahrhunderten die Insignien dieser Lebensform: die unaufgeräumten Betten, die Kaffeetassen mit Rand, die Reste von Kartoffelchips, das komplette Fehlen von weiblichen Wesen mit Ausnahme von sorgenden, geduldigen Müttern.

Der *Nerd* lebt entlang technologischer Verheißungen, deren Unpäßlichkeiten und Unausgereiftheiten er durch hartnäckige Improvisation überspielt. Er betreibt einen frühzeitigen Exodus aus der »Vernunft« der Realität und verlegt die Zukunft in die Gegenwart seines Kinderzimmers, das gut und gerne bestehenbleiben kann, bis er 40, 50, 80 ist. Seit der Computer die Kinderzimmer erobert hat und eine mächtige neue Technologie den Planeten erobert, die der Simulation neue Welten Tür und Tor öffnet, ist das Heer der Nerds zu ungeahnter Machtfülle gekommen. Lauschen wir andächtig Peter Glasers Beschreibung der Nerds von heute:

Wenn ein Nerd nachts in einer Kurve zwischen Feldwand und Steilküste auf nasser Fahrbahn ins Rutschen kommt, sucht er den Zurück-Knopf. Sein Goldfisch und sein Hund haben eine eigene homepage. Während in den Fitneßcentern der alten, analogen Welt noch die Gutaussehenden und

Geschmeidigen abrackern, um in jeder Beziehung vorteilhaft zu wirken, haben die Nerds längst gewonnen: eine Schar unattraktiver, neurotischer Burschen, die aussehen, als könnte man sie mit einem Löschblatt bewußtlos schlagen. Edel-Nerds wissen genau, wo im Flughafen von Anchorage/ Alaska die Steckdosen sind, an denen sich nach einem Transatlantikflug die Akkus wiederaufladen lassen. Sex? Nerds pflanzen sich durch Knospung fort. Weibliche Nerds gibt es nicht. Bei der Kleidung zählt nur, ob die Taschen groß genug für 3½ Zoll-Disketten sind. Ansonsten wird das Problem gelöst, indem der Nerd ein kleines Internetunternehmen gründet, damit an die Börse geht und Multimillionär wird, worauf er sich den besten Schneider der Welt leisten kann und in den neuen Anzügen immer noch so aussieht wie ein Nerd.

Der Nerd steht für das männlich-pubertäre, das *lineare* Prinzip der Zukunft, wobei Zukunft hier vor allem einen Wesensgehalt hat: Sie ist der Gegenwart mit ihren Störelementen – Frauen, Familiengründungen, Körperlichkeiten, Abwasch, Geldverdienen, Studiengebühren, Zugverspätungen – abgewandt. »Nerdism« ist der immerwährende Versuch, Kontrolle in einem Universum zu erlangen, das sich hartnäkkig der Kontrolle entzieht. Und damit haben wir noch einmal einen wichtigen Aspekt von »Zukunft« berührt, wie sie heute als gesellschaftliches Erwartungsmuster unsere Kultur prägt. »Die Zukunft meistern – beherrschen – erobern« – darin offenbart sich der Kontrollwunsch, der männliche, technische Aspekt jedes Zukunftsdiskurses.

Es ist natürlich leicht, sich über den Nerd lustig zu machen oder ihn gar oberlehrerhaft zu denunzieren. Aber seine Energie ist unentbehrlich in jeder Ökologie der Zukunft.Technik ist letztlich immer nur die Metapher für diesen immerwährenden männlich-menschlichen Sonderlingwunsch: Auf ein Knöpfchen zu drücken und die Hangarwand fährt zurück/hunderttausend Stromkreise schließen sich/

Planetensysteme werden zerstört/man wird auf den Planeten Xylophon gebeamt/man eliminiert feindliche schlechte Zeugnisnoten, die mit Raumgleitern angreifen. *Kontrolle* eben.

Das ist die eigentliche Funktion der Nerds: Sie sorgen dafür, daß wir uns immer wieder aufs neue beunruhigen, aber auch faszinieren lassen müssen. Sie repräsentieren eine Seite unseres Wesens – eine Seite, die niemals »die Macht ergreifen« sollte, aber ohne die wir nicht auskommen auf unserem Zukunftsweg. Es kommt also in Sachen Zukunftsfähigkeit darauf an, wie die Gesellschaft ihre Nerds ins Gewebe der Kultur integriert – und ihnen gleichzeitig Grenzen setzt, damit sie nicht irgendwann zu Dr. Seltsams mutieren.

Der Futorophobiker. Dem Nerd exakt gegenüber auf der Skala unserer Zukunftsmentalitäten steht das Heer derjenigen, die mit »Zukunft« zunächst einmal nur das Schlimmste assoziieren. Das ist in unserer Gesellschaft die überwiegende Mehrheit. Zukunftsphobisch ist die hartnäckige Lust an der Vergangenheit, wie sie viele Intellektuelle wie ein trotziges Bekenntnis vor sich hertragen. Zukunftsphobisch ist der Angstsingsang auf allen Kanälen der Medien, wo jede Wandlungsnotwendigkeit zur finalen Krise, jedes Phänomen zum unlösbaren Problem umcodiert wird. Zukunftsphobie entspringt aber auch der Ahnung, daß man zu den Verlierern gehören könnte und aus der vorwegnehmenden, weil bequemen Kapitulation vor dieser Möglichkeit.

Das macht die Sache so überaus schwierig und moralisch verzwickt: In unserer Gesellschaft können sich – und das ist auch gut so – diejenigen äußern, die einen *Verlust* durch neue Technologien und Trends erwarten. Die Frage ist aber immer noch, ob wir deren Maßstäbe zu den Begrenzungspfählen unserer gesellschaftlichen Pfade machen sollten. Zwischen »Nerds« und »Phobikern« muß es also noch etwas Drittes, Vernünftiges geben.

Zukunftsmelancholie. Zukunftsmelancholiker leugnen nicht, daß sich die Zukunft in einigen signifikanten Dingen von der Gegenwart und der Vergangenheit unterscheiden wird. Sie leugnen auch nicht die dramatischen Gefahren. Aber ach, sagt der Zukunftsmelancholiker – man lese die Bibel oder ein beliebiges anderes Großwerk der Weltreligionen; diese Ängste gibt es seit Äonen! Mörderische neue Technologien? Ach, sagt der Zukunftsmelancholiker, als die Eisenbahn eingeführt wurde, ging das Gerücht, man erführe bei Benutzung erst starken Schwindel, dann unheilbaren Wahnsinn, schwangere Frauen würden den spontanen Abort erleben. Ebenso dachte man bei Einführung des Radios, daß das Bücherlesen binnen eines Jahrzehnts der Vergangenheit angehören würde. Als das Schwarzpulver erfunden wurde, blühten die Apokalypsesekten auf. Mehr Beispiele gefällig?

Der Zukunftsmelancholiker muß auch der anderen Front, den ewigen Futuristen gegenüber, einen gewissen Skeptizismus entgegenbringen. Zeitenwende? Der Übergang ins gelobte Land der Information? Das Wassermannzeitalter? Aufbruch ins neue Jahrtausend? Na klar. Aber halblang. Zu den Möglichkeiten, daß wir unsere Nachfahren clonen, mit kleinen Mikrocomputern in den Schuhen herumlaufen und mit unseren Enkeln in der Raumstation kommunizieren werden, sollten wir auch noch die anderen Möglichkeiten einplanen: die Möglichkeiten des Durchlavierens, des Durchwurstelns, der Langeweile, der Ignoranz. Die Menschheitsgeschichte ist voll mit durchaus erfolgreichen Strategien, den Kopf in den Sand zu stecken/ein Problem einfach zu überspringen/alle Fünfe gerade sein zu lassen. Daß alles nicht so heiß gegessen wie gekocht wird, ändert zwar nichts an der Tatsache, daß die Zukunft eine aufregende Gegend sein kann – aber müssen wir deshalb tagein, tagaus in Jubelschreie ausbrechen?

Veränderung ist kein Wert an sich. Wandlung schmerzt, und es ist im Grunde ganz menschlich und natürlich, sie zu vermeiden. Das System, das wir uns als Gesellschaft selbst geschaffen haben, funktioniert so lange, wie es funktioniert. *Daß* es noch funktioniert, ist ein Zeichen dafür, daß es *sich noch nicht ändern muß*. Deshalb sollten wir auch vorsichtig sein mit dem erhobenen Zeigefinger und auf die »Schläue der Systeme« hören und uns zuallererst fragen: Warum funktionieren sie? Warum ist unsere Jammer- und Nörgelkultur so überaus stabil? Was hält unser scheinbar so marodes Konsenssystem im Inneren zusammen? Gibt es hier nicht auch gewaltige Vorteile, an denen die Menschen mit einer gewissen Berechtigung klammern?

Der Zukunftsmelancholiker weiß, daß die Zukunft erst hereinbricht, wenn die Menschen einsehen, daß etwas *Besseres* möglich ist. Die eigentliche Übung besteht nicht im Malen von utopischen Panoramen, sondern – wie im richtigen Leben – im Loslassen-Training.

DER GLAUBE AN DIE ZUKUNFT

Wenn man die Idee des Komplexen innerlich angenommen hat, legt sich die Aufgeregtheit, mit der man heute über die Zukunft streitet. In der Idee des Komplexen sind wir sowohl mit der Idee der Evolution als auch mit der Idee der Zivilisation (letzten Endes: Der Aufklärung) auf einer tieferen Ebene verbunden. Wenn der Sinn *beider* Systeme im Versuch besteht, höchstmöglichste Differenziertheit zu wagen, sind wir dabei wichtige Mitspieler, aber wir spielen nicht die erste Geige. Es kann scheitern, es kommt immer wieder zu Rückschlägen – aber die Idee ist unzerstörbar.

Aufmerksame Leser werden spüren, daß spätestens hier ein religiöser Ton ins Spiel kommt. Ich glaube in der Tat, daß die Idee Gottes und die Idee des Komplexen im Grunde artverwandt sind. In der Idee der Komplexität steckt die Idee der »Kraft«, die das Universum antreibt und voranbringt, die ihm eine Richtung und einen Sinn verleiht. Vertrauen in diese Kraft ist das Urmotiv jeder Religion, und ohne dieses Urvertrauen können wir, so meine ich, nicht wachsen.

Wer an die Zukunft glaubt, hat alle Zeit der Welt, sagt »Czik« in seinem Buch »Dem Sinn des Lebens eine Zukunft geben«. *Wie kann Leben etwas Kleines sein* – schrieb einst Hans Magnus Enzensberger. Wir alle können, im Kleinen oder im Großen, an der Entfaltung dieser Möglichkeiten mitarbeiten. Auch das Wiederholen, die Regression, das Scheitern, sind Teil des Prozesses. Auch kleine Ideen, Projekte, Lebensaufgaben, bilden einen wichtigen Teil dieser Evolution. Die Bildung von Bewußtsein und Weisheit sind im Grunde der Kern des »Projekts Evolution«, und in diesem Sinne geht keine Energie verloren, ist kein Versuch zu klein und kein Scheitern zu groß.

Werden wir es schaffen? Werden wir die nächste Stufe bewältigen? Ich bin kein Prophet – seriöse Trend- und Zukunftsforschung kann immer nur von den »drei Ps« handeln: *The possible, the probable, the preferable – das Mögliche, das Wahrscheinliche, und das, was vorzuziehen ist.* Wir können den Evolutionsdruck diagnostizieren, der auf unserer Gesellschaft lastet. Wir können sagen, was getan werden *könnte.* Aber wie das Spiel am Ende ausgeht, das ist so wenig voraussehbar wie das Wetter im Sommer 2015 oder das Ergebnis der übernächsten Fußball-WM.

Ich möchte dieses Buch mit einem Zitat eines halbvergessenen romantischen Dichters des 19. Jahrhunderts schließen, eines Dichters, der in der Zeit des Biedermeier lebte, einer, so denkt man, ganz und gar zukunftsabgewandten und »spießigen« Epoche. Es war eine Zeit, in der man – aus guten Gründen, wie mir scheint – Überdruß hatte an jener Art »Fortschritt«, den die Zeiten der Französischen Revolution, der Napoleonischen Kriege und der industriellen Revolution im Gefolge hatten: Umstürze, Kriege, Terror, Brüche, Hunger und Elend, ungeheure Beschleunigungen, neue Paradigmen. Dennoch wollte diese Epoche nicht einfach zurück, in phantasierte guten alten Zeiten. Man hielt beharrlich und mit bürgerlichem Ernst an der Notwendigkeit des Wandels fest. Aber diese Art Fortschritt sollte mit und nicht gegen die

Menschen erfolgen, durch Bildung, Wissen und Arbeit, nicht mit Gewalt, Krieg und Terror.

Adalbert Stifter schreibt 1852 im Vorwort zu »Bunte Steine« unter dem Titel:

Das sanfte Gesetz

Ein ganzes Leben voll Gerechtigkeit, Einfachheit, Bezwingung seiner selbst, Verstandesgemäßheit, Wirksamkeit in seinem Kreise, verbunden mit einem heiteren, gelassenen Streben halte ich für groß; mächtige Bewegungen des Gemütes, furchtbar einherrollenden Zorn, den entzündeten Geist, der nach Tätigkeit strebt, umreißt, ändert, zerstört und in der Erregung oft das eigene Leben hinwirft, halte ich nicht für größer, sondern für kleiner, da diese Dinge so gut nur Hervorbringungen einzelner und einseitiger Kräfte sind … Wir wollen das sanfte Gesetz zu erblicken suchen, wodurch das menschliche Geschlecht geleitet wird … Kräfte, die nach dem Bestehen der ganzen Menschheit hinwirken, die durch die Einzelkräfte nicht beschränkt werden dürfen, ja im Gegenteil beschränkend auf sie selber einwirken. Dieses sanfte Gesetz wirkt überall, wo Menschen neben Menschen wohnen, es liegt in der Liebe der Ehegatten zueinander, in der Liebe der Eltern zu den Kindern, der Kinder zu den Eltern, in der Liebe der Geschwister, der Freunde zueinander, in der süßen Neigung der Geschlechter, in der Arbeitsamkeit, wodurch wir erhalten werden, in der Tätigkeit, wodurch man für seinen Kreis, für die Ferne, für die Menschheit wirkt … Wie gewaltig und in großen Zügen auch das Tragische und Epische wirkt, so sind es doch hauptsächlich immer die gewöhnlichen, alltäglichen, in Unzahl wiederkehrenden Handlungen der Menschen, in denen dieses Gesetz am sichersten als Schwerpunkt liegt, weil diese Handlungen die dauernden, die gründenden sind, gleichsam die Millionen Wurzelfasern des Baumes des Lebens.

Wie es mit dem Aufwärtssteigen des menschlichen Geschlechts ist, so ist es auch mit seinem Abwärtssteigen.

Untergehenden Völkern verschwindet zuerst das Maß. Sie gehen nach einzelnem aus, sie werfen mit kurzem Blicke auf das Beschränkte und Unbedeutende, sie setzen das Bedingte über das Allgemeine; dann suchen sie den Genuß und das Sinnliche, sie suchen Befriedigung ihres Hasses und Neides gegen den Nachbarn, in ihrer Kunst wird das Einseitige geschildert, das nur von einem Standpunkt aus Gültige, dann das Zerfahrene, Unstimmende, Abenteuerliche, endlich das Sinnenreizende, in der Religion sinkt das Innere zur bloßen Gestalt oder zur üppigen Schwärmerei herab, der Unterschied zwischen Gut und Böse verliert sich, der einzelne verachtet das Ganze und geht seiner Lust und seinem Verderben nach...“

Einen auf dieser Art von – nennen wir es ruhig mutig so – Demut und Zartheit aufgebauten Zukunftsoptimismus wünsche ich uns allen für das 21. Jahrhundert.

LITERATUR

Attali, Jacques, »Millennium«, ECON, Düsseldorf, 1994
Bailey, Ronald, The true state of the planet, Free Press, New York 1995
Beck, Ulrich, Kinder der Freiheit, Suhrkamp, Frankfurt/M. 1997
Beck/Giddens/Lash, Reflexive Modernisierung, Eine Kontroverse, Suhrkamp, Frankfurt am Main 1996
Beck/Beck-Gernsheim, Das ganz normale Chaos der Liebe, Suhrkamp, Frankfurt am Main 1990
Berger, Peter L. (Hrsg.), Verlag Bertelsmann Stiftung, Gütersloh 1997
Bernstein, Peter L., Against the Gods – The remarkable Story of Risk, Wiley & Sons, New York 1996
Bolz, Norbert, Die Sinngesellschaft, ECON, Düsseldorf 1997
Bridges, William, Ich & Co., Wie man sich auf dem neuen Arbeitsmarkt behauptet, Hoffmann und Campe, Hamburg 1995
Burrus, Daniel, Technotrends, 24 Technologien, die unser Leben revolutionieren werden, Ueberreuter, Wien 1994
Capra, Fritjof, Lebensnetz, Ein neues Verständnis der lebendigen Welt, Scherz-Verlag, Bern 1996
Csikszentmihalyi, Michaly, Dem Sinn des Lebens eine Zukunft geben, Eine Psychologie für das 3. Jahrtausend, Klett-Cotta, Stuttgart 1995
Csikszentmihalyi, Michaly, Flow – Das Geheimnis des Glücks, Klett-Cotta, Stuttgart 1993
Dahrendorf, Ralf, Der moderne soziale Konflikt, Deutsche Verlagsanstalt, Stuttgart 1992
Faltin/Zimmer, Reichtum von unten – Die neuen Chancen der Kleinen, Aufbau-Verlag, Berlin 1996

Fukuyama, Francis, Trust, The social virtues and the creation of prosperity, Penguin, London 1995

Gardner, Howard, Die Zukunft der Vorbilder, Das Profil der innovativen Führungskraft, Klett-Cotta, Stuttgart 1997

Gell-Mann, Murray, Das Quark und der Jaguar, Piper, München 1994

Giddens, Anthony, Jenseits von Links und Rechts, Suhrkamp-Verlag, Frankfurt am Main 1997

Glaser, Peter, 24 Stunden im 21. Jahrhundert, Verlag Zweitausendeins, Frankfurt am Main 1995

Goleman, Daniel, Emotionale Intelligenz, Carl Hanser-Verlag, München 1995

Gronemeyer, Reimer, Alle Menschen bleiben Kinder, Metropolitan, Düsseldorf 1996

Hampden-Turner und Alfons Trompenaars: The Seven Cultures of Capitalism, Doubleday, New York 1993

Handy, Charles: Die Fortschrittsfalle – der Zukunft neuen Sinn geben, Gabler, Wiesbaden 1995

Heinsohn/Steiger, Eigentum, Zins und Geld – Ungelöste Rätsel der Wirtschaftswissenschaft, Rowohlt, Hamburg 1996

Hobsbawm, Eric, Das Zeitalter der Extreme – Weltgeschichte des 20. Jahrhunderts, Carl Hanser-Verlag, München 1994

Karmasin, Helene und Matthias, Cultural Theory, Linde-Verlag, Wien 1997

Kennedy, Paul, In Vorbereitung auf das 21. Jahrhundert, Fischer-Verlag, Frankfurt am Main 1992

Kurian/Molitor, Encyclopedia of the future, Simon & Schuster, London 1996

Martin/Schumann, Die Globalisierungsfalle, Der Angiff auf Demokratie und Wohlstand, Rowohlt, Hamburg 1996

Marx/Engels, Manifest der Kommunistischen Partei, Dietz, Berlin 1963

Maxeiner/Miersch, Öko-Optimismus, Metropolitan, Düsseldorf 1996

Modis, Theodore, Predictions, Society's Telltale Signature Reveals the Past and Forecasts the Future, Simon & Schuster, New York 1992

Moore, Dinty W., Des Kaisers virtuelle Kleider – Die nackte Wahrheit über die Internet-Kultur, Claassen, Hildesheim 1996

Morfill/Scheingraber, Chaos ist überall und es funktioniert, Ullstein, Frankfurt am Main 1991

Naisbitt, John, Global Paradox, ECON, Düsseldorf 1994
Naisbitt, John, Megatrends – 10 Perspektiven, die unser Leben verändern werden, Hestia-Verlag, Bayreuth 1982
Nefiodow, Leo A., Der sechste Kondratieff, Rhein-Sieg-Verlag, St. Augustin 1996
O'Rourke, P. J.: Alle Sorgen dieser Welt, Ernst Kabel Verlag, Hamburg 1995
Reich, Robert B., Die neue Weltwirtschaft, Das Ende der nationalen Ökonomie, Fischer, Frankfurt am Main 1993
Rötzer, Florian, Die Telepolis, Urbanität im digitalen Zeitalter, Bollmann Verlag, Mannheim 1995
Scheppach, Joseph, New Work, Wie man in Zukunft Karriere macht, Metropolitan, Düsseldorf 1997
Schoenbaum/Pond, Annäherung an Deutschland, Die Strapazen der Normalität, DVA, Stuttgart 1997
Schulze, Gerhard, Die Erlebnisgesellschaft, Kultursoziologie der Gegenwart, Campus, Frankfurt am Main 1992
Schwanitz, Dietrich, Der Campus, Eichborn, Frankfurt am Main 1995
Sigmund, Karl, Spielpläne – Zufall, Chaos und die Strategien der Evolution, Knaur, München 1997
Sloterdijk, Peter, Vor der Jahrtausendwende: Berichte zur Lage der Zukunft, Suhrkamp-Verlag, Fankfurt am Main 1990
Taylor, Charles, Multikulturalismus und die Politik der Anerkennung, S. Fischer Verlag, Frankfurt am Main 1993
Thurow, Lester C., Die Zukunft des Kapitalismus, Metropolitan, Düsseldorf 1996
Toffler, Alvin, Der Zukunftsschock, Deutscher Bücherbund, Stuttgart 1970
Vollmer, Antje, Heißer Frieden, Über Gewalt, Macht und Zivilisation, DTV, München 1996
Wilber, Ken, Eros, Kosmos, Logos – Eine Vision an der Schwelle zum nächsten Jahrtausend, Wolfgang Krüger-Verlag, Frankfurt am Main 1996

REGISTER